입문자도 실무자로 만들어주는 지름길

프리미어 프로&
애프터 이펙트 CC 2025

프리미어 프로&애프터 이펙트 CC 2025

발행일 2025년 03월 20일 초판 1쇄

지은이 심정태
펴낸이 정용수

책임편집 차인태   편집 이지현, 백요한, 조은별, 신수경
디자인 이연주, 오효민, 손정주
영업·마케팅 김상연, 정경민, 이은혜
제작 김동명
관리 윤지연

펴낸곳 (주)예문아카이브
출판등록 2016년 8월 8일 제2016-000240호
주소 서울시 마포구 동교로 18길 10 2층
문의전화 02-2038-7597   주문전화 031-955-0550   팩스 031-955-0660
이메일 ymedu@yeamoonsa.com   홈페이지 yeamoonedu.com
인스타그램 yeamoon.arv

ISBN 979-11-6386-442-4 (13000)

입문자도 실무자로 만들어주는 지름길

프리미어 프로&
애프터 이펙트 CC 2025

심정태 지음

예믈에듀
EDU

학습 전 알고가기

- 지은이, 소프트웨어 개발자 및 제공자, 출판사는 해당 도서를 바탕으로 한 결과물에 대한 책임이 없다는 점 양해 바랍니다.
- 해당 도서는 프리미어 프로 CC 2024(version 24.6.3)/애프터 이펙트 CC 2024(version 24.6.3)를 기준으로 설명하고 있습니다.
- 프로그램상 Windows와 Mac OS의 화면 구성은 거의 동일합니다. 단축키 사용 시 Windows의 `Ctrl`, `Alt`, `Enter` 는 Mac OS의 `Command`, `Option`, `Return` 으로 대체할 수 있습니다.
- 학습자의 운영 체제, 프로그램 버전, 학습 시점 등의 차이로 인하여 화면 구성과 일부 기능에 차이가 있을 수 있습니다.
- 해당 도서는 다양한 실습 예제 파일이 제공합니다. 실습 예제 파일은 예문에듀 홈페이지 자료실 게시판에서 확인할 수 있습니다.
- 해당 도서는 대부분의 실습 예제 파일에 대한 동영상 강의를 제공하며, QR 코드를 통해 확인할 수 있습니다. 효과적인 학습을 위해 동영상 강의 시청 후 도서와 함께 실습하시길 권장합니다.
- 도서 내용과 관련된 문의사항은 지은이 혹은 출판사로 연락 바랍니다.
  - 오늘도 편집중 : sbmotion@naver.com
  - 출판사 : 예문에듀 홈페이지 질문과 답변 게시판 및 카카오톡 채널 '예문사', '예문에듀' 활용

PROLOGUE

20대 후반, PC방에서 아르바이트를 하던 시절 우연히 본 모션 그래픽 영상은 제 삶의 방향을 바꿔 놓았습니다. 다양한 시각적 효과에 감탄했지만, 무엇보다 영상을 통해 사람의 감정을 움직이는 힘에 매료되었고 그 순간부터 영상이라는 콘텐츠의 매력에 빠져들었습니다. 하지만 당시에는 영상을 배우기 위한 환경이 지금처럼 좋지 않았습니다. 시행착오도 많았지만 그 시간은 영상 제작자로 성장하는 데 소중한 경험이 되었습니다.

이 책은 어린 시절 저와 같이 영상 편집에 처음 도전하는 분들이 막막함을 덜고, 프리미어 프로&애프터 이펙트의 기초를 쉽게 익힐 수 있도록 돕기 위해 집필되었습니다. 방대한 기능 중 꼭 필요한 핵심을 중심으로 다뤘으며, 실습 위주의 설명으로 구성해 따라하기 쉽게 했습니다. 또한, 실무에서 실제로 사용하는 작업 순서를 기준으로 목차를 구성하여 배우는 내용을 실전에 바로 활용할 수 있도록 했습니다.

현대 사회에서 영상 편집은 단순한 취미가 아닌 커리어를 확장하고 창의력을 발휘할 수 있는 중요한 능력으로 자리 잡고 있습니다. 프리미어 프로와 애프터 이펙트는 뛰어난 확장성과 범용성을 바탕으로 전 세계적으로 신뢰받는 도구입니다. 두 프로그램의 기본기를 익히면 더 창의적이고 도전적인 작업도 가능하며, 다양한 프로젝트에 쉽게 응용할 수 있습니다.

이 책을 집필하기 전까지는 한 권의 책이 세상에 나오기까지 얼마나 많은 분들의 노력과 시간이 필요한지 미처 알지 못했습니다. 원고를 작성하는 것만으로 끝이 아니라 수많은 수정과 편집, 디자인, 제작 과정이 더해져야 비로소 한 권의 책이 완성된다는 사실을 몸소 경험하며, 이 과정에 함께해 주신 모든 분들께 존경과 감사의 마음을 전합니다. 그리고 이 책을 집필하는 동안 가장 가까이에서 응원해 주고 힘이 되어준 가족에게도 특별한 감사를 전하고 싶습니다. 책 속 모델이 되어준 사랑하는 아들, 그리고 저의 곁에서 묵묵히 응원하며 헌신적으로 뒷바라지해 준 아내에게 무엇보다도 깊은 감사와 사랑을 전합니다. 또한, 바쁜 와중에도 틈틈이 찾아와 응원해 주고 힘이 되어준 내 친구 희철이에게도 고마운 마음을 전합니다.

처음에는 프로그램이 낯설고 어려워 보일 수 있습니다. 하지만 책의 실습을 따라 하다 보면 어느새 자신만의 작업물을 만들고 있는 자신을 발견하게 될 것입니다. 여러분이 영상 제작에 도전하는 데 있어 이 책이 든든한 초석이 되길 바라며, 더 나은 콘텐츠 제작자로 성장하는 여정에 작은 디딤돌이 되었으면 좋겠습니다.

저자 심정태

프리미어 프로 CC 2025 신기능

프리미어 프로 CC 2025 버전에서는 편집 효율을 높이고, 사용자 경험을 향상시키는 다양한 기능이 추가되었습니다. 특히 새로운 속성(Properties) 패널이 도입되어 편집 작업이 더욱 빠르고 직관적으로 이루어지며, 인터페이스(UI)도 개선되어 가독성과 조작 편의성이 향상되었습니다. 또한, 직접 조작 기능이 추가되어 편집 작업이 보다 직관적으로 변했으며, 일부 기능들의 접근성이 개선되어 초보자들도 쉽게 활용할 수 있도록 최적화되었습니다.

이 책을 시작하기 전 프리미어 프로 CC 2025 버전에서 새롭게 추가된 주요 기능들을 살펴보도록 하겠습니다.

> **Tip** 어도비 프로그램은 새로운 버전이 출시될 때마다 크고 작은 버그가 자주 발생합니다. 따라서 최신 버전의 프로그램은 새롭게 추가된 기능을 탐색하는 용도로만 활용하고, 실무에서는 안정화 업데이트가 완료된 후 사용하는 것을 추천드립니다. 참고로 저자는 최신 버전보다는 바로 이전 버전의 마지막 업데이트 버전을 사용합니다.

1. 새로운 시작 화면의 변화

프리미어 프로 CC 2025 버전에서는 새 프로젝트 만들기 화면이 대폭 개선되었습니다. 기존에는 다양한 설정 옵션들이 한 화면에 나열되어 있었지만, 이번 업데이트를 통해 필수적인 항목들만 모아 더욱 직관적인 구성으로 변경되었습니다.

이제 새로운 프로젝트를 만들 때 프로젝트 이름, 저장 위치, 템플릿 선택 등의 핵심 요소만 설정할 수 있도록 정리되어 편집자가 빠르게 작업을 시작할 수 있도록 최적화되었습니다. 불필요한 단계를 줄이고 필수적인 정보만 입력하는 방식으로 개선된 덕분에 작업 흐름이 더욱 간결하고 효율적이게 되었습니다.

이번 시간에는 CC 2025 버전에서 변경된 시작화면의 구성과 개선된 기능들에 대해 자세히 알아보겠습니다.

(1) 홈

프리미어 프로 실행 시 만나는 홈 화면은 기존과 동일합니다.

❶ [새 프로젝트] 선택

(2) 새 프로젝트 생성 시 필수적인 항목 설정

① **프로젝트 이름** : 저장될 프로젝트 파일의
   이름을 입력합니다.

② **위치** : 프로젝트 파일이 저장될 경로를 설
   정합니다.

③ **템플릿** : 미리 설정된 프로젝트 템플릿을
   선택할 수 있습니다.

④ **가져오기 모드 건너뛰기** : 체크박스를 비활
   성화하면 프리미어 프로 CC 2024 버전과
   동일한 가져오기 화면이 표시됩니다.

⑤ **프로젝트 설정** : 비디오, 오디오, 색상 등
   프로젝트의 기본 설정을 조정할 수 있습니다.

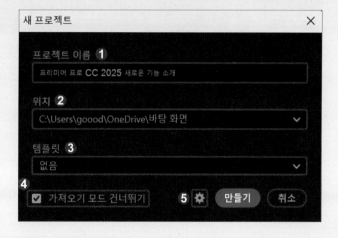

(3) 템플릿 선택

❶ 템플릿 항목에서 [Standard Template Project.prproj] 선택 후 새 프로젝트 만들기

※ 해당 템플릿으로 구성된 프로젝트 구조를 불러올 수 있습니다.

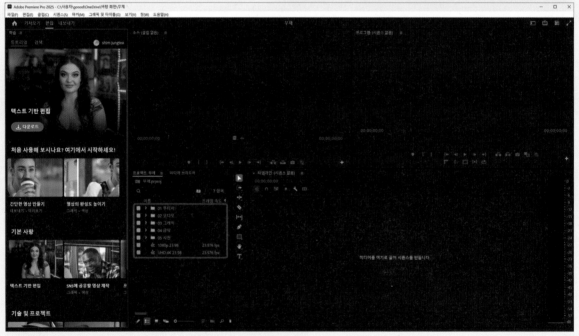

Tip	템플릿을 활용하면?

- 매번 동일한 프로젝트 구조를 설정할 필요 없이 빠르게 시작 가능
- 폴더, 시퀀스, 기본 효과 등을 미리 저장하여 작업 시간 단축

2. 인터페이스 변경

프리미어 프로 CC 2025에서는 더욱 직관적인 편집 환경을 제공하기 위해 새로운 색상 테마가 추가되었습니다. 기존의 색상 테마보다 더 다양한 선택지가 제공되며, 사용자의 작업 스타일과 환경에 맞게 인터페이스 색상을 조정할 수 있습니다. 새로운 색상 테마를 활용하면 장시간 편집 시 눈의 피로도를 줄이고, 조명 환경에 따라 인터페이스를 최적화할 수 있어 보다 편안한 작업이 가능합니다.

❶ 메뉴바에서 [편집]>[환경설정]>[모양] 선택

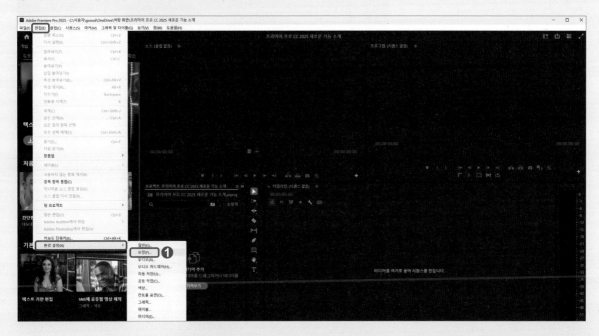

❷ 색상 테마 : 3개의 새로운 테마 추가(기존보다 더 세분화된 조절 가능)

❸ 접근 가능한 색상 대비 : 인터페이스의 색상 대비를 조정하여 가독성을 높이는 기능 추가

3. 직접 조작

프리미어 프로 CC 2025에서 새롭게 추가된 직접 조작 기능은 프로그램 모니터에서 오브젝트 선택의 불편함을 개선하기 위해 도입되었습니다.

(1) 변형 기능

오브젝트를 빠르게 선택하고 크기 및 위치를 조절할 수 있습니다.

❶ [프로그램 모니터] 패널 하단에서 [직접 조작] 버튼 활성화

❷ [타임라인] 패널에서 클립 선택

❸ [프로그램 모니터] 패널에서 조절 가이드가 활성화된 오브젝트 조절

(2) 자르기 기능

불필요한 이미지 부분을 손쉽게 잘라낼 수 있습니다.

❶ [직접 조작] 토글 버튼 클릭 후 [자르기] 선택

❷ [타임라인] 패널에서 클립 선택

❸ [프로그램 모니터] 패널에서 흰색 자르기 가이드가 활성화된 오브젝트 조절

4. 속성(Properties) 패널

프리미어 프로 CC 2025에서 추가된 가장 주목할 만한 기능 중 하나가 속성(Properties) 패널입니다. 이미 애프터 이펙트에서 적용된 이 기능은 선택한 클립의 속성을 직관적으로 조작할 수 있도록 설계되었으며, 클립의 종류에 따라 표시되는 속성값이 자동으로 변경되는 스마트 UI를 제공합니다. 기존 버전에서는 효과 컨트롤 패널을 통해 여러 번 클릭해야 했던 설정들을 속성 창에서 한 번에 수정할 수 있어 편리하고 직관적인 편집이 가능해졌습니다.

(1) 속성 패널 활성화

❶ [작업 영역]>[모든 패널] 선택

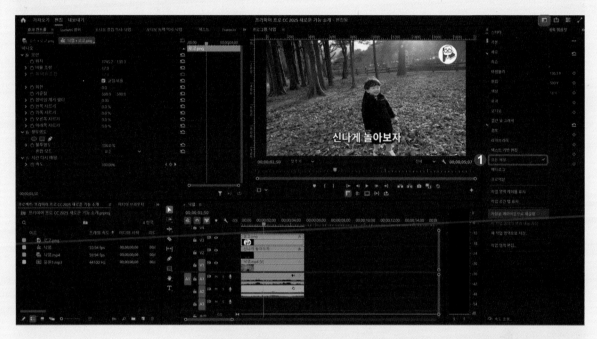

❷ 우측에서 [속성] 패널 확인

(2) 클립의 종류에 따라 달라지는 속성 항목

❶ 이미지 또는 동영상 클립 선택 시 항목

　ⓐ 칠 : 해당 오브젝트를 프레임 전체에 채웁니다.

　ⓑ 맞추기 : 프레임에 맞춰 오브젝트 크기를 자동 조정합니다.

　ⓒ 속도 조정 : [클립 속도/지속시간] 설정 창을 활성화합니다.

❷ 텍스트 클립 선택 시 항목

(3) 기타 항목

기타 항목을 통해 다른 패널을 활성화합니다.

❶ 기타 항목 클릭

❷ 추가로 활성화할 패널 선택

프리미어 프로부터 애프터 이펙트까지
단 한 권으로 끝내는 맨투맨 과외

CLASS
1

SECTION

프리미어 프로&애프터 이펙트의 핵심
내용만 선별하여 정리하였습니다.

| 기호별 학습 내용 |
- ❶ : 실습 과정에 대한 설명으로 이미지 내 번호와 순서가
  일치합니다.
- ① : 프로그램 패널 및 아이콘 등에 대한 설명으로 이미지
  내 번호와 순서 일치합니다.
- ⓘ : 프리미어 프로&애프터 이펙트 관련 이론에 대한 설명
  입니다.

단축키&TIP 박스

프리미어 프로&애프터 이펙트 실습 중
자주 사용되는 단축키와 도움이 되는 내
용을 [단축키]와 [TIP] 박스로 정리하였
습니다.

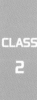

CLASS
2

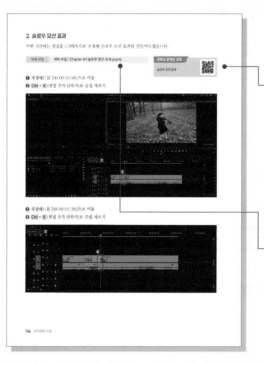

저자 직강 동영상 강의 QR 코드

초보자도 손쉽게 익힐 수 있도록 실습
과정에 대한 저자 직강 동영상 강의를
QR 코드를 통해 수록하였습니다.

예제 파일

실습 과정에 사용되는 예제 파일을 제공
합니다.

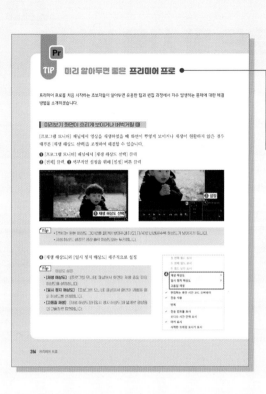

미리 알아두면 좋은 TIP

영상 편집이 낯선 초보자들을 위해
편집 과정에서 자주 발생하는 문제에
대한 해결방법 등 미리 알아두면 유
용한 팁을 수록하였습니다.

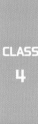

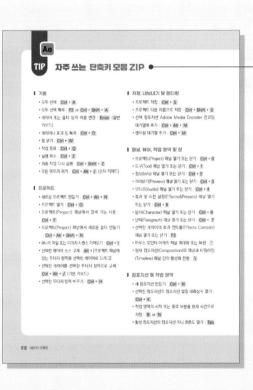

자주 쓰는 단축키 모음 ZIP

빠르고 효율적인 영상 작업을 위해
앞서 소개된 단축키 중 자주 쓰는 단
축키들만을 모아 정리하였습니다.

예제 파일 다운로드 및 사용 방법

STEP 01 로그인 후 메인 화면의 **[자료실]**을 선택합니다.

STEP 02 자료실 화면이 나타나면 '**입문자도 실무자로 만들어주는 지름길 프리미어 프로&애프터 이펙트_예제 파일**' 게시글을 클릭합니다.

STEP 03 게시글의 **첨부파일(프리미어 프로&애프터 이펙트.zip)**을 클릭하여 예제 파일을 다운로드 받은 후 압축을 해제합니다.

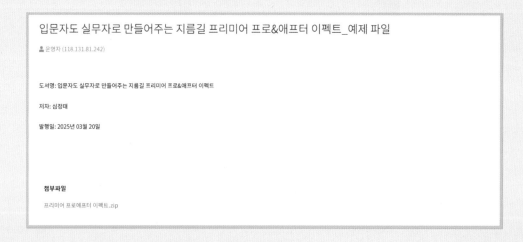

STEP 04 '**프리미어 프로&애프터 이펙트**' 폴더를 '**바탕화면**'에 복사한 후 해당 폴더를 기준으로 실습을 진행합니다.

CONTENTS

PART 01 프리미어 프로

CHAPTER 01 영상 편집 관련 기본 지식 배우기

CHAPTER 02 프로그램 설치 및 인터페이스 알아보기

CHAPTER 03　편집의 시작

Ae PART 02   애프터 이펙트

CHAPTER

03   영상 제작

CHAPTER

04   영상 내보내기

과거에는 영상 편집이 전문가들의 영역으로 여겨졌지만, 오늘날에는 누구나 프로그램을 활용해 쉽게 편집을 할 수 있는 시대가 되었습니다.

특히 동영상 콘텐츠가 급증하는 요즘 영상 편집 능력은 선택이 아닌 필수로 자리 잡고 있습니다. 다양한 영상 편집 프로그램 중에서도 프리미어 프로는 가장 널리 사용되는 프로그램으로 단순한 컷 편집뿐만 아니라 고급 기능을 활용한 프로 수준의 영상 제작까지 가능하다는 점에서 강력한 도구로 평가받고 있습니다.

이번 파트에서는 프리미어 프로의 기초를 다지며, 실습을 통해 실제 편집 과정에서 필요한 전체적인 흐름을 익히는 시간을 가지게 될 것입니다.

프리미어 프로

Pr

CHAPTER 01

영상 편집에는 다양한 전문 용어들이 있지만, 이 책에서는 초보자도 쉽게 이해할 수 있도록 어려운 용어는 배제하고 최대한 쉽게 구성하였습니다.

이번 챕터에서는 영상의 기본 단위인 픽셀과 해상도, 움직임을 구성하는 프레임, 그리고 편집 과정에서 자주 사용되는 용어들에 대해 알아보겠습니다. 이 기초 지식들은 영상 편집을 처음 시작하는 분들이 꼭 이해해야 할 핵심 개념입니다.

영상 편집 관련
기본 지식 배우기

픽셀, 화소, 해상도 이해하기

TV 광고에서 '4K', '8K' 같은 용어를 많이 들어보셨을 것입니다. 대부분 이 숫자가 높을수록 화질이 좋다는 것은 알고 있지만, 정확히 무엇을 의미하는지 잘 모르는 경우가 많습니다. 이번 시간에는 이미지를 구성하는 가장 작은 단위인 픽셀부터 시작해 해상도가 어떻게 결정되고 그 의미가 무엇인지 자세히 알아보겠습니다.

1. 이미지를 구성하는 가장 작은 단위 = 픽셀

픽셀은 이미지를 구성하는 가장 작은 단위로 화면을 이루는 작은 점이라고 생각하면 됩니다. 우리가 TV나 스마트폰 화면에서 보는 모든 영상이나 사진은 수많은 작은 점들이 모여 만들어진 것입니다.

아래에 정상적으로 보이는 이미지가 있습니다. 해당 이미지를 확대해서 봤을 때 모자이크처럼 보이는 네모를 '픽셀'이라고 부릅니다.

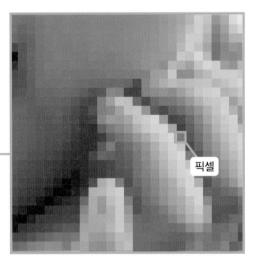

픽셀

▲ 이미지를 구성하는 최소 단위 : 픽셀

2. 픽셀의 총 개수=화소

화소는 '가로 픽셀 수×세로 픽셀 수=화소'로 계산할 수 있습니다. 예를 들어 해상도가 1920×1080이라면 가로에 1,920개의 픽셀, 세로에 1,080개의 픽셀이 있습니다. 따라서 총 화소 수는 1,920×1,080=2,073,600이 되며, 이를 약 200만 화소라고 부르기도 합니다.

아래의 예시 사진을 보여드리겠습니다. 5×5=25화소, 25×25=625화소, 100×100=10,000화소처럼 화소가 많을수록 이미지나 영상이 더 선명하고 디테일해집니다. 예를 들어 같은 크기의 사진을 비교할 때, 화소가 높은 사진은 가까이 확대해도 선명합니다. 반면, 화소가 낮은 사진은 확대할수록 흐릿해집니다. 따라서 높은 화소는 더 선명하고 깨끗한 화질을 제공하며, 고해상도 영상, 큰 화면에서 보는 영상에서 큰 장점을 발휘합니다.

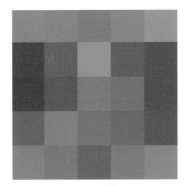 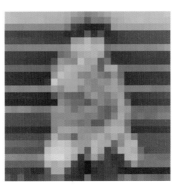 

| 5×5=25화소 | 25×25=625화소 | 200×200=40,000화소 |

▲ 화소에 따른 선명도 비교

3. 이미지 또는 영상의 크기=해상도

화소는 이미지 또는 화면을 구성하는 작은 픽셀의 총 개수를 의미하는 반면, 해상도는 이미지나 영상의 가로와 세로에 배열된 픽셀의 수를 말합니다. 해상도가 커진다는 건 배치되는 픽셀의 수가 늘어나서 처리해야 할 데이터의 양도 많아진다는 의미입니다.

1280×720이 HD 기본 규격이였으나, 지금은 FHD 1920×1080이 가장 많이 사용되고 있습니다. 해당 해상도는 앞으로 영상 제작 시 가장 많이 사용되는 해상도이므로 필히 암기해야 합니다.

	해상도	가로(px)	세로(px)	화소
SD	Standard Definition	720	480	35만 화소
HD	High Definition	1,280	720	100만 화소
FHD	Full High Definition	1,920	1,080	200만 화소
QHD	Quard High Definition	2,560	1,440	370만 화소
UHD	Ultra High Definition 4K	3,840	2,160	800만 화소
	High Definition 8K	7,680	4,320	3,300만 화소

▲ 영상 편집 시 자주 사용되는 해상도 정리

▲ 해상도에 따른 화면 크기 비교

SECTION 02

프레임 이해하기

프레임은 영상의 목적에 따라 다양하게 사용됩니다. 영화, 유튜브, TV 등 매체에 따라 구분되기도 하고 촬영 기법에 따라 구분되기도 합니다. 이번 시간에는 프레임의 기본적인 개념에 대해 알아보겠습니다.

1. 프레임이란?

프레임이란 영상을 구성하는 각각의 정지된 이미지를 말합니다. 영상은 사실 아주 많은 정지된 이미지들이 빠르게 이어져 재생되면서 움직임이 있는 것처럼 보이게 됩니다. 우리가 흔히 접하는 영화나 유튜브 영상은 초당 24~30개의 이미지가 순차적으로 재생되는데, 이를 FPS(Frame Per Second, 초당 프레임 수)라고 표현합니다. 프레임 수가 많을수록 영상의 움직임이 더 부드럽게 느껴지며, 프레임 수가 낮으면 움직임이 끊기거나 부자연스럽게 보일 수 있습니다. 아래 예시처럼 프레임 수가 많을수록 영상은 부드럽고 자연스럽게 표현됩니다.

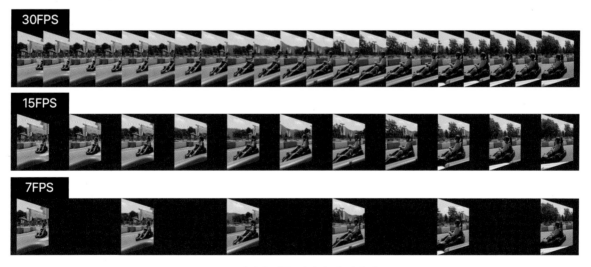

▲ 프레임에 따른 이미지 비교(예시)

2. 29.97FPS의 탄생 배경

29.97FPS는 NTSC(미국, 일본 등에서 사용하는 방송 표준)에서 사용되는 독특한 프레임 속도입니다. 원래는 30FPS가 표준이었지만, 컬러 TV가 등장하면서 기술적인 문제로 인해 29.97FPS로 변경되었습니다. 흑백 TV에서 컬러 TV로 전환할 당시, 컬러 정보를 추가하기 위해 주파수 대역을 약간 줄여야 했습니다. 이 과정에서 영상과 음성 신호 간의 동기화 문제가 발생했고, 이를 해결하기 위해 기존 30FPS를 29.97FPS로 조정하게 된 것입니다. 오늘날까지도 NTSC 표준을 따르는 지역에서는 29.97FPS가 사용되며, 영상 편집이나 방송 제작에서 중요한 기준이 됩니다.

SECTION

03

영상 편집 용어 익히기

영상 편집을 배우거나 다른 사람과 협업을 할 때는 자주 사용되는 편집 용어들을 알고 있으면 큰 도움이 됩니다. 너무 전문적인 용어들은 제외하고, 실제로 편집 작업에서 많이 사용되는 용어들을 중심으로 정리하였습니다. 이 용어들을 익혀두면 편집 작업이 훨씬 수월해지고, 다른 편집자들과 원활한 소통을 할 수 있게 될 것입니다.

1. 영상 기본 용어

① 내레이션(Narration) : 영상에서 말로 설명하는 음성을 말합니다. 다큐멘터리나 유튜브 영상에서 이야기를 설명하는 목소리가 내레이션입니다.

② 러닝타임(Running Time) : 최종 결과물 영상의 총 재생 시간을 말합니다.

③ 비지엠(BGM) : Background Music의 약자로 배경음악을 의미합니다.

④ 코덱(Codec) : 영상이나 오디오 파일을 압축하고 해제하는 기술입니다. 용량을 줄이거나 다양한 기기에서 파일을 재생할 때 사용됩니다.

⑤ 타임코드(Timecode) : 영상에서 시간을 표기하는 숫자입니다. 시, 분, 초, 프레임으로 구성되어 특정 위치를 쉽게 찾을 수 있습니다.

⑥ 프레임(Frame) : 영상을 구성하는 정지된 이미지 하나를 의미합니다. 영상은 초당 여러 개의 프레임이 연결되어 움직이는 것처럼 보입니다.

⑦ 프로젝트(Project) : 편집할 때 사용하는 전체 작업 파일을 말합니다. 편집 작업의 모든 데이터가 저장되는 파일입니다.

⑧ 해상도(Resolution) : 화면을 구성하는 가로×세로 픽셀 수를 말합니다. 해상도가 높을수록 화면이 더 선명합니다.

2. 편집 관련 용어

① 듀레이션(Duration) : 영상이나 클립의 길이를 의미합니다. 예를 들어 10초짜리 클립의 듀레이션은 10초입니다.

② 리프트(Lift) : 타임라인에서 선택한 클립을 삭제하고, 빈 공간을 남긴 기능입니다. 클립을 제거하더라도 빈 공간이 그대로 남습니다.

▲ 원본 클립 배열

▲ 리프트 편집 후 클립 배열

③ **샷(Shot)** : 카메라가 촬영한 하나의 연속된 영상입니다. 카메라의 녹화를 눌러 기록을 시작하고 정지할 때까지의 하나의 영상을 말합니다

④ **소스(Source)** : 편집에 사용할 원본 영상, 사진, 오디오 파일 등 영상 편집 시 사용되는 모든 자료를 의미합니다.

⑤ **시퀀스(Sequence)** : 여러 클립을 모아 하나의 영상으로 편집하는 작업 공간입니다. 그림을 그리기 위한 도화지에 비유되기도 합니다.

⑥ **신(Scene)** : 하나의 이야기나 주제를 가진 연속된 장면입니다. 영화나 드라마에서 한 장소에서 일어나는 사건을 신이라고 부릅니다.

⑦ **아웃 점(Out Point)** : 영상이 끝나는 지점을 설정하는 것을 말합니다. 편집 시 영상의 끝을 정하는 기준점입니다.

⑧ **오버라이트(Overwrite)** : 새로운 클립으로 기존 클립을 대체하는 편집 방식입니다.

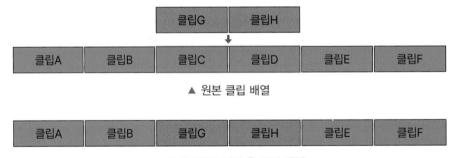

▲ 원본 클립 배열

▲ 오버라이트 편집 후 클립 배열

⑨ **익스트랙트(Extract)** : 선택한 클립을 타임라인에서 삭제하고 빈 공간 없이 연결해 주는 기능입니다. 리프트(Lift)와 달리 빈 공간이 없어집니다.

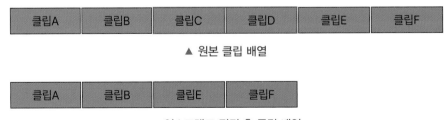

▲ 원본 클립 배열

▲ 익스트랙트 편집 후 클립 배열

⑩ 인 점(In Point) : 영상의 시작 지점을 설정합니다. 편집할 때 영상의 시작을 정하는 기준점입니다.

⑪ 인서트(Insert) : 타임라인 중간에 클립을 삽입하는 방법입니다. 기존 클립을 밀어내고 해당 자리에 새 클립을 삽입합니다.

▲ 원본 클립 배열

▲ 인서트 편집 후 클립 배열

⑫ 컷(Cut) : 클립을 자르는 가장 기본적인 편집 방식입니다. 영상에서 필요 없는 부분을 잘라내는 데 사용됩니다.

⑬ 클립(Clip) : 편집에 사용하는 영상, 오디오 등의 파일을 의미합니다. 각 클립은 영상의 한 조각이며, 타임라인에 배치하거나 잘라서 최종 영상을 완성합니다.

3. 애니메이션 및 효과 관련 용어

① 디졸브(Dissolve) : 화면이 서서히 다른 화면으로 전환되는 효과입니다. 한 장면이 천천히 사라지며 다음 장면으로 나타날 때 적용됩니다.

② 키 프레임(Key Frame) : 애니메이션이나 효과의 변화 시작점과 끝점을 설정하는 기준점입니다. 움직임이나 변화가 발생할 부분을 프로그램에 지시하는 개념입니다.

③ 페이드 인(Fade In) : 화면이 서서히 밝아지며 나타나는 효과입니다. 영상의 시작 부분에 자주 사용됩니다.

④ 페이드 아웃(Fade Out) : 화면이 서서히 어두워지며 사라지는 효과입니다. 영상의 마지막 부분에 자주 사용됩니다.

CHAPTER 02

영상 편집을 시작하는 첫걸음은 바로 프로그램 설치와 인터페이스를 익히는 것입니다.

이번 챕터에서는 프리미어 프로의 설치 및 관리하는 방법과 기본 인터페이스를 익히고, 작업 스타일에 맞게 설정하는 법을 배워보겠습니다. 이 과정을 통해 영상 편집의 첫 단추를 제대로 끼우고, 앞으로의 작업이 더욱 매끄럽게 진행될 수 있는 기반을 다져봅시다.

프로그램 설치 및
인터페이스 알아보기

SECTION 01

프리미어 프로, 어도비 폰트 설치

어도비 프로그램은 '크리에이티브 클라우드(Creative Cloud)'를 통해 설치와 업데이트가 이뤄집니다. 이번 시간에는 '크리에이티브 클라우드'를 사용하여 프로그램 설치와 어도비 폰트를 설치하는 방법을 알아보겠습니다.

1. 프리미어 프로 설치

어도비 제품은 처음으로 회원 가입 후 모든 제품을 7일간 무료로 사용할 수 있습니다. 무료 체험판을 사용하기 위해서는 지불 수단을 입력해야 하며, 무료 체험 기간 7일이 지나면 자동으로 결제가 진행됩니다.

> **Tip** 프로그램 사용을 원치 않으면 7일 전에 플랜을 취소해야 합니다.

(1) 어도비 홈페이지 접속

❶ 어도비 홈페이지(https://www.adobe.com/kr) 접속>어도비 홈페이지 하단 구매 대상 항목 중 [Premiere Pro] 클릭

(2) 무료 체험판 선택

❶ Premiere Pro 페이지에서 [무료 체험판] 버튼 클릭

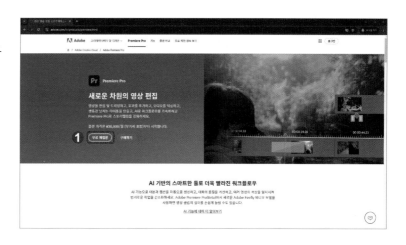

(3) 어도비 플랜 선택

❶ 상단 탭 항목 중 [개인] 선택
❷ [Adobe Premiere Pro] 단일 상품 선택
❸ 구독 항목 중 [연간, 월 지불] 또는 [월별 지불] 선택
❹ [계속] 버튼 클릭

※ 구독 금액 : 2024년 10월 18일 기준

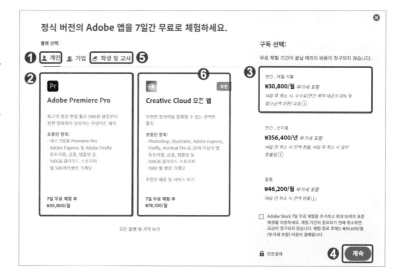

Tip
- ❺ 교육기관 종사자는 더 큰 할인을 받을 수 있으니 해당 옵션을 확인하세요.
- ❻ 두 가지 제품 이상 사용 예정이라면 단일 상품보다 모든 제품을 활용할 수 있는 플랜이 효율적입니다.
- 결제 전, 구독 할인 이벤트를 확인하면 더욱 경제적으로 이용할 수 있습니다.

(4) 어도비 결제-1

❶ '내 장바구니' 항목에서 금액 및 무료 체험판 약관 확인
❷ [계속] 버튼 클릭

(5) 어도비 결제-2

❶ 어도비 계정으로 사용할 이메일 주소 입력

❷ '필수' 사항 확인 및 체크

❸ [계속] 버튼 클릭

(6) 어도비 결제-3

❶ 신용카드 정보 입력

❷ [동의 및 구독] 버튼 클릭

※ 카드 정보를 확인하기 위해 100원 결제 후 취소됩니다.

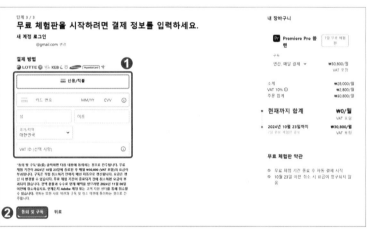

(7) 어도비 계정 완성

❶ [내 암호 만들기] 버튼 클릭

❷ 계정 암호 입력

❸ '필수 항목' 확인 및 체크

❹ [계정 완성] 클릭

(8) 크리에이티브 클라우드 설치

계정 생성 완료 후 '크리에이티브 클라우드(Creative Cloud)'가 설치 및 실행되면서 로그인 화면이 자동으로 표시됩니다. 로그인 후 '크리에이티브 클라우드'에서 프리미어 프로(Premiere Pro)와 미디어 인코더(Media Encoder)가 함께 설치됩니다.

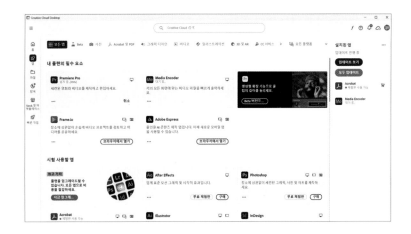

> **Tip** 크리에이티브 클라우드(Creative Cloud)란?
>
> Creative Cloud는 Adobe에서 제공하는 클라우드 기반의 소프트웨어 및 서비스 구독 플랫폼입니다. 이를 통해 다양한 Adobe 소프트웨어 서비스를 받을 수 있습니다. 사용자들은 Creative Cloud를 통해 Adobe 프로그램을 쉽게 관리할 수 있습니다.

2. 프리미어 프로 삭제 및 다른 버전 설치

크리에이티브 클라우드에서는 어도비 프로그램들의 최신 버전뿐 아니라 몇 개의 하위 버전을 제공하고 있습니다. 작업 환경에 따라 하위 버전을 사용하는 경우가 있기 때문에 프로그램 삭제 방법과 다른 버전 설치 방법에 대해 숙지해 둘 필요가 있습니다.

(1) 프리미어 프로 삭제

❶ 크리에이티브 클라우드(Creative Cloud) 실행 > [앱] 버튼 클릭
❷ 현재 설치되어 있는 어도비 프로그램 확인. ❸ [더 보기] 버튼 클릭. ❹ [제거] 버튼 클릭

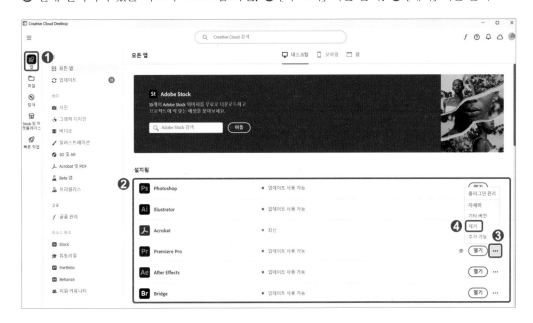

(2) 프리미어 프로 다른 버전 설치

❶ [기타 버전] 버튼 클릭

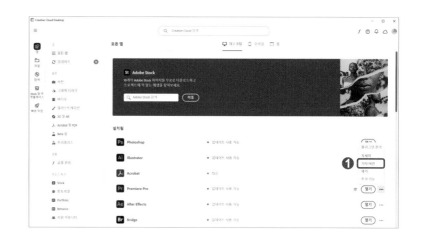

❷ [제거]라고 표시된 현재 버전 확인
❸ 원하는 버전을 찾아서 [설치] 버튼 클릭

3. '어도비 폰트' 사용 방법

기본적으로 사용하는 모든 폰트는 저작권 문제로 항상 라이선스를 확인하고 사용해야 하는 불편함이 있습니다. 하지만 어도비에서 제공하는 '어도비 폰트(Adobe Fonts)'를 활용한다면 라이선스에 대한 걱정과 번거로운 설치 없이 쉽고 빠르게 다양한 폰트를 사용할 수 있습니다.

(1) 어도비 폰트 위치

❶ 크리에이티브 크라우드에서 [앱]
　>[글꼴 관리] 버튼 클릭

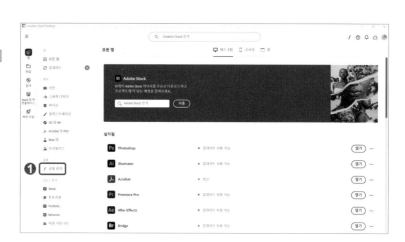

(2) 설치된 폰트 확인

❶ 추가된 글꼴 목록 확인
❷ 선택된 글꼴의 미리보기 확인
❸ [추가 글꼴 검색] 버튼 클릭

(3) 폰트 추가

❶ 필터 설정 후 검색. ❷ [패밀리 추가] 버튼 클릭

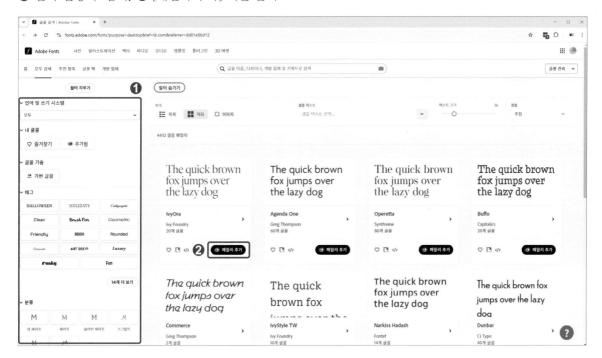

> **Tip** 어도비 폰트 페이지에서 상단 탭 [추천 항목], [글꼴 팩]을 이용하면 좀 더 다양한 폰트를 찾을 수 있습니다.

프로젝트 파일 다루기

프리미어 프로 '프로젝트 파일'은 편집 과정에서 생성된 모든 작업 정보를 저장하는 파일입니다. 실제 소스 파일이 저장되진 않지만 편집할 때 적용한 소스의 경로와 효과, 트랜지션, 자막 등의 정보가 포함되어 있습니다. 일종의 설계도 같은 역할을 하며, 프로젝트의 전체 구조와 편집 상태를 기록합니다.

1. 새로운 프로젝트 파일 만들기

(1) 프리미어 프로 열기

❶ 크리에이티브 클라우드 실행 후 [앱] 버튼 클릭

❷ [열기] 버튼 클릭

(2) 프리미어 프로 '홈' 화면

❶ 프리미어 프로 처음 실행 시 나타나는 화면에서 [새 프로젝트] 버튼 클릭

(3) 프리미어 프로 '가져오기' 화면

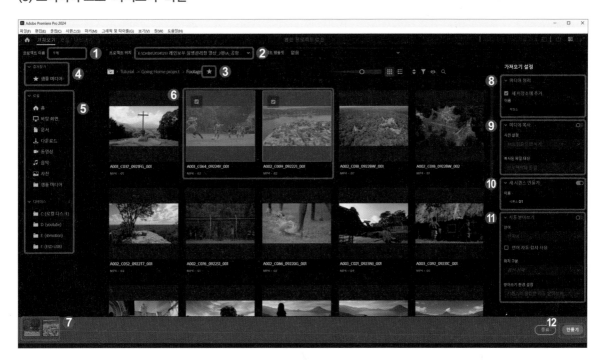

① 프로젝트 이름을 입력합니다.

② 프로젝트 파일이 저장될 위치를 설정합니다.

③ 자주 이용하는 경로 즐겨찾기를 설정합니다.

④ 등록된 즐겨찾기 목록을 확인합니다.

⑤ 프로젝트에 사용할 소스 위치를 선택합니다.

⑥ 사이드바에서 선택된 경로의 소스 파일을 확인 및 선택합니다. 동영상, 포토샵 파일 등 다양한 포맷의 파일들에 대한 미리보기가 가능합니다.

⑦ 선택된 소스 파일 목록을 확인합니다.

⑧ 해당 기능 활성화 시 소스를 가져올 때 프로젝트 패널에 새로운 폴더의 생성 여부를 설정합니다.

⑨ 선택한 소스 파일을 특정 위치로 복사합니다.

⑩ 프로젝트 파일 생성 시 새로운 '시퀀스'를 생성합니다.

⑪ 오디오가 포함된 소스 파일을 텍스트로 변환하여 대본을 생성합니다.

⑫ [만들기] 버튼을 클릭하여 새로운 프로젝트를 생성합니다.

2. 프로젝트 파일 저장

새롭게 만든 프로젝트는 사용자가 지정한 경로와 이름으로 아래 그림과 같은 ❶ 'prproj' 확장명으로 저장됩니다. 프리미어 프로는 기본적으로 자동 저장(Auto-Save) 기능이 활성화되어 있습니다. 자동 저장 파일은 프로젝트 파일이 저장된 위치에 ❷ [Adobe Premiere Pro Auto-Save] 폴더에 저장됩니다. 수동으로 프로젝트를 저장할 수도 있으며, 기존 파일을 변경하지 않고 새로운 프로젝트에 편집을 진행하기 위해 다른 이름으로 저장을 사용하기도 합니다.

이번 시간에는 '자동 저장' 설정을 변경하는 방법과 '수동 저장' 방법 및 프로젝트를 '다른 이름으로 저장'하는 방법까지 배워보겠습니다.

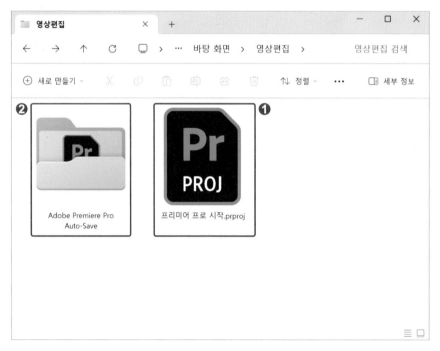

▲ 프리미어 프로 프로젝트 파일 화면

Tip 　프리미어 프로의 '자동 저장' 기능은 프로그램이 오류가 나서 꺼지게 되는 만약의 상황을 대비한 기능이므로 수동 저장을 적극 활용해야 합니다.

(1) '자동 저장' 설정 방법

❶ 메뉴바>[편집] 클릭. ❷ [환경 설정]>[자동 저장] 선택

❸ [프로젝트 자동 저장] 체크박스에 체크하여 기능 활성화

❹ 자동 저장 실행 간격 설정. ❺ 생성되는 자동 저장 파일 개수 설정

(2) '수동 저장' 방법

❶ 메뉴바>[파일] 선택

❷ [저장] 선택

저장 : Ctrl + S

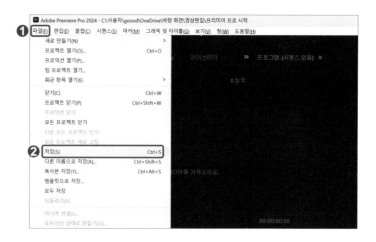

(3) '다른 이름으로 저장' 방법

❶ 메뉴바 > [파일] 선택

❷ [다른 이름으로 저장] 선택

단축키

다른 이름으로 저장 : Ctrl + Shift + S

※ 다른 이름으로 저장은 기존 파일을 변경하지 않고 새로운 프로젝트에 편집을 진행하기 위해 사용합니다.

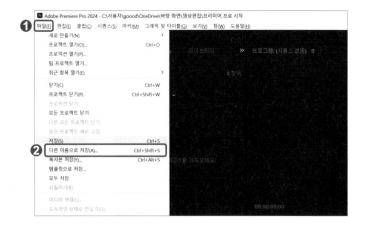

Tip 프로젝트 파일 경로가 표시되는 부분에 * 표시로 프로젝트 파일의 저장 여부를 확인할 수 있습니다.

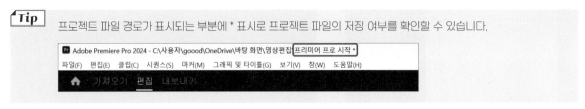

3. 프로젝트 파일 열기

저장된 프로젝트 파일을 불러오는 다양한 방법에 대해 배워보겠습니다.

(1) 프로젝트 파일 열기

단축키

프로젝트 열기 : Ctrl + O

❶ 메뉴바 > [파일] > [프로젝트 열기] 선택

❷ 원하는 프로젝트 파일 선택. ❸ [열기] 버튼 클릭

(2) 여러 개의 프로젝트 파일 불러오기

❶ 여러 개의 프로젝트 패널 생성
❷ 제목 표시줄에서 현재 활성화된
   프로젝트 이름 확인

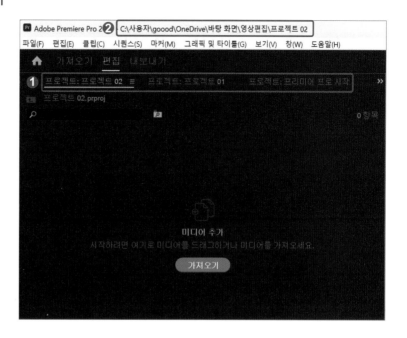

Tip
• 프리미어 프로는 여러 개의 프로젝트를 동시에 불러와 편집할 수 있습니다. 기존 프로젝트가 열려 있는 상태에서
  추가적으로 새로운 프로젝트를 불러오면 됩니다.
• 단축키 Shift + 1 로 활성화된 프로젝트를 빠르게 변경할 수 있습니다.

4. 프로젝트 파일 닫기

① [프로젝트 닫기] : 선택된 프로젝트만 닫기

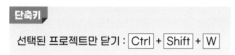

단축키

선택된 프로젝트만 닫기 : Ctrl + Shift + W

② [모든 프로젝트 닫기] : 열려 있는 모든 프
   로젝트 닫기
③ [다른 모든 프로젝트 닫기] : 선택된 프로젝
   트를 제외한 나머지 프로젝트 닫기

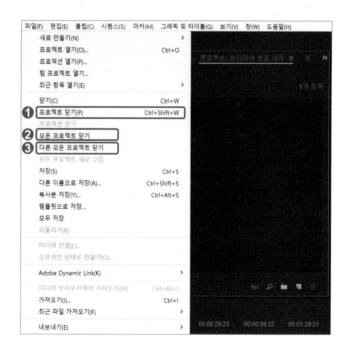

작업 영역 및 주요 패널 알아보기

프리미어 프로의 작업 영역은 편집 상황에 따라 패널의 위치와 크기를 조정할 수 있는 강력한 기능을 제공합니다. 이번 시간에는 작업 영역을 설정하고 변경하는 방법과 주요 패널의 역할 및 사용법에 대해 배워보겠습니다.

1. 작업 영역 알아보기

프리미어 프로를 처음 실행하면 작업 영역이 [학습]으로 설정되어 열립니다. 아래 화면과 같이 프리미어 프로의 작업 영역은 크게 메뉴바, 상단 표시줄, 다양한 패널 형태로 구성되어 있습니다.

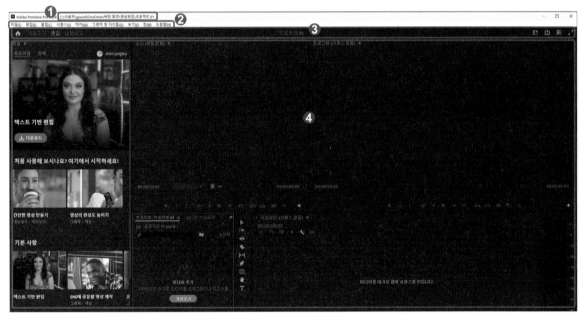

▲ 프리미어 프로 최초 실행 시 설정되어 있는 [학습] 작업 영역

① **제목 표시줄** : 프로젝트의 경로와 이름 표시

② **메뉴바** : 프리미어 프로의 모든 기능 모음

③ **상단 표시줄** : 자주 사용되는 빠른 이동

④ **패널 모음** : 편집에 필요한 다양한 창 모음

2. 작업 영역 변경하기

영상 편집에는 컷 나누기, 자막 작업, 색감 보정 등 다양한 제작 공정이 존재합니다. 프리미어 프로는 각 공정에 최적화된 '작업 환경'을 제공하며, 총 16개의 '작업 영역'을 기본으로 제공합니다.

(1) 작업 영역 [편집]으로 변경

❶ 상단 표시줄 우측의 [작업 영역] 아이콘 클릭. ❷ [편집] 버튼 클릭

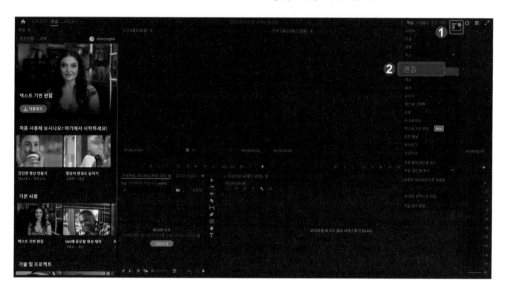

> **Tip** '작업 영역' 목록에서 [작업 공간 탭 표시]를 활성화하면 '상단 표시줄'에 '작업 영역' 목록이 바로 표시되어 빠르게 변경할 수 있습니다. 마우스를 클릭한 상태에서 드래그하면 다른 목록도 확인할 수 있습니다.

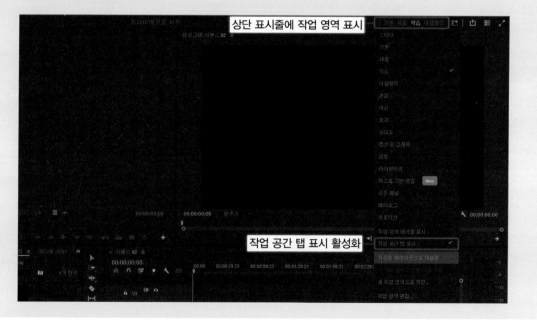

3. 주요 패널 알아보기

프리미어 프로에는 수십 개의 패널이 있지만, 초급 단계에서는 모든 패널을 사용할 필요가 없습니다. 이번 시간에는 가장 많이 사용되고 필수로 알아야 할 주요 패널들을 소개하겠습니다. '작업 영역' 설정에 따라 화면 구성이 달라질 수 있으므로, [작업 영역-편집]을 기준으로 설명하겠습니다.

① [프로젝트] 패널 : 영상 편집에 들어갈 다양한 소스를 불러오는 공간으로, 단축키 Shift + 1 로 활성화합니다.

② [소스 모니터] 패널 : 원본 영상을 확인 및 편집하여 타임라인으로 불러오는 공간으로, 단축키 Shift + 2 로 활성화합니다.

③ [타임라인] 패널 : 동영상, 이미지, 오디오 등 다양한 소스들을 실질적으로 편집하는 공간으로 타임라인에 배치된 소스들을 클립(Clip)이라고 얘기하며, 단축키 Shift + 3 으로 활성화합니다.

④ [프로그램 모니터] 패널 : [타임라인] 패널에서 이뤄지는 편집 결과를 확인하는 공간으로 타임라인의 재생헤드 위치가 화면에 출력되며, 단축키 Shift + 4 로 활성화합니다.

⑤ [효과 컨트롤] 패널 : 타임라인에 올라가 있는 다양한 클립들의 기본 효과(위치, 크기, 불투명도)와 사용자가 추가한 효과들의 설정을 변경할 수 있는 공간으로, 단축키 Shift + 5 로 활성화합니다.

⑥ [오디오 트랙 믹서] 패널 : 프로젝트 내 각 오디오 트랙의 소리 크기, 좌우 밸런스 및 이펙트를 실시간으로 조정하고 각 트랙의 음향을 한눈에 관리할 수 있는 공간으로, 단축키 Shift + 6 으로 활성화합니다.

⑦ **[효과] 패널** : 비디오와 오디오에 다양한 시각적 · 청각적 효과를 추가하고 전환 효과를 적용하는 공간으로, 단축키 Shift + 7 로 활성화합니다.

⑧ **[도구] 패널** : 편집에 필요한 다양한 도구들이 모여 있는 공간입니다. 선택 도구, 자르기 도구, 잔물결 편집 도구 등 주요 도구들을 빠르게 사용할 수 있습니다.

⑨ [오디오 미터] 패널 : 프로젝트 내 오디오 볼륨을 실시간으로 시각적으로 표시하는 패널입니다. 이를 통해 볼륨의 적정성과 왜곡 여부를 확인할 수 있습니다.

4. 상단 표시줄 자세히 알아보기

메뉴바 하단에 위치한 '상단 표시줄'은 다양한 기능을 빠르게 사용할 수 있도록 구성되어 있습니다.

▲ 상단 표시줄

① 홈 : 프리미어 프로 홈 화면 팝업
② 가져오기 : 다양한 소스를 프로젝트로 불러오기
③ 편집 : 실제 영상 편집 작업이 진행되는 공간
④ 내보내기 : 완성된 프로젝트를 하나의 동영상 파일로 저장
⑤ 현재 활성화된 프로젝트명 표시
⑥ 작업 영역 : 작업에 따른 다양한 작업 영역 변경
⑦ 빠른 내보내기 : 현재 활성화된 프로젝트를 미리 설정되어 있는 옵션으로 빠르게 저장
⑧ 진행 상황 대시보드 열기 : 백그라운드에서 진행 중인 작업 확인
⑨ 전체 화면 동영상 : 편집 중인 화면을 전체 화면으로 확인

5. 패널 크기 및 위치 변경

프리미어 프로에서는 기본으로 제공되는 작업 영역 외에도 사용자가 상황에 맞춰 패널의 크기와 위치를 자유롭게 변경할 수 있습니다. 이번에는 패널 크기 조정 방법과 위치 변경에 대해 배워보겠습니다.

(1) 한 방향 패널 크기 조정

❶ 패널과 패널 사이로 마우스 포인터 이동 > ⬍ 크기 조정 아이콘으로 변경되는 것을 확인 > ⬍ 아이콘 클릭 후 드래그하여 패널 크기 조정

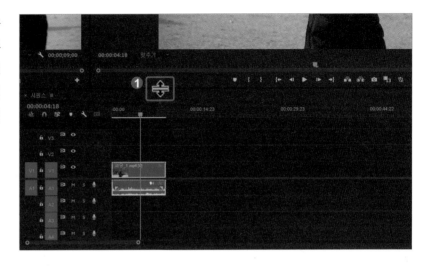

(2) 네 방향 패널 크기 조정

❶ 패널이 3개의 지점에서 만나는 부분으로 마우스 포인터 이동 > ✛ 네 방향 크기 조정 아이콘으로 변경되는 것을 확인 > ✛ 아이콘 클릭 후 드래그하여 패널 크기 조정

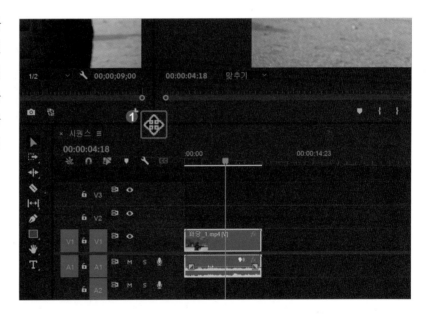

(3) 패널 이동

패널 이름 부분을 클릭한 채 원하는 위치로 드래그하여 자유롭게 위치를 변경하거나 그룹화할 수 있습니다.

❶ 해당 패널의 좌측으로 이동. ❷ 해당 패널의 위쪽으로 이동

❸ 해당 패널의 오른쪽으로 이동. ❹ 해당 패널의 아래쪽으로 이동

❺ 해당 패널과 그룹화

(4) 패널 닫기

❶ 패널 이름 우측의 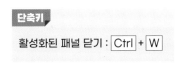 [메뉴] 아이콘
 클릭
❷ [패널 닫기] 선택

(5) 닫힌 패널 다시 열기

❶ 메뉴바>[창] 선택
❷ 표시할 패널 선택

※ 닫힌 패널은 메뉴바 [창]을 통해 언제든지
 다시 표시할 수 있습니다.

6. 작업 영역 저장 및 불러오기

사용자가 패널의 위치와 크기를 임의로 변경했다면, 이를 작업 영역으로 저장하고 필요할 때 불러올 수 있습니다.

(1) 작업 영역 저장하기

패널의 위치를 임의로 변경한 후 작업 영역을 저장해 보겠습니다.

❶ 🖿 [작업 영역] 클릭
❷ [새 작업 영역으로 저장...] 클릭

❸ 새 작업 영역 이름을 "빠른 편집용"으로 입력
❹ [확인] 버튼 클릭 후 저장 완료

(2) 저장된 작업 영역 불러오기

❶ 🖿 [작업 영역] 클릭
❷ 작업 영역 목록 중에서 방금 저장한 [빠른 편집용] 클릭하여 불러오기 완료

(3) 저장한 작업 영역 삭제하기

❶  [작업 영역] 클릭

❷ [작업 영역 편집...] 클릭

❸ 작업 영역 편집 창이 열린 후 [빠른 편집용] 선택

❹ [삭제] 버튼 클릭

❺ [확인] 버튼 클릭

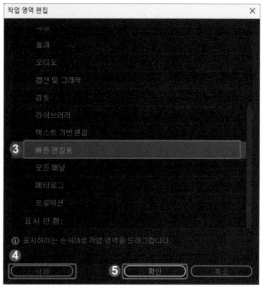

한글/영문판 변경 방법

프리미어 프로는 한글판과 영문판을 선택하여 설치할 수 있는 기능을 제공합니다. 이번 시간에는 최초 설치 시 언어 설정 방법과 이미 설치된 프로그램의 언어 변경 방법에 대해 배워보겠습니다.

1. 최초 설치 시 언어 설정 변경

크리에이티브 클라우드 환경 설정에서 기본 설치 언어를 변경하면 프로그램 설치 시 해당 언어로 설치할 수 있습니다.

(1) 크리에이티브 클라우드 설정값 변경

❶ 크리에이티브 클라우드 실행 후 [계정] 아이콘 클릭

❷ [환경 설정] 클릭

❸ 좌측 사이드 탭에서 [앱] 선택

❹ [기본 설치 언어] 클릭 후 [한국어] 또는 [English(international)] 선택

❺ [완료] 버튼 클릭 후 프로그램 설치

2. 재설치 없이 프로그램 언어 변경

설치된 프로그램의 언어를 재설치 없이 설정값 변경으로 간단하게 프로그램 언어를 변경할 수 있습니다.

(1) [콘솔] 패널을 이용한 프로그램 언어 변경

❶ 프리미어 프로가 실행된 상태에서 Ctrl + F12 를 눌러 [콘솔] 패널창 활성화

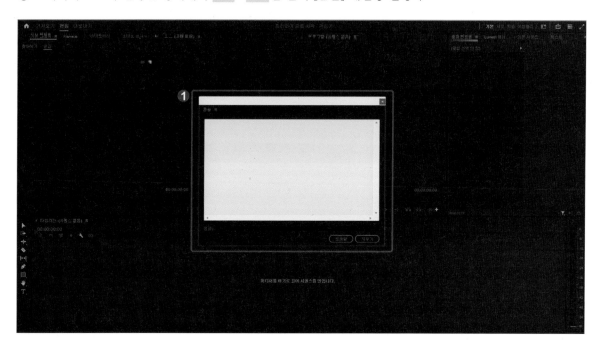

❷ [콘솔] 패널창에서 ▤ 메뉴 버튼 클릭

❸ [Debug Database View] 클릭

❹ [검색창]에 'lang' 입력

❺ ApplicationLanguage 항목에 [ko_KR] 입력 시 한글, [en_US] 입력 시 영문으로 변경> 프로그램 재실행

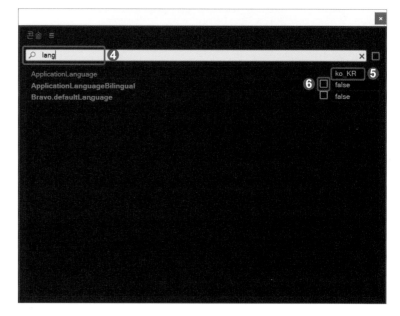

> **Tip**   ApplicationLanguage 항목에 [ko_KR]로 입력하고 ❻ ApplicationLanguageBilingual 항목에 체크하면 한글과 영문이 함께 표시됩니다.

SECTION

05

유용한 사이트 소개

영상을 제작할 때는 글꼴, 영상, 이미지, 음악 등 다양한 소스가 필요합니다. 이번 시간에는 영상 제작에 필요한 다양한 소스를 무료로 다운로드할 수 있는 유용한 사이트들을 소개합니다.

1. 무료 폰트 사이트 소개 및 설치 방법

폰트 설치 방법은 크게 두 가지로 나눌 수 있습니다. 첫 번째는 운영체제 전체에 설치하는 방법으로, 다른 모든 프로그램에서도 해당 폰트를 사용할 수 있습니다. 다만, 폰트 수가 많아질수록 운영체제가 느려질 수 있다는 단점이 있습니다. 두 번째는 어도비 프로그램에만 폰트를 설치하는 방법으로, 다른 프로그램에서는 해당 폰트를 사용할 수 없지만 운영체제의 속도 저하를 방지할 수 있습니다. 각각의 방법은 작업 환경에 따라 선택적으로 활용할 수 있습니다.

(1) 무료 폰트 사이트 '눈누'

❶ https://noonnu.cc에 접속 후 상단 탭 [모든 폰트] 클릭
❷ [허용 범위] 클릭
❸ 필터 항목 중 [영상] 선택

(2) 원하는 폰트 선택

❶ [G마켓 산스] 항목 클릭

(3) 라이선스 범위 확인

❶ 폰트 다운로드 전 '라이선스 요약표' 확인

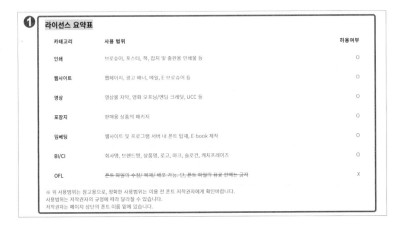

(4) 폰트 다운로드 페이지 이동

❶ [다운로드 페이지로 이동] 클릭 > 원 저작자가 제공하는 다운로드 페이지로 이동 후 폰트 다운로드

(5) 운영체제에 폰트 설치

❶ 다운로드한 폰트 파일 모두 선택 후 마우스 우클릭

❷ 팝업 메뉴 창에서 [설치] 버튼 클릭

(6) 어도비 프로그램에 폰트 설치

❶ 다운로드한 폰트 파일 모두 선택 후
단축키 Ctrl + C 로 파일 복사

❷ 윈도우 탐색기에서 'C:₩Program Files₩Common Files₩Adobe' 경로로 이동

❸ 'Fonts' 폴더 생성(대소문자 구별)>폴더 안에 복사한 폰트 붙여넣기

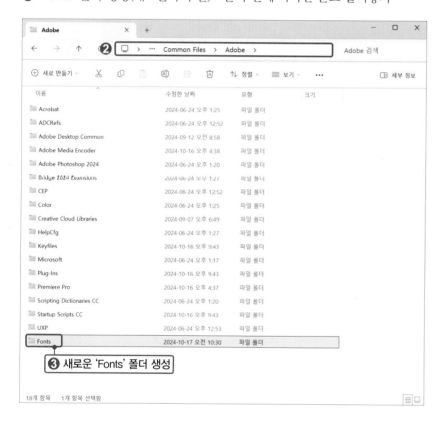

> **Tip** 폰트 다운로드 시 TTF(TrueType Font)와 OTF(OpenType Font)로 구분됩니다. TTF는 오래된 형식으로 호환
> 성이 뛰어나지만 기능이 제한적입니다. OTF는 고급 타이포그래피 기능을 지원하며 영상 편집에 더 적합합니다.

2. 유료 폰트 사이트 소개

국내 디자이너들이 많이 사용하는 유료 폰트 사이트로는 산돌구름(https://www.sandollcloud.com)이 대표적입니다. 산돌구름은 클라우드 방식을 채택해 폰트 설치와 삭제가 매우 편리합니다. 산돌구름에서는 자체 브랜드 폰트뿐만 아니라 다른 브랜드 폰트들도 다양하게 만나볼 수 있습니다.

▲ 산돌구름 홈페이지

3. 무료 영상과 이미지 다운로드 사이트 소개 및 사용 방법

무료 영상과 이미지를 받을 수 있는 사이트는 많지만, 저작권 사용범위가 넓은 '픽사베이'를 추천합니다.

(1) 픽사베이 홈페이지 접속 및 이미지 검색

❶ 픽사베이(https://pixabay.com/ko)에 접속 후 회원가입. ❷ 로그인
❸ 키워드 입력. ❹ [모든 이미지] 버튼 클릭. ❺ 필터 설정 후 검색

(2) 픽사베이 무료 사진 선택

❶ 유료 이미지 영역 확인
❷ 상업적 이용이 가능한 무료 이미지 영역 확인
❸ 원하는 이미지 클릭

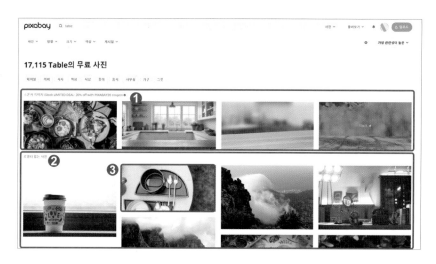

(3) 픽사베이 무료 사진 다운로드

❶ [다운로드] 버튼 클릭
❷ 이미지 크기 설정
❸ [다운로드] 버튼 클릭

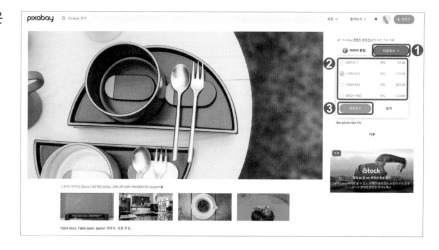

(4) 픽사베이 라이선스 확인

❶ 브라우저의 다운로드 폴더에서 이미지 확인
❷ [라이선스] 버튼 클릭 후 사용범위 확인

CHAPTER 03

영상 편집의 기본은 불필요한 부분을 제거하고, 중요한 장면을 자연스럽게 연결하여 완성도를 높이는 과정입니다. 이러한 과정은 영상의 흐름을 매끄럽게 하고, 핵심 메시지를 효과적으로 전달하는 데 매우 중요합니다.

이번 챕터에서는 편집 작업의 기본적인 과정과 방법을 익히며, 영상의 기초적인 흐름을 다루는 다양한 기술을 배워보겠습니다.

편집의 시작

SECTION

01

시퀀스(Sequence) 알아보기

시퀀스는 프리미어 프로에서 편집 작업을 수행하는 공간 또는 타임라인을 의미합니다. 영상, 오디오, 이미지 등의 클립을 시간에 맞춰 배열하고 편집하는 작업이 이루어지며, 시퀀스의 설정에 따라 최종 영상의 품질이 결정됩니다.

1. 프리셋을 활용한 시퀀스 만들기

프리미어 프로에서는 일반적으로 자주 사용되는 시퀀스 설정값을 프리셋(Preset)으로 제공하며, 이를 활용해 손쉽게 시퀀스를 생성할 수 있습니다.

(1) [새 시퀀스] 창 실행하기

❶ 프로젝트가 생성된 후 메뉴바에서 [파일] 클릭
❷ [새로 만들기] 클릭
❸ [시퀀스] 클릭 > [새 시퀀스] 창 활성화

단축키

새 시퀀스 : Ctrl + N

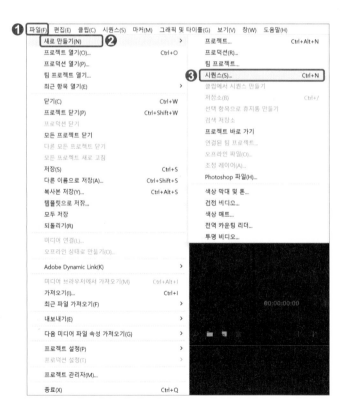

(2) 시퀀스 사전 설정

❶ [시퀀스 사전 설정] 탭에서 다양한 시퀀스
설정값 확인

❷ [HD 1080p] 폴더 펼치기

❸ [HD 1080p 29.97 fps] 선택

❹ 선택된 시퀀스 정보 확인

❺ [시퀀스 이름](영상 편집 연습) 입력

❻ [확인] 버튼 클릭

> **Tip** 프로젝트가 복잡해질수록
> 여러 시퀀스들 사이에서 원하는 시
> 퀀스를 찾기 어려워질 수 있습니다.
> 따라서 시퀀스를 생성 시 이름을 명
> 확하게 설정하는 습관을 들이면 작
> 업 효율을 크게 높일 수 있습니다.

(3) 생성된 시퀀스 확인

❶ [프로젝트] 패널에서 생성된 시퀀스 확인 > 아이콘으로 구분

❷ 시퀀스 이름과 동일한 타임라인 확인

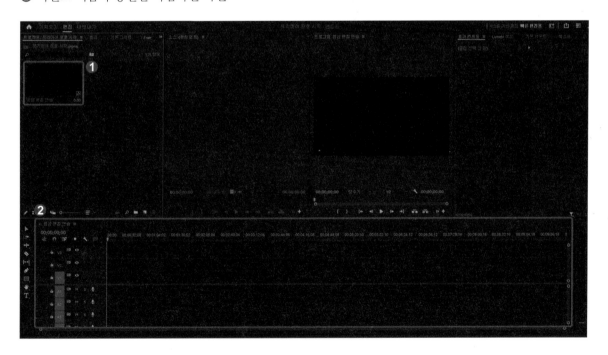

2. 영상 규격과 일치하는 시퀀스 만들기

동영상 파일을 타임라인으로 바로 드래그하면, 해당 동영상의 설정값을 그대로 유지한 새로운 시퀀스가 자동으로 생성됩니다. 이 방법은 별도의 시퀀스 설정 없이 동영상 설정값을 기반으로 편집을 시작할 수 있는 편리한 방법입니다.

(1) 윈도우 탐색기에서 시퀀스 바로 만들기

❶ 비어있는 [타임라인] 패널 확인

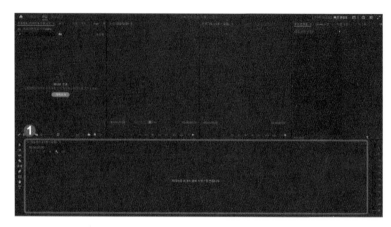

❷ 윈도우 탐색기에서 동영상 소스 선택 후 [타임라인]으로 드래그

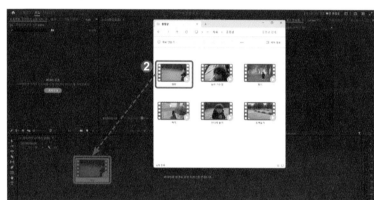

❸ 새롭게 생성된 동영상, 시퀀스, 타임라인 확인

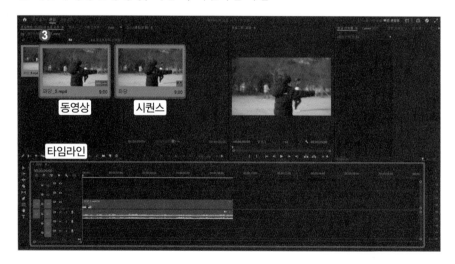

(2) [프로젝트] 패널에서 시퀀스 바로 만들기

❶ 비어있는 [타임라인] 패널 확인

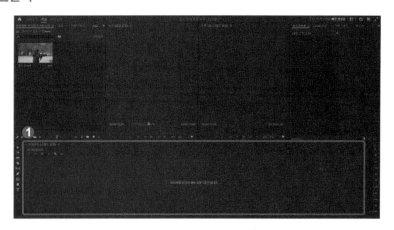

❷ [프로젝트] 패널에서 동영상 소스
　선택 후 [타임라인]으로 드래그

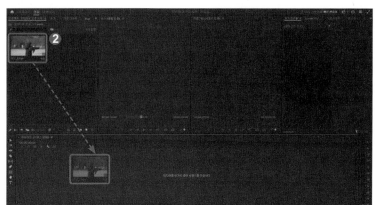

❸ 새롭게 생성된 시퀀스와 타임라인 확인

(3) 시퀀스 설정값 확인

❶ 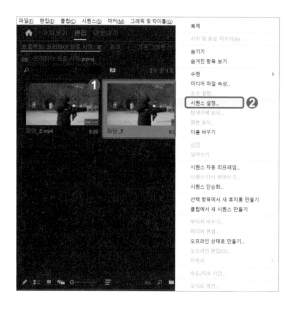 아이콘이 있는 시퀀스 소스를 선택 후 마우스 우클릭

❷ 우클릭 메뉴창에서 [시퀀스 설정] 클릭

※ 시퀀스 설정값이 동영상 소스와 동일하게 설정되어 있습니다.

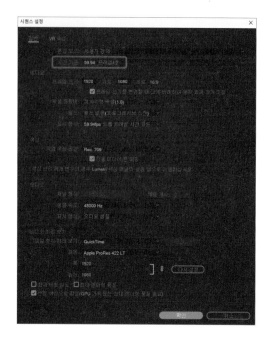

3. 시퀀스 프리셋 만들어 저장하기

프리미어 프로는 기본 프리셋 외에도 사용자가 임의로 새로운 시퀀스 설정값을 만들어 저장하고 사용할 수 있는 기능을 제공합니다. 이번 시간에는 사용자 프리셋 생성 및 저장 방법을 알아보겠습니다.

(1) [새 시퀀스] 창 열기

❶ [프로젝트] 패널에서 ▣ [새 항목] 아이콘 선택. ❷ [시퀀스...] 클릭

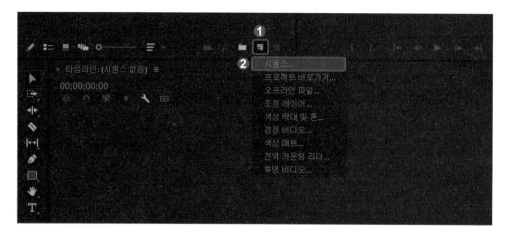

(2) 유튜브에서 가장 많이 사용되는 프리셋 만들기

❶ [설정] 탭 클릭

❷ 시간 기준 : [30.00 프레임/초] 선택

❸ 프레임 크기 : [1920] 가로, [1080] 세로 입력

❹ 픽셀 종횡비 : [정사각형 픽셀(1.0)] 선택

❺ 필드 : [필드 없음(프로그레시브 스캔)] 선택

❻ 표시 형식 : [30fps 시간 코드] 선택

❼ '색상', '오디오', '비디오 미리 보기' 항목은 기본 설정값 사용

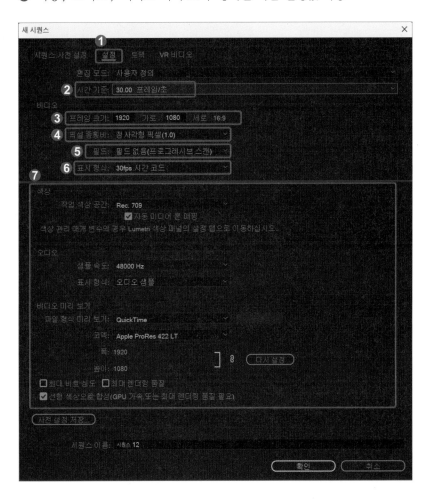

❽ [트랙] 탭 선택

❾ 믹스 : [스트레오] 선택

❿ 트랙 유형 [표준] 선택

⓫ [사전 설정 저장...] 선택

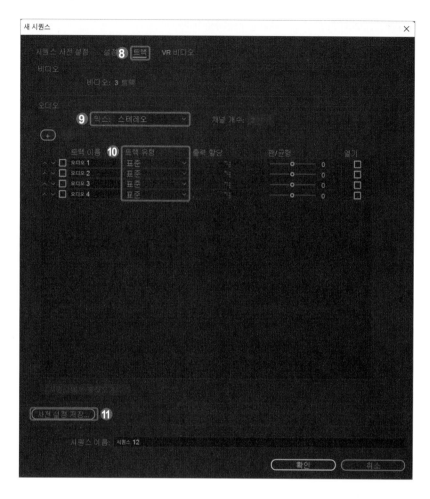

⓬ 프리셋 이름(유튜브 기본 시퀀
스) 입력 후 [확인] 버튼 클릭

(3) 새롭게 저장한 프리셋으로 시퀀스 만들기

❶ [새 시퀀스] 창>[사용자 정의] 폴더 선택>[새로 만든 시퀀스 프리셋] 선택

❷ [시퀀스 이름] 입력

❸ [확인] 버튼 클릭 후 시퀀스 생성

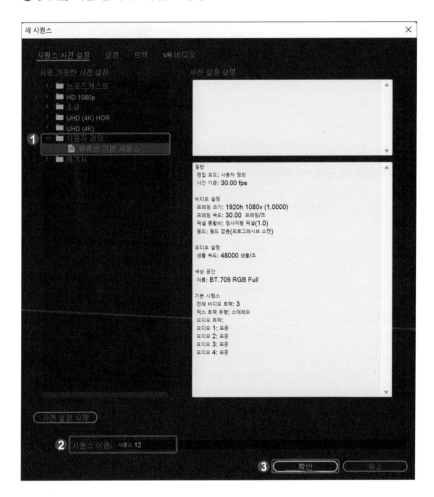

Tip 세로 영상 설정값(유튜브 쇼츠, 인스트 릴스, 틱톡)

- **시간 기준** : [30.00 프레임/초]
- **프레임 크기** : [1080] 가로, [1920] 세로
- **픽셀 종횡비** : 정사각형 픽셀(1.0)
- **필드** : 필드 없음(프로그레시브 스캔)

[프로젝트] 패널로 소스 불러오기

영상을 편집하기 위해서는 동영상, 이미지, 오디오 파일 등 다양한 소스들이 필요합니다. 이번 시간에는 편집에 필요한 소스들을 [프로젝트] 패널로 불러오는 다양한 방법에 대해 배워보겠습니다.

1. 다양한 방법으로 소스 가져오기

(1) 메뉴바에서 소스 가져오기

❶ 메뉴바>[파일] 클릭. ❷ [가져오기] 버튼 클릭

❸ 불러올 소스 선택. ❹ [열기] 버튼 클릭 후 소스 가져오기 완료

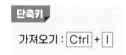

단축키

가져오기 : Ctrl + I

(2) [프로젝트] 패널에서 소스 가져오기

❶ [프로젝트] 패널의 빈 공간에서 더블 클릭 또는 마우스 우클릭 후 우클릭 메뉴창에서 [가져오기] 버튼 클릭
❷ 불러올 소스 선택. ❸ [열기] 버튼 클릭 후 가져오기 완료

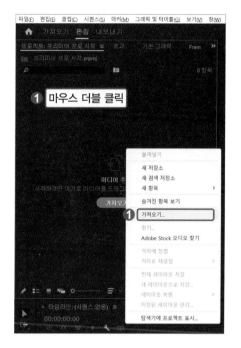

(3) 윈도우 탐색기에서 소스 가져오기

❶ 윈도우 탐색기에서 소스 선택. ❷ 선택한 소스를 [프로젝트] 패널로 드래그

2. 파일 또는 폴더로 가져오기

[프로젝트] 패널로 소스를 가져올 경우 파일로 가져왔을 때와 폴더로 가져왔을 때의 차이점에 대해 알아보겠습니다.

(1) 파일로 가져오기

파일로 가져왔을 때 [프로젝트] 패널에 소스가 개별 파일로 표시됩니다.

(2) 폴더로 가져오기

❶ 폴더 선택. ❷ [폴더 가져오기] 클릭

❸ [폴더 가져오기] 실행 후 폴더 모양으로 불러와 진 [저장소] 확인 > [저장소] 더블 클릭

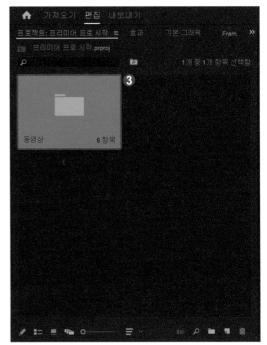

Tip   [폴더 가져오기]를 실행하면 소스가 폴더 아이콘으로 표시되며, 프리미어 프로에서는 이를 [저장소]라고 부릅니다.

❹ 새로운 [저장소 : 동영상] 패널 생성

(3) 기존 [프로젝트] 패널로 돌아가기

❶ [프로젝트] 패널 선택 또는 📁 [상위 폴더 이동] 버튼
클릭

3. [프로젝트] 패널 알아보기

영상 편집을 진행하다 보면 수십 개의 소스가 [프로젝트] 패널에 쌓이게 됩니다. [프로젝트] 패널의 기능을 잘
활용한다면 소스를 더 효과적으로 관리할 수 있습니다.

① ✏️ **[프로젝트 잠금 해제]** : 해당 아이콘을 활성화시키면 해당 프로젝트를 쓰기 금지시킬 수 있습니다.
② ▤ **[목록 보기]** : 소스를 목록 형태로 보여줍니다.
③ ▢ **[아이콘 보기]** : 소스를 썸네일 형태로 표시합니다.
④ ▥ **[자유형 보기]** : 소스를 사용자 의지대로 자유롭게 위치시킬 수 있습니다.
⑤ ○━━━━ **[아이콘 및 썸네일 크기 조정]** : 아이콘 및 썸네일의 크기를 조정할 수 있습니다.
⑥ ▤ **[아이콘 정렬]** : 다양한 조건으로 아이콘을 정렬합니다.

⑦ [찾기] : 소스를 다양한 필터로 검색할 수 있습니다.

⑧ [새로운 저장소] : 새로운 폴더(저장소)를 생성합니다.

⑨ [새 항목] : 시퀀스, 색상 매트, 조정 레이어 등 새로운 요소를 추가할 때 사용합니다.

⑩ [지우기] : 선택한 요소를 [프로젝트] 패널에서 삭제합니다.

4. [프로젝트] 패널 아이콘 소스 구별

영상 편집을 하다 보면 [프로젝트] 패널에 다양한 소스가 쌓이게 되고, 썸네일만으로는 동영상, 이미지, 시퀀스 등의 소스 종류를 구분하기 어려울 수 있습니다. 하지만 아이콘을 이해하면 소스의 형태를 쉽게 파악할 수 있어 작업이 훨씬 편리해집니다. 이번 시간에는 [프로젝트] 패널에서 사용되는 아이콘과 그 의미를 알아보겠습니다.

(1) [프로젝트] 패널 보기 방식 변환

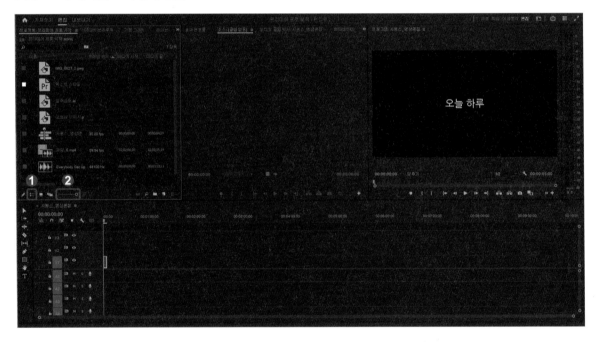

❶ [프로젝트] 패널 하단의 ▦ [목록보기] 아이콘 선택 > 보기 방식을 목록 형태로 변경

❷ [썸네일 크기조절] 아이콘을 사용해 썸네일 크기를 최대 크기로 조정

(2) [프로젝트] 패널 아이콘 구분

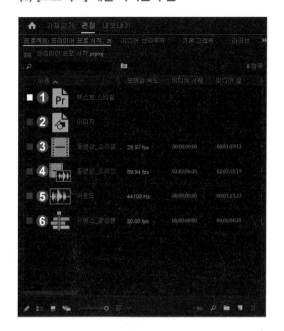

① ![Pr] [텍스트 스타일] : 프리미어 프로 내에서 사용되는 텍스트 프리셋 아이콘
② ![이미지] [이미지 파일] : 다양한 이미지 파일을 나타내는 아이콘
③ ![동영상] [동영상 파일] : 오디오 정보가 없는 동영상 파일 아이콘
④ ![동영상] [동영상 파일] : 오디오 정보가 있는 동영상 파일 아이콘
⑤ ![오디오] [오디오 파일] : 음악, 효과음, 나래이션 등 오디오 정보만 있는 파일 아이콘
⑥ ![시퀀스] [시퀀스] : 시퀀스 아이콘

SECTION 03

[도구] 패널 알아보기

[도구] 패널은 프리미어 프로에서 편집 작업에 필요한 다양한 도구들이 모여 있는 공간입니다. 이 패널을 통해 영상 클립을 자르거나 이동하고, 확대/축소 등 편집에 필수적인 작업을 수행할 수 있습니다. 각각의 도구들은 특정 작업을 더효율적으로 할 수 있도록 설계되어 있으므로 [도구] 패널을 잘 활용한다면 작업 효율성을 크게 높일 수 있습니다.

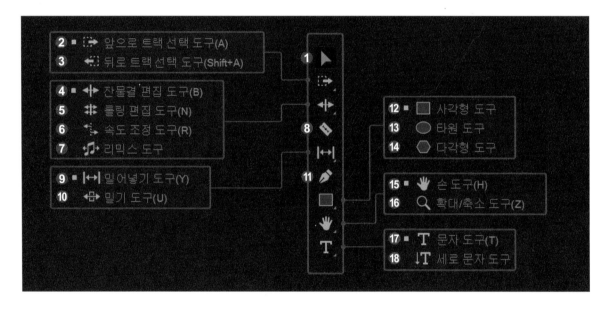

① 선택 도구 V : [타임라인] 패널과 [모니터] 패널에서 클립을 선택하거나 이동하는 데 사용합니다.

② 앞으로 트랙 선택 도구 A : 선택한 위치를 기준으로 오른쪽에 있는 모든 트랙을 한 번에 선택합니다. Shift 와함께 사용하면 해당 트랙의 클립만 선택할 수 있습니다.

③ 뒤로 트랙 선택 도구 Shift + A : 선택한 위치를 기준으로 왼쪽에 있는 모든 트랙을 한 번에 선택합니다. Shift 와함께 사용하면 클릭된 트랙의 클립만 선택할 수 있습니다.

④ 잔물결 편집 도구 B : 클립의 끝부분을 드래그하면 빈 공간을 유지하면서 자동으로 정렬합니다.

⑤ 롤링 편집 도구 N : 두 클립 사이의 편집점을 동시에 이동하는 데 사용합니다. 정면 전환 타이밍을 미세하게조정할 때 유용합니다.

⑥ 속도 조정 도구 R : 클립의 재생 속도를 손쉽게 빠르게 하거나 느리게 조정하는 데 사용합니다.

⑦ **리믹스 도구** : 오디오 클립의 길이를 자동으로 조정해 음악을 자연스럽게 줄이거나 늘릴 때 사용합니다.

⑧ **자르기 도구** C : 클립을 자르는 데 사용합니다.

⑨ **밀어넣기 도구** Y : 클립의 길이는 유지한 채 타이밍을 조절하는 데 사용합니다.

⑩ **밀기 도구** U : 선택한 클립의 길이는 고정된 채 클립의 위치를 이동할 때 사용합니다. 인접한 클립 길이도 함께 조정됩니다.

⑪ **펜 도구** P : [프로그램 모니터] 패널에 마스크와 도형을 만들거나 [타임라인] 패널에 키 프레임을 추가하는 데 사용합니다.

⑫ **사각형 도구** : [프로그램 모니터] 패널에 사각형 도형을 추가합니다. Shift 와 함께 사용하면 정사각형 비율을 유지한 채 만들 수 있습니다.

⑬ **타원 도구** : [프로그램 모니터] 패널에 동그라미 도형을 추가합니다. Shift 와 함께 사용하면 정원을 만들 수 있습니다.

⑭ **다각형 도구** : [프로그램 모니터] 패널에 다각형 도형을 추가합니다. [기본 그래픽] 패널에서 변의 수를 조정할 수 있습니다. Shift 와 함께 사용하면 정비율이 유지됩니다.

⑮ **손 도구** H : [타임라인] 패널이나 [프로그램 모니터] 패널에서 화면을 이동하는 데 사용합니다.

⑯ **확대/축소 도구** Z : [타임라인]을 확대하는 데 사용합니다. Alt 와 함께 사용하면 축소할 수 있습니다.

⑰ **문자 도구** T : [프로그램 모니터] 패널에 가로형 텍스트를 입력하는 데 사용합니다.

⑱ **세로 문자 도구** : [프로그램 모니터] 패널에 세로형 텍스트를 입력하는 데 사용합니다.

SECTION

04

[타임라인] 패널 알아보기

[타임라인] 패널은 프리미어 프로에서 편집 작업의 중심이 되는 공간입니다. 영상, 오디오 클립 등을 자르거나 배치하는 모든 작업이 이 패널에서 이루어집니다. [타임라인] 패널은 시퀀스와 함께 생성되며 시퀀스를 더블 클릭하면 해당 시퀀스의 [타임라인] 패널이 활성화됩니다.

1. 타임라인 보는 방법

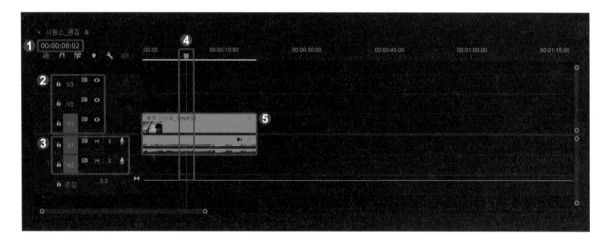

① **타임코드** : 재생헤드가 위치한 타임라인상의 시간을 표시합니다. [시간 : 분 : 초 : 프레임]으로 읽습니다. 이 미지상의 시간은 8초 2프레임입니다.

② **비디오 트랙** : 동영상, 이미지 등 시각적인 데이터를 배치하는 공간입니다. V1, V2, V3 형식으로 구분됩니다.

③ **오디오 트랙** : 오디오 데이터를 배치하는 공간입니다. A1, A2, A3 형식으로 구분됩니다.

④ **재생헤드** : 현재 재생 중이거나 편집할 지점을 시각적으로 표시합니다. 인디케이터(Indicator)라고도 부릅니다.

⑤ **클립** : 타임라인에 배치된 비디오, 오디오, 이미지 등 소스를 말합니다.

2. 타임라인 옵션 알아보기

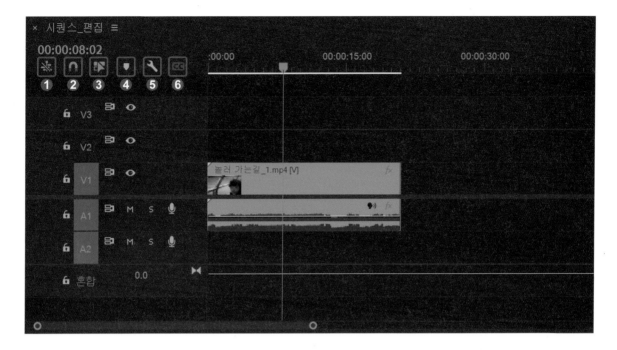

① **시퀀스를 중첩 또는 개별 클립으로 삽입 또는 덮어쓰기** : 시퀀스를 타임라인에 삽입할 때 중첩 또는 개별로 덮어쓰기를 선택합니다.

② **타임라인에서 스냅** : 클립이나 재생헤드를 이동할 때 다른 클립이나 마커에 자동으로 정렬되도록 활성화합니다.

③ **연결된 선택** : 비디오와 오디오 클립이 자동으로 연결해 함께 편집할 수 있도록 설정합니다.

④ **마커 추가** : 타임라인이나 클립에 마커를 추가하여 중요한 지점을 표시할 수 있습니다.

⑤ **타임라인 표시 설정** : 타임라인에 보이는 요소들을 세부적으로 조정합니다.

⑥ **캡션 트랙 옵션** : 캡션 트랙이 있을 때 표시 여부를 설정합니다.

3. 트랙 세부 옵션 알아보기

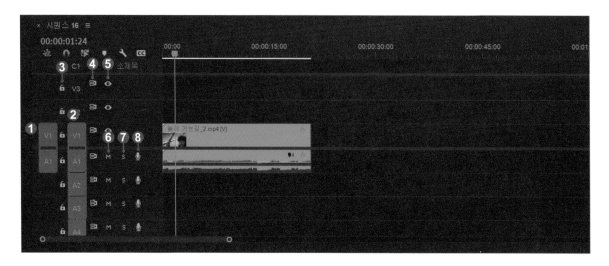

① V1 **삽입 및 덮어쓰기를 위한 소스 패치** : [소스 모니터]에서 선택한 소스를 특정 트랙에 삽입할 때, 해당 트랙을 지정합니다.

② V1 **이 트랙의 '트랙 대상 지정'** : 편집할 때 주요 작업 트랙을 우선 지정합니다.

③ 🔒 **트랙 잠금 켜기/끄기** : 트랙을 잠그거나 잠금 해제할 수 있습니다. 잠긴 트랙은 클립 추가, 수정, 이동이 불가능합니다.

④ 🖿 **동기화 잠금 전환** : 연결되어 있는 비디오 트랙과 오디오 트랙의 동기화를 유지하거나 해제합니다.

⑤ 👁 **트랙 출력 켜기/끄기** : 트랙의 비디오 출력을 켜거나 끌 수 있습니다. 트랙 출력이 꺼지면, 해당 트랙에 있는 비디오 클립이 숨겨집니다.

⑥ M **트랙 음소거** : 해당 트랙의 오디오를 음소거합니다.

⑦ S **솔로 트랙** : 해당 트랙의 소리만 재생합니다.

⑧ 🎤 **음성 더빙 기록** : 실시간으로 마이크를 통해 음성을 녹음할 수 있습니다.

4. 타임라인 및 트랙 조작 방법

① 재생헤드 이동 및 재생 : 해당 영역을 마우스 좌측 버튼으로 클릭 또는 드래그하여 이동할 수 있습니다.

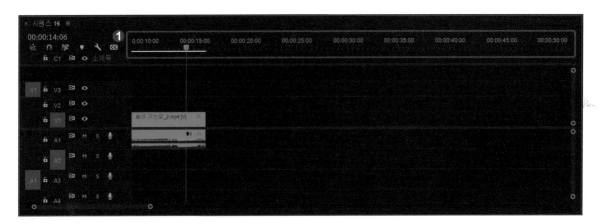

재생헤드

- 재생헤드 1프레임씩 이동 : ←, →
- 클립 시작, 끝점 이동 : ↑, ↓
- 기본 재생 : Space bar
- 재생헤드 5프레임씩 이동 : Shift + ←, Shift + →
- 시퀀스 시작, 끝 이동 : Home, End
- 뒤로 재생, 멈춤, 앞으로 재생 : J, K, L
- J 와 L 키는 연속적으로 중복 입력하면 재생속도가 8배속까지 올라갑니다.

② 타임라인 크기 조정 : 타임라인 하단의 핸들을 조절하여 타임라인을 확대 및 축소할 수 있습니다.

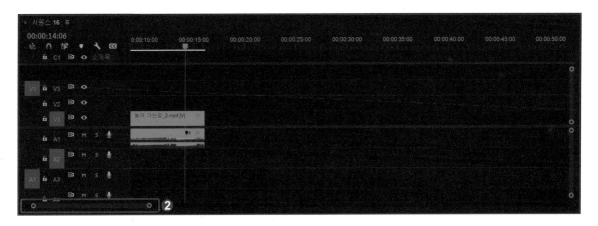

타임라인 조절

- 타임라인 시간대 이동 : [마우스 휠]
- 타임라인 축소 및 확대 : 키보드 Backspace 옆에 있는 - , +
- 마우스 포인터가 위치한 곳 기준으로 타임라인 축소 및 확대 : Alt + [마우스 휠]
- 시퀀스 길이에 맞춰 타임라인 조절 : \

③ 비디오 트랙 높이 조정 : 비디오 트랙의 트랙 전체 높이를 확대 및 축소할 수 있습니다.

④ 오디오 트랙 높이 조정 : 오디오 트랙의 트랙 전체 높이를 확대 및 축소할 수 있습니다.

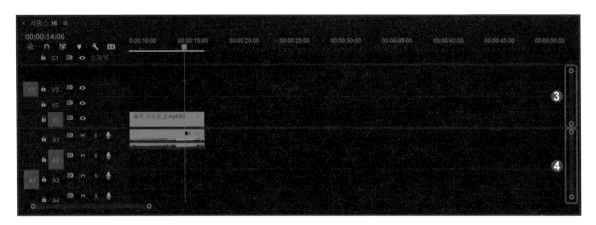

단축키

트랙 높이 조정

- 비디오 트랙 높이 조정 : Ctrl + - , Ctrl + =
- 오디오 트랙 높이 조정 : Alt + - , Alt + =
- 모든 트랙 확장 및 축소 : Shift + = , Shift + -

⑤ 마우스를 이용한 트랙 높이 조정

    ⓐ 비디오 트랙 또는 오디오 트랙 전체 높이 조정 : 트랙 빈 공간에 마우스를 위치시킨 후 Shift + [마우스 휠]

    ⓑ 특정 트랙만 높이 조정 : 트랙 빈 공간에 마우스를 위치시킨 후 Alt + [마우스 휠]

    ⓒ 특정 트랙만 높이 조정 : 트랙 빈 공간을 더블 클릭

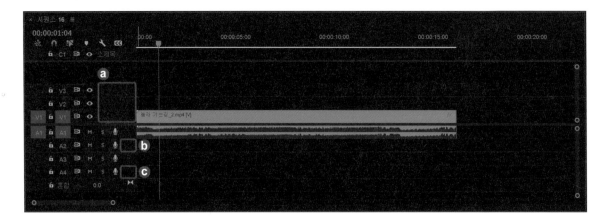

5. 트랙 구조 이해하기

프리미어 프로의 타임라인은 여러 트랙이 층층이 쌓인 레이어 구조로 이루어져 있습니다. 가장 위에 있는 트랙의 클립이 화면에 먼저 나타나고, 그 아래 트랙의 클립은 순차적으로 겹쳐 보이는 방식입니다. 각 클립이 어떤 트랙에 배치되어 있느냐에 따라 표시되는 순서가 달라지므로, 트랙의 구조를 이해하는 것은 매우 중요합니다.

① 바탕이 투명한 자막과 이미지가 동영상 클립보다 상위 트랙에 있는 경우 : 투명한 종이가 겹쳐진 것처럼 최종 화면에 표현됩니다.

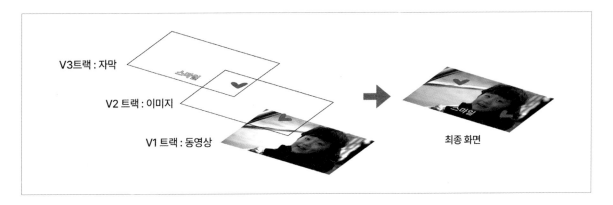

② 동영상 클립이 이미지와 자막 클립보다 상위 트랙에 있는 경우 : 자막과 이미지가 동영상 클립에 가려 보이지 않습니다.

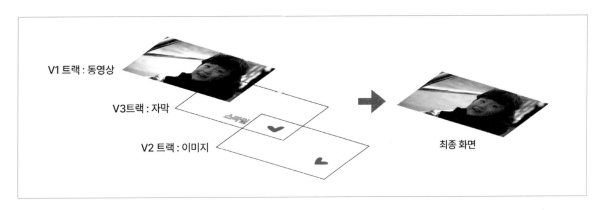

SECTION

05

편집의 기본 '컷 편집'

이번 시간에는 자르기 도구와 단축키를 사용하여 클립의 불필요한 부분을 잘라 영상의 흐름을 자연스럽게 이어 보겠습니다.

1. 자르기 도구를 활용한 클립 자르기

예제 파일을 열어 필요 없는 부분을 자르고 다른 클립을 자연스럽게 연결해 보겠습니다.

예제 파일   예제 파일/Chapter 03 자르기 도구 클립 자르기.prproj

유튜브 동영상 강의

자르기 도구 클립 자르기

(1) 파일 불러오기

❶ 예제 파일 'Chapter 03 자르기 도구 클립 자르기.proproj' 불러오기

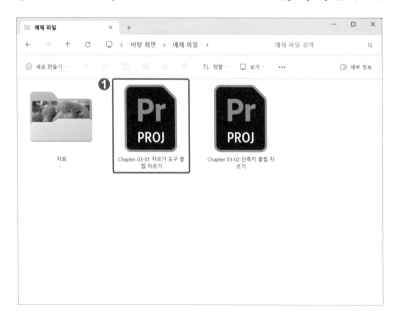

(2) 작업 영역 [편집]으로 맞추기

❶ 🖼 [작업 영역] 클릭. ❷ [편집] 클릭

※ Space bar 를 눌러 영상 전체를 훑어봅니다.

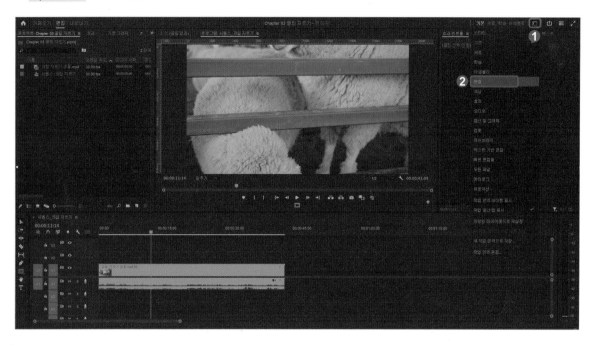

(3) 클립 자르기

❶ [타임코드] 클릭 후 "6.0"을 입력하여 재생헤드를 [00:00:06:00]으로 이동

❷ [도구] 패널에서 ✦ [자르기] 도구 선택

❸ 마우스 포인터가 [자르기] 도구 모양으로 변경되는 것 확인＞재생헤드가 위치한 곳의 클립 클릭＞클립 자르기

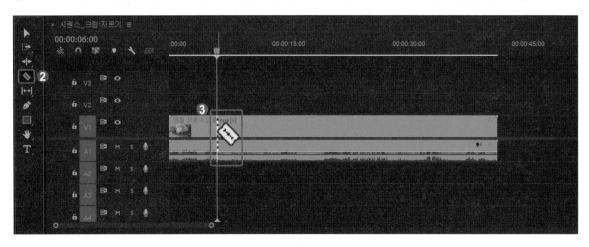

❹ [타임코드] 클릭 후 "16.0"을 입력하여 재생헤드를 [00:00:16:00]으로 이동

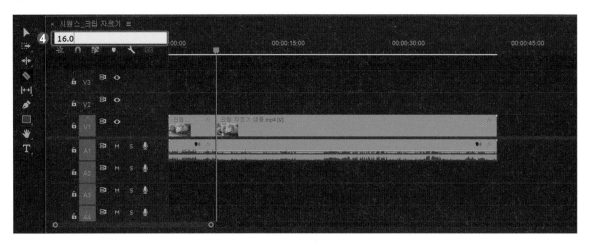

❺ 재생헤드가 위치한 곳 클릭＞한 번 더 클립 자르기

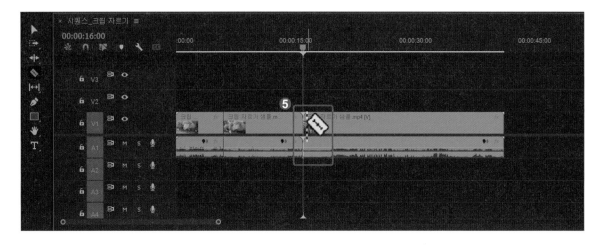

❻ ▶ [선택] 도구 클릭. ❼ 잘려진 클립 선택. ❽ Delete 로 삭제

❾ [빈 공간] 클릭

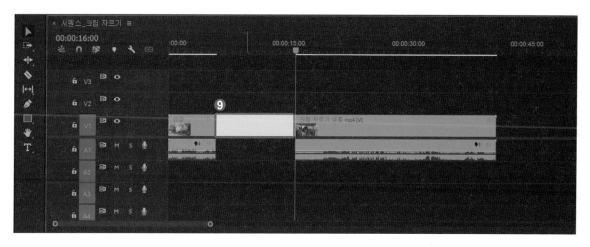

❿ 마우스 우클릭 후 [잔물결 삭제] 클릭

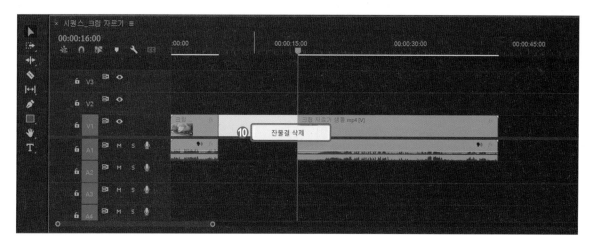

⑪ 편집 완성

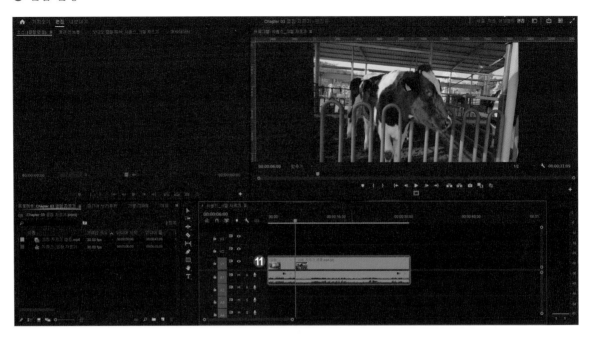

2. 단축키를 활용한 클립 자르기

[자르기 도구]를 활용한 방법보다 단축키를 사용하면 더 빠르게 편집할 수 있습니다.

예제 파일	예제 파일/Chapter 03 단축키 클립 자르기.prproj

유튜브 동영상 강의

단축키 클립 자르기

(1) 파일 불러오기

❶ 예제 파일 'Chapter 03 단축키 클립 자르기.proproj' 불러오기

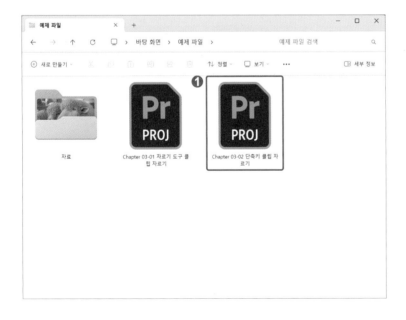

(2) 단축키로 클립 자르기

❶ [타임코드] 클릭 후 "3.0"을 입력하여 재생헤드를 [00:00:03:00]으로 이동

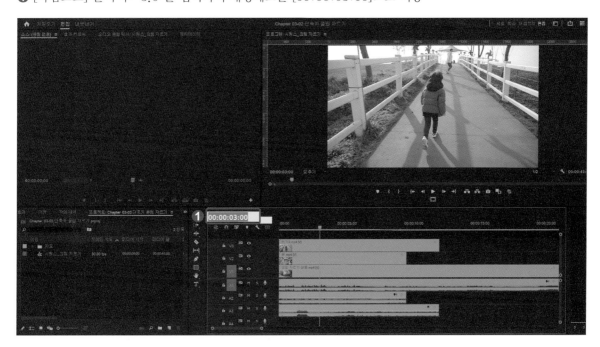

❷ Ctrl + K ('편집 추가' 단축키) 입력>클립 자르기

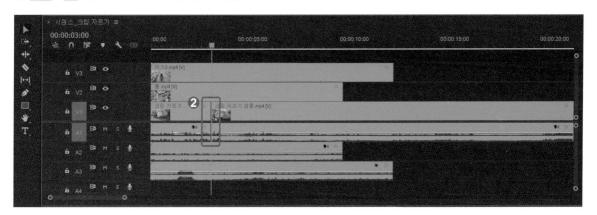

❸ 비디오 1번 트랙과 오디오 1번 트랙만 잘린 것을 확인

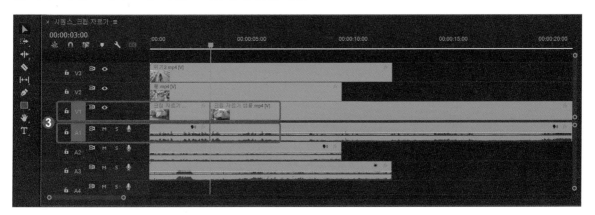

❹ [타임코드] 클릭 후 "5.0"을 입력하여 재생헤드를 [00:00:05:00]으로 이동

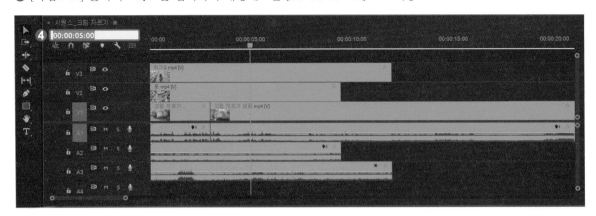

❺ Ctrl + Shift + K ('모든 트랙에 편집 추가' 단축키) 입력 > 모든 트랙이 잘리는 것을 확인

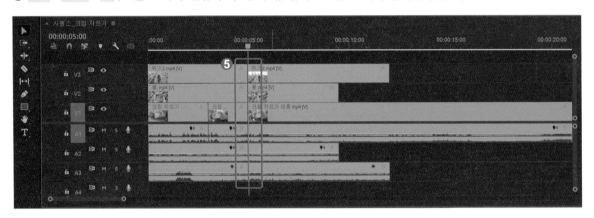

(3) 단축키로 클립 자르기 – '트랙 대상 지정' 기능 활용

❶ [타임코드] 클릭 후 "7.0"을 입력하여 재생헤드를 [00:00:07:00]으로 이동

❷ V3, A2 트랙 대상 지정>하단 이미지와 같이 파란색으로 활성화된 상태 확인

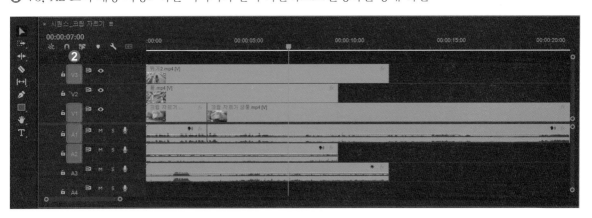

❸ Ctrl + K ('편집 추가' 단축키) 입력>'트랙 대상 지정'이 활성화되어 있는 V1, V3, A1, A2 트랙의 클립만 잘리는 것을 확인

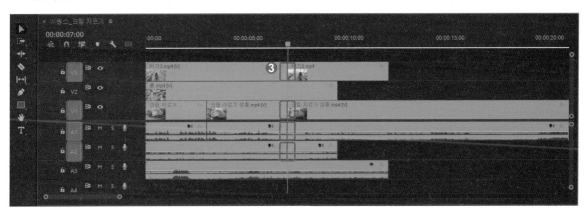

(4) 클립 선택 후 클립 자르기

❶ [타임코드] 클릭 후 "8.10"을 입력하여 재생헤드를 [00:00:08:10]으로 이동

❷ '대상 지정' 트랙이 활성화되어 있지 않은 V2, A3 트랙의 클립을 Alt + Shift +클릭으로 중복 선택

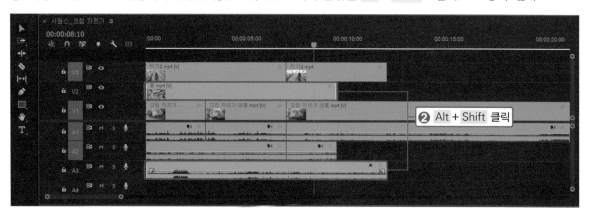

❸ Ctrl + K ('편집 추가' 단축키) 입력 > '대상 지정'과 상관없이 선택된 클립이 우선적으로 잘리는 것을 확인

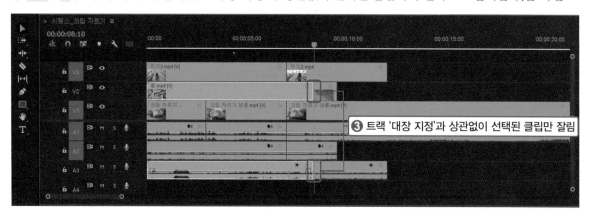

> **Tip**
> Alt 를 누르면 비디오와 오디오를 따로 선택할 수 있으며, Shift 를 함께 누르면 여러 개의 클립을 동시에 선택할 수
> 있습니다.

3. 단축키 설정 변경으로 빠르게 클립 자르기

'편집 추가' 단축키인 Ctrl + K 와 '모든 트랙 편집 추가' 단축키인 Ctrl + Shift + K 는 왼손으로 누르기에 다소 불편한 점이 있습니다. 이런 부분은 단축키를 변경하여 손쉽게 해결할 수 있습니다. 이번 시간에는 단축키를 변경하여 좀 더 효과적으로 편집하는 방법에 대해 배워보겠습니다.

> **Tip** 본 방법은 저자가 주로 사용하는 단축키 설정으로, 사용자에 따라 다르게 변경하여 쓰셔도 무방합니다.

예제 파일	예제 파일/Chapter 03 단축키 설정 변경.prproj

유튜브 동영상 강의

단축키 설정 변경으로 클립 자르기

(1) 파일 불러오기

❶ 예제 파일 'Chapter 03 단축키 설정 변경.proproj' 불러오기

(2) '편집 추가' 단축키 변경

❶ [편집] 클릭
❷ [키보드 단축키] 클릭

단축키

키보드 단축키 : Ctrl + Alt + K

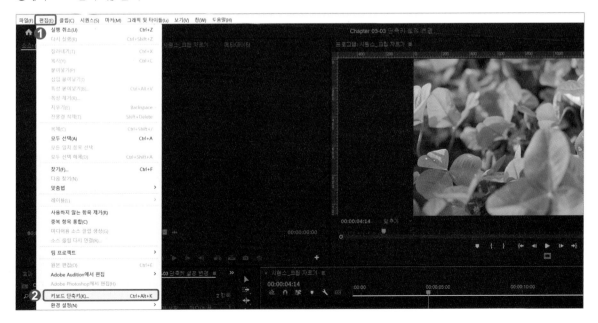

❸ 검색창에 '편집 추가' 입력

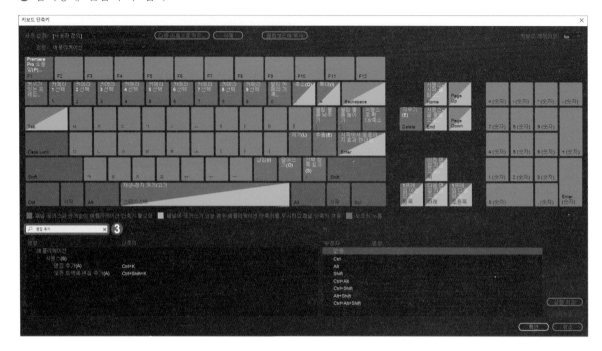

❹ '편집 추가' 항목 옆 빈
   공란 클릭

❺ 빈 공란이 활성화된 상
   태에서 Shift + G 입력

❻ '모든 트랙에 편집 추가'
   항목도 동일하게 빈 공
   란 생성 후 G 입력

❼ [확인] 버튼 클릭

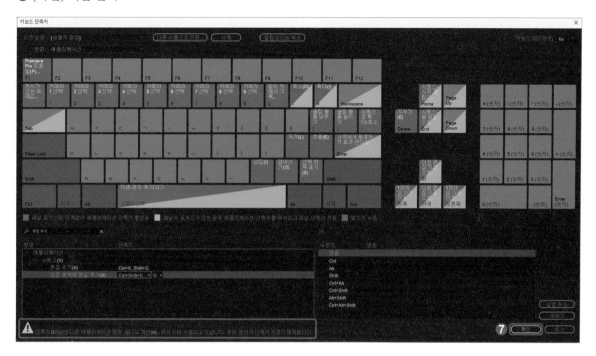

Tip

Shift + G 와 G 는 오디오 관련 단축키와 중복될 수 있지만, 자주 사용하는 기능이 아니므로 넘어가도 괜찮습니다.

❽ [타임코드] 클릭 후 "2.0"을 입력하여 재생헤드를 [00:00:02:00]으로 이동

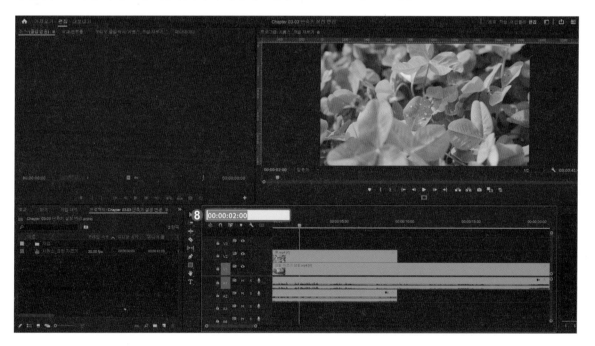

❾ '편집 추가' 단축키로 지정한 Shift + G 입력>V1, A1 트랙이 잘리는 것을 확인

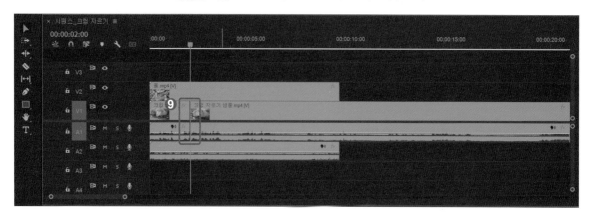

❿ [타임코드] 클릭 후 "4.0"을 입력하여 재생헤드를 [00:00:04:00]으로 이동

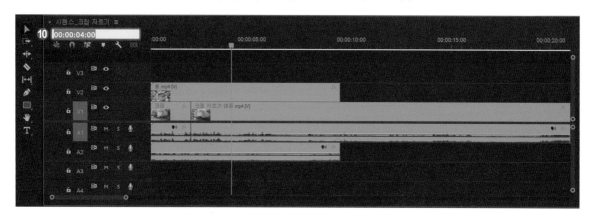

⓫ '모든 트랙에 편집 추가' 단축키로 지정한 G 입력>모든 트랙이 잘리는 것을 확인

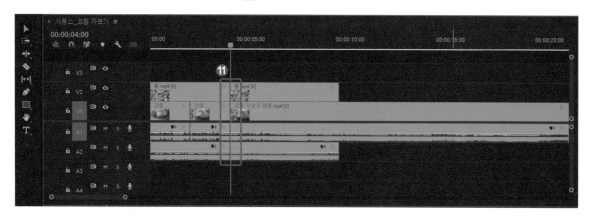

> **Tip** 　실제 편집 작업에서는 단일 클립을 자르는 경우보다 모든 트랙을 자르는 경우가 많기 때문에 '모든 트랙에 편집 추가'
> 단축키를 누르기 쉬운 G로 설정하였습니다.

(3) '잔물결 삭제' 단축키 변경

❶ Ctrl + Alt + K 입력>[키보드 단축키] 설정창을 열고 검색창에 '잔물결 삭제' 입력

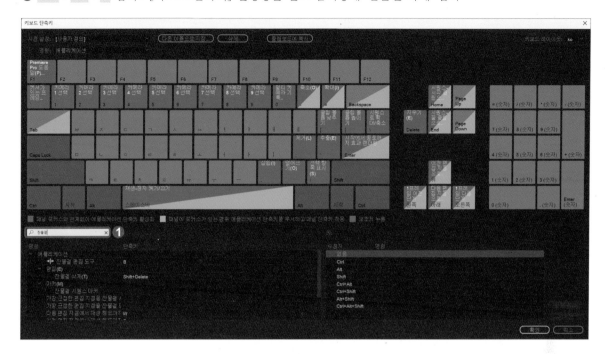

❷ '잔물결 삭제' 항목 옆 빈
　공간 선택>X 입력

❸ [확인] 버튼 클릭

❹ [타임코드] 클릭 후 "6.0"을 입력하여 재생헤드를 [00:00:06:00]으로 이동

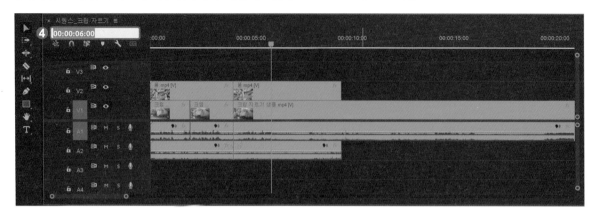

❺ 단축키 G 를 입력>클립 전체 자르기

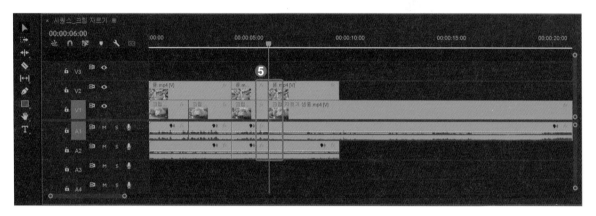

❻ 마우스를 드래그하여 잘린 클립 전체 선택

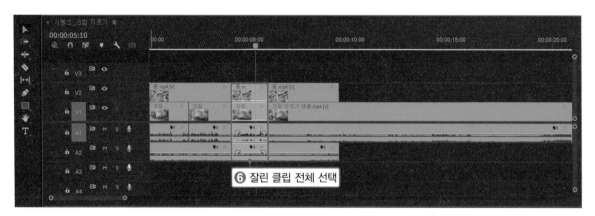

❼ 단축키 X 를 입력>선택된 클립 삭제 및 '잔물결 삭제' 실행

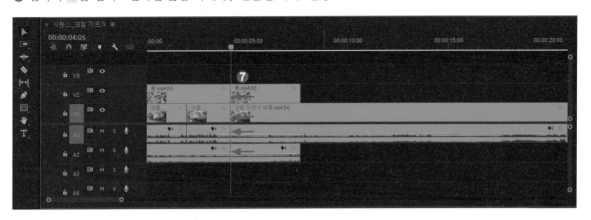

4. 트리밍 단축키를 활용한 편집

프리미어 프로에서 편집할 때 가장 많이 사용되는 기능 중 하나는 '잔물결 트리밍' 단축키입니다. W (다음 편집 지점까지 잔물결 트리밍)와 Q (이전 편집 지점까지 잔물결 트리밍)는 효율적인 편집을 위해 반드시 숙지해야 할 필수 단축키입니다. 실습을 통해 일반적인 편집 방식과 트리밍 단축키를 활용한 편집 방식의 차이를 확인해보겠습니다.

예제 파일   예제 파일/Chapter 03 트리밍 단축키를 활용한 편집.prproj

유튜브 동영상 강의

트리밍 단축키를 활용한 편집

(1) 일반적 편집 방식

❶ [타임코드] 클릭 후 "1.0"을 입력하여 재생헤드를 [00:00:01:00]으로 이동

❷ 단축키 G 로 모든 트랙의 클립 자르기

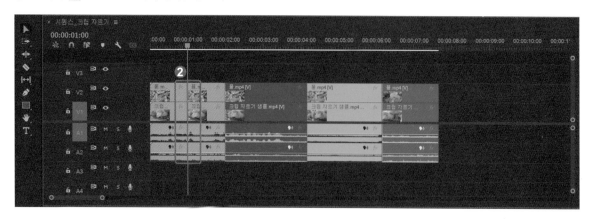

❸ 잘린 위치를 기준으로 좌측 클립 모두 선택

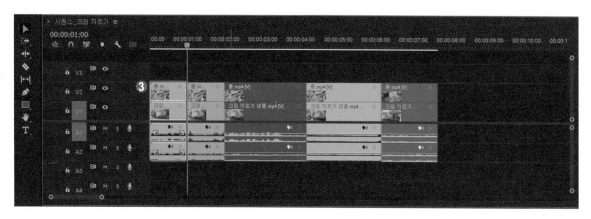

❹ Delete 로 선택된 클립 삭제

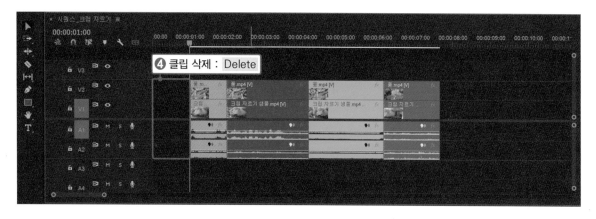

❺ 마우스로 잔물결(빈 공간) 선택

❻ 마우스 우클릭 후 [잔물결 삭제] 클릭

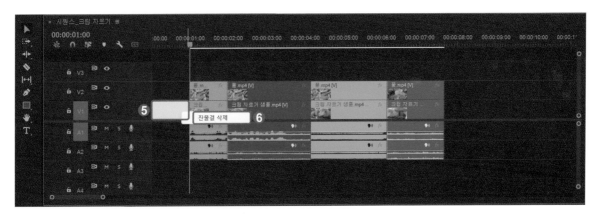

※ 일반적인 편집 방식으로는 '재생 헤드 이동 → 클립 자르기 → 잘린 클립 선택 및 삭제 → 잔물결 선택 및 삭제'의 단계를 거칩니다.

(2) 트리밍 단축키를 활용한 편집 방식

❶ Ctrl + Z 입력 > 처음 프로젝트 파일 상태로 되돌리기

단축키

• 실행 취소 : Ctrl + Z
• 다시 실행 : Ctrl + Shift + Z

❷ [타임코드] 클릭 후 "1.0"을 입력하여 재생헤드를 [00:00:01:00]으로 이동

❸ 단축키 Q 입력 > 재생헤드를 기준으로 왼쪽 클립 삭제

※ 트리밍 기능은 재생헤드를 기준으로 클립의 편집점까지 삭제됩니다.

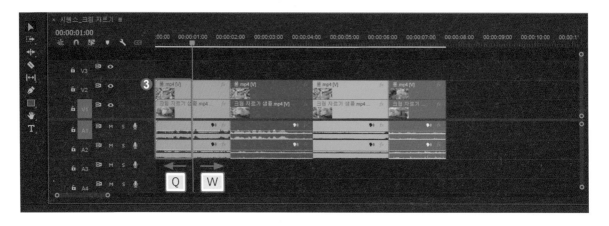

❹ 1초 분량의 클립과 '잔물결'이 한 번에 삭제된 것 확인

※ 여러 단계에 걸쳐 진행되었던 일반적인 편집 방식이 트리밍 단축키로 2단계로 단축되었습니다.

> **Tip** 컷 편집 핵심 단축키 5가지
>
> 대부분의 컷 편집은 다음 5가지의 단축키로 진행할 수 있습니다. 앞의 예제 프로젝트 파일을 반복 연습하며 단축키 사용법을 익혀보세요.
>
> • 모든 트랙에 편집 추가(변경된 단축키) : G
> • 편집 추가(변경된 단축키) : Shift + G
> • 잔물결 삭제(변경된 단축키) : X
> • 이전 편집 지점에서 재생헤드까지 잔물결 트리밍 : Q
> • 다음 편집 지점에서 재생헤드까지 잔물결 트리밍 : W

SECTION

06

다양한 도구를 활용한 컷 편집

이번 시간에는 [도구] 패널에 있는 다양한 편집 도구를 응용하는 방법에 대해 배워보겠습니다.

1. 앞으로, 뒤로 트랙 선택 도구 활용

예제 파일	예제 파일/Chapter 03 앞으로, 뒤로 트랙 선택 도구 활용.prproj

유튜브 동영상 강의

앞으로, 뒤로 트랙 선택 도구 활용

❶ [도구] 패널에서 ⇥ [앞으로 트랙 선택 도구]를 선택

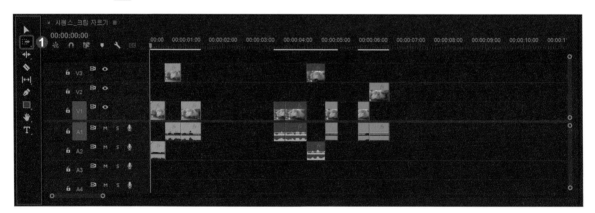

단축키

앞으로 트랙 선택 도구 : A

❷ 바뀐 마우스 커서 모양 확인 후 중앙 빈 공간으로 이동

❸ 마우스 클릭>우측의 모든 클립이 선택되는 것을 확인

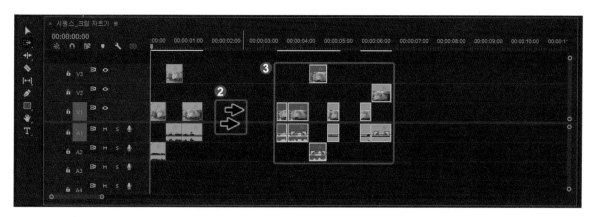

❹ [도구] 패널에서 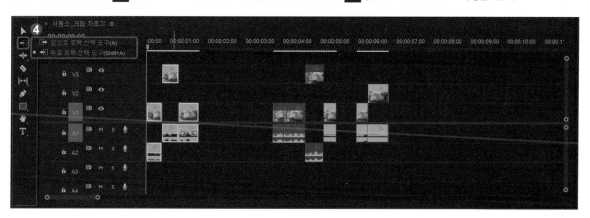 [앞으로 트랙 선택 도구]를 길게 클릭 후 [뒤로 트랙 선택 도구]를 선택

단축키

뒤로 트랙 선택 도구 : Shift + A

❺ 바뀐 마우스 커서 모양 확인 후 중앙 빈 공간으로 이동

❻ 마우스 클릭>좌측의 모든 클립이 선택되는 것을 확인

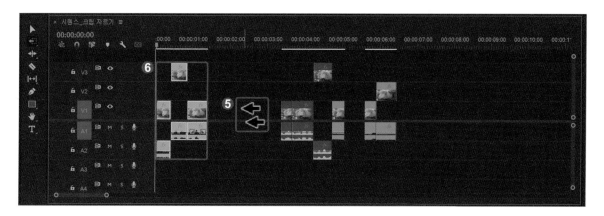

2. 잔물결 편집 도구 활용

예제 파일	예제 파일/Chapter 03 잔물결 편집 도구 활용.prproj

❶ [도구] 패널에서 ◆▶ [잔물결 편집 도구] 선택

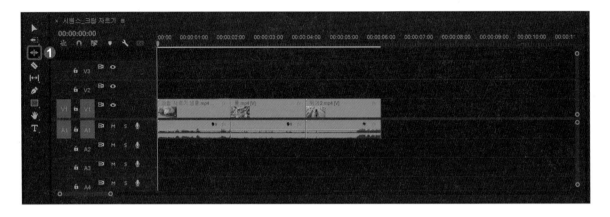

단축키

잔물결 편집 도구 : B

❷ 마우스 커서를 첫 번째 클립 끝으로 이동 > 하단 이미지와 같이 노란색 모양으로 변경되는 것을 확인

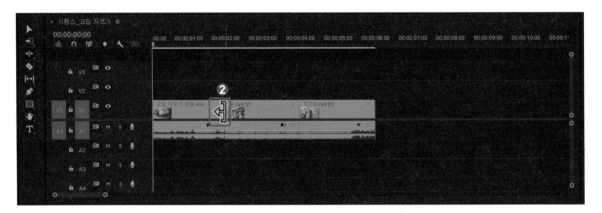

❸ 클립 끝을 클릭 후 왼쪽으로 드래그

❹ [프로그램 모니터] 패널에서 클립의 시간대가 변경되는 것을 확인

❺ [잔물결 편집 도구]를 사용하면 빈 공간(잔물결) 없이 자동으로 클립들이 당겨지는 것을 확인

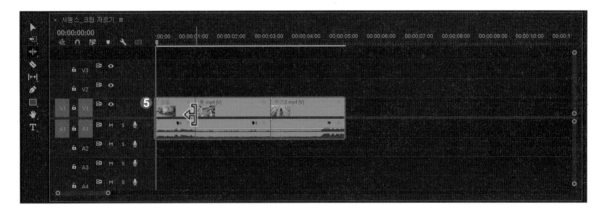

3. 롤링 편집 도구 활용

예제 파일	예제 파일/Chapter 03 롤링 편집 도구 활용.prproj

유튜브 동영상 강의

롤링 편집 도구 활용

❶ [도구] 패널에서 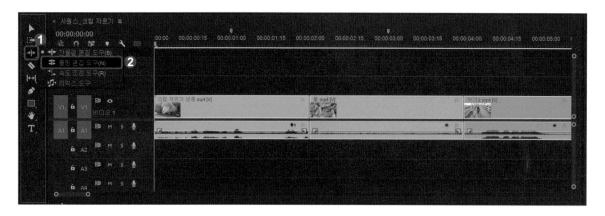 [잔물결 편집 도구]를 길게 클릭

❷ [롤링 편집 도구] 선택

단축키

롤링 편집 : N

❸ 첫 번째 클립과 두 번째 클립 사이로 마우스 커서 이동> 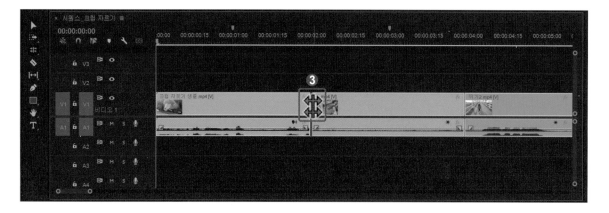 커서 모양 확인

❹ 클립 끝을 클릭 후 왼쪽으로 드래그

❺ [프로그램 모니터] 패널에서 클립의 시간대가 변경되는 것을 확인

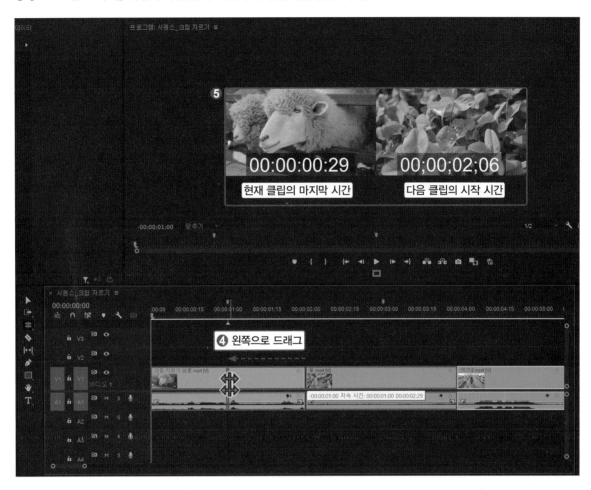

❻ 전체 클립의 길이는 유지된 채 첫 번째 클립과 두 번째 클립의 길이만 조절된 것을 확인

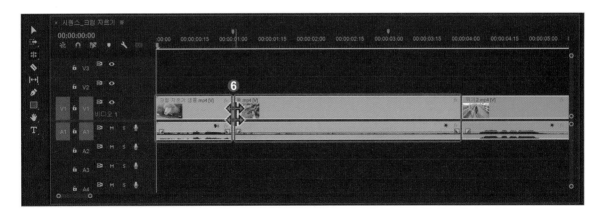

4. 속도 조정 도구 활용

유튜브 동영상 강의

속도 조정 도구 활용

예제 파일	예제 파일/Chapter 03 속도 조정 도구.prproj

❶ [도구] 패널에서 ◄╫► [잔물결 편집 도구]를 길게 클릭

❷ ⬕ [속도 조정 도구] 선택

단축키

[속도 조정] : R

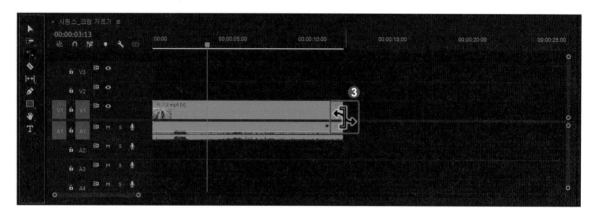

❸ 마우스 커서를 클립 끝부분으로 이동 > ⬓ 커서 모양 확인

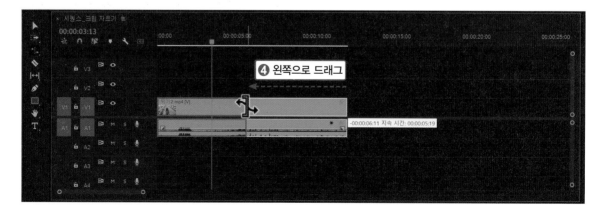

❹ 클립 끝부분을 클릭 후 왼쪽으로 드래그

❺ 클립 재생>드래그한 만큼 동영상 클립이 빨라진 것을 확인

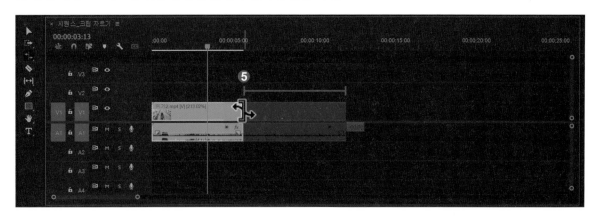

5. 리믹스 도구 활용

유튜브 동영상 강의

리믹스 도구 활용

예제 파일	예제 파일/Chapter 03 리믹스 도구.prproj

❶ [도구] 패널에서  [잔물결 편집 도구]를 길게 클릭. ❷ [리믹스 도구] 선택

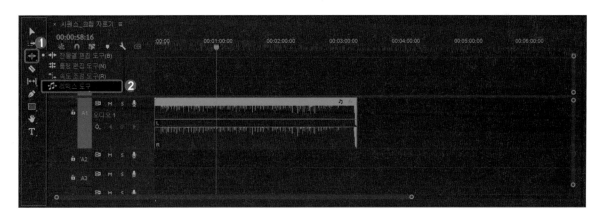

❸ 오디오 클립 끝부분으로 마우스 커서 이동> 커서 모양 확인

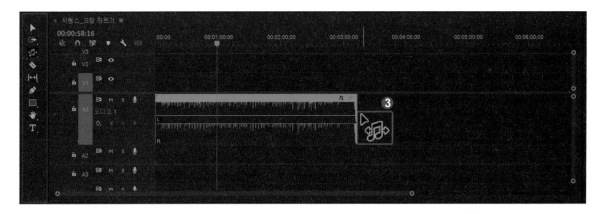

❹ 클립 끝부분 클릭 후 왼쪽으로 드래그

❺ 음악 클립이 비슷한 시간대에 맞춰 자동으로 편집되는 것을 확인

> **Tip** 리믹스 기능은 음악 비트에 맞춰 자연스럽게 클립의 길이를 조정하지만 세밀한 시간 조정은 불가능합니다.

6. 밀어 넣기 도구 활용

유튜브 동영상 강의

밀어 넣기 도구 활용

| 예제 파일 | 예제 파일/Chapter 03 밀어 넣기 도구 활용.prproj |

❶ [도구] 패널에서 ↦ [밀어 넣기 도구] 선택

단축키

밀어 넣기 : Y

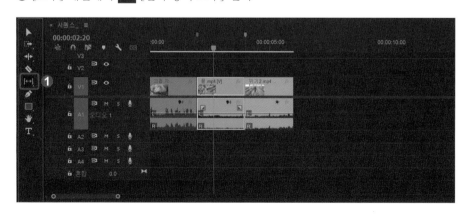

❷ 마우스 커서를 클립 중앙으로 이동 > |◄►| 커서 모양 확인

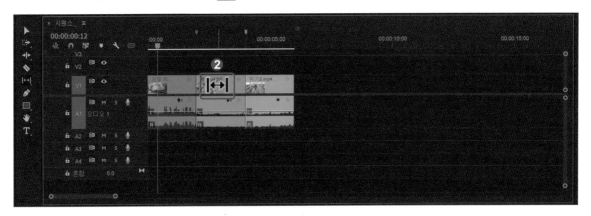

❸ 클립 클릭 후 좌우로 드래그
❹ 선택한 클립의 길이는 고정된 채 시작 지점과 끝 지점의 시간대가 변경되는 것을 확인

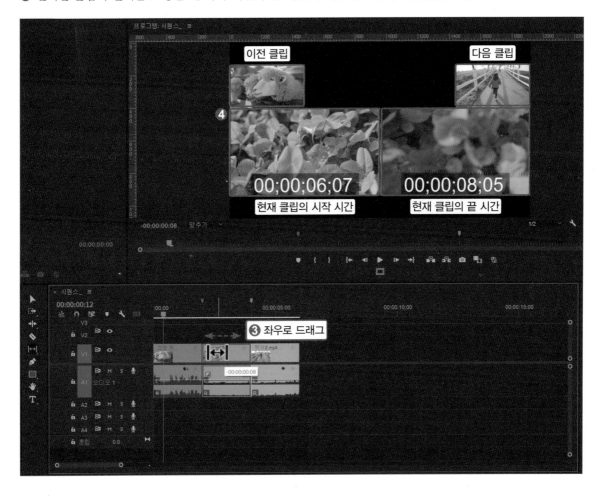

7. 밀기 도구 활용

예제 파일	예제 파일/Chapter 03 밀기 도구 활용.prproj

❶ [도구] 패널에서 [밀어 넣기 도구]를 길게 클릭

❷ [밀기 도구] 선택

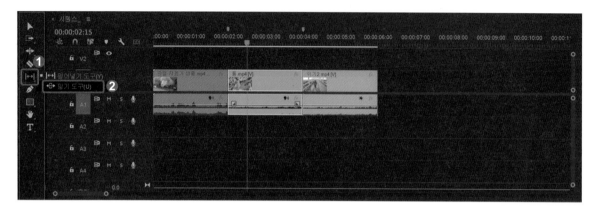

단축키

밀기 : U

❸ 마우스 커서를 클립 중앙으로 이동> 커서 모양 확인

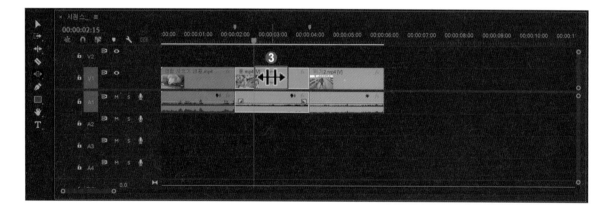

❹ 클립 클릭 후 우측으로 드래그

❺ 선택한 클립의 길이는 고정된 채 앞 · 뒤 클립의 길이가 변경되는 것을 확인

❻ 이동한 시간만큼 이전 클립의 길이는 늘어나고, 다음 클립의 길이는 줄어든 것을 확인

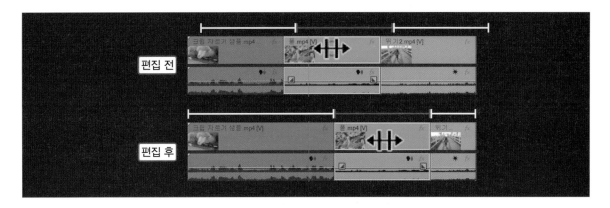

[소스 모니터] 패널 활용

[소스 모니터] 패널은 원본 클립을 미리 보고 편집할 부분을 선택할 수 있는 공간입니다. 필요한 부분을 선택하여 [타임라인] 패널에 효율적으로 배치할 수 있는 중요한 패널입니다.

1. 영상의 시작, 종료 표시 지정

[소스 모니터] 패널에서 원본 영상의 시작과 종료 지점을 설정하여 필요한 부분만 가져올 수 있습니다. 이번 시간에는 [소스 모니터] 패널에서 원본 영상의 시작 부분과 종료 부분을 설정하는 방법에 대해 배워보겠습니다.

| 예제 파일 | 예제 파일/Chapter 03 영상의 시작, 종료 표시 지정.prproj |

유튜브 동영상 강의

영상의 시작, 종료 표시 지정

❶ [프로젝트] 패널의 [뛰기2.mp4] 동영상 파일을 더블 클릭하여 [소스 모니터] 패널로 불러오기

❷ [소스 모니터] 패널의 [타임코드]에 "2.0"을 입력하여 재생헤드를 [00:00:02:00]으로 이동

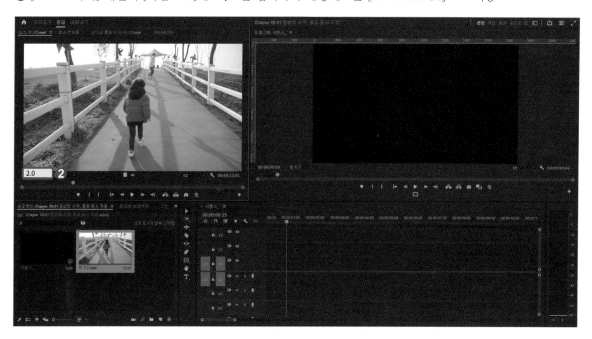

❸ [소스 모니터] 패널 하단의
   ▌ [시작 표시] 아이콘 클릭

❹ [소스 모니터] 패널의 [타임
   코드]에 "4.0"을 입력하여
   재생헤드를 [00:00:04:00]
   으로 이동

❺ [소스 모니터] 패널 하단의
   ▌ [종료 표시] 아이콘 클릭
❻ 시작과 종료 구간 설정 완료

❼ 구간 설정 후 드래그하여 [타임라인] 패널의 V1 트랙과 A1 트랙으로 배치

❽ 시퀀스의 설정을 유지하기 위해 [기존 설정 유지] 버튼 클릭

> **Tip** [클립 불일치 경고] 창은 동영상 소스의 설정과 시퀀스의 설정이 다를 때 나타납니다.

※ 이와 같은 방법으로 [소스 모니터] 패널에서 동영상 소스의 필요한 부분만 구간을 설정하여 [타임라인] 패널로 가져올 수 있습니다.

2. 비디오 또는 오디오만 가져오기

이번 시간에는 오디오가 있는 동영상 클립에서 비디오 또는 오디오만 가져오는 방법을 배워보겠습니다.

유튜브 동영상 강의

비디오 또는 오디오만 가져오기

예제 파일	예제 파일/Chapter 03 비디오 또는 오디오만 가져오기.prproj

❶ [프로젝트] 패널의 [호떡.mp4] 더블 클릭 > [소스 모니터] 패널로 불러오기

❷ [소스 모니터] 패널의 [타임 코드]에 "5.0"을 입력하여 재생헤드를 [00:00:05:00]으로 이동

❸ [소스 모니터] 패널 하단의
   [시작 표시] 아이콘 클릭

❹ [소스 모니터] 패널의 [타임
   코드]에 "10.0"을 입력하여
   재생헤드를 [00:00:10:00]
   으로 이동

❺ [소스 모니터] 패널 하단의
   [종료 표시] 아이콘을 클
   릭하여 구간 설정

❻ [비디오만 드래그] 버튼 클릭>[타임라인] 패널 V1 트랙으로 드래그

❼ ⏩ [오디오만 드래그] 버튼 클릭>[타임라인] 패널 A1 트랙으로 드래그

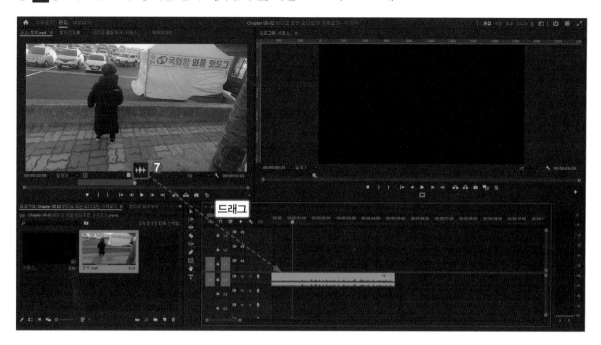

3. 삽입, 덮어쓰기 활용

이번 시간에는 [소스 모니터] 패널에서 지정한 구간을 [타임라인] 패널
에 삽입하거나 덮어쓰는 방법에 대해 배워보겠습니다.

유튜브 동영상 강의

삽입, 덮어쓰기 활용

예제 파일	예제 파일/Chapter 03 Insert와 Overwrite를 활용한 영상 삽입.prproj

(1) 영상 삽입

❶ [프로젝트] 패널의 [집에가자.mp4] 동영상을 더블 클릭>[소스 모니터] 패널로 불러오기

❷ [소스 모니터] 패널의 [타임 코드]에 "3.0"를 입력하여 재생헤드를 [00:00:03:00]으로 이동

❸ [소스 모니터] 패널 하단의 ¦ [시작 표시] 아이콘 클릭

❹ [소스 모니터] 패널의 [타임 코드]에 "5.0"을 입력하여 재생헤드를 [00:00:05:00]으로 이동

❺ [소스 모니터] 패널 하단의 ¦ [종료 표시] 아이콘을 클릭하여 구간 설정

❻ [타임라인] 패널의 재생헤드를 [00:00:03:00]으로 이동

❼ [소스 모니터] 패널 하단의
[삽입] 아이콘 클릭

단축키

삽입 : ,

❽ 기존 클립 사이로 새 클립이 삽입되는 것을 확인

(2) 영상 덮어쓰기

❶ [타임라인] 패널의 재생헤드를 [00:00:15:00]으로 이동

❷ [소스 모니터] 패널 하단의
　　　[덮어쓰기] 아이콘 클릭

단축키

덮어쓰기 : `.`

❸ 기존 클립 위로 새로운 클립이 덮어쓰기가 된 것을 확인

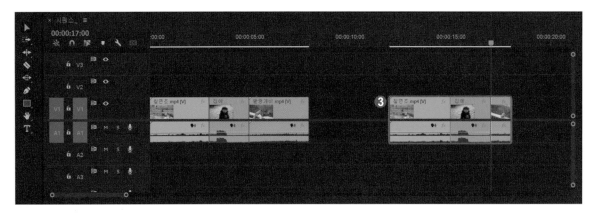

4. 삽입, 덮어쓰기 응용

이번 시간에는 [소스 패치] 기능과 [프로그램 모니터] 패널 화면에서 편집하는 방법에 대해 배워보겠습니다.

(1) [소스 패치] 사용법

우측 이미지와 같이 [소스 패치]
가 활성화되어 있지 않을 경우
삽입, 덮어쓰기 기능을 사용할
수 없습니다.

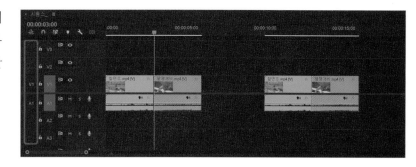

❶ V2 트랙의 [소스 패치] 활성
화 후 삽입>V2 트랙에만 클
립이 삽입되는 것을 확인

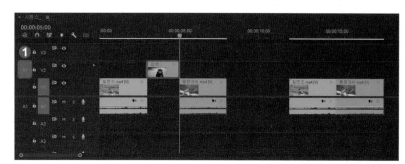

(2) [프로그램 모니터] 패널로 드래그 편집

[소스 모니터] 패널에서 화면을 [프로그램 모니터] 패널로 드래그하면 드래그 위치에 따라 삽입, 덮어쓰기 등
다양하게 편집이 가능합니다.

[프로그램 모니터] 패널 활용

이번 시간에는 타임라인에 있는 영상을 [프로그램 모니터]에서 '시작 및 종료 표시'를 설정하여 제거와 추출하는 방법에 대해 배워보겠습니다.

1. '시작 및 종료 표시' 구간 제거

예제 파일	예제 파일/Chapter 03 시작 및 종료 표시 구간 제거.prproj

유튜브 동영상 강의

1. '시작 및 종료 표시' 구간 제거~
2. '시작 및 종료 표시' 구간 추출

❶ [타임라인] 패널의 [타임코드] 클릭 후 "2.0"을 입력하여 재생헤드를 [00:00:02:00]으로 이동

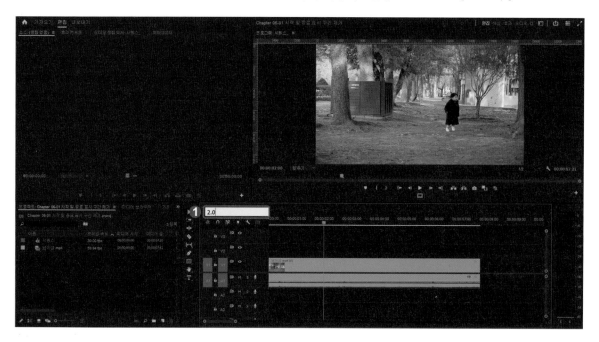

❷ [타임라인] 패널의 재생헤드가 [프로그램 모니터] 패널의 재생헤드와 동일하게 움직이는 것을 확인

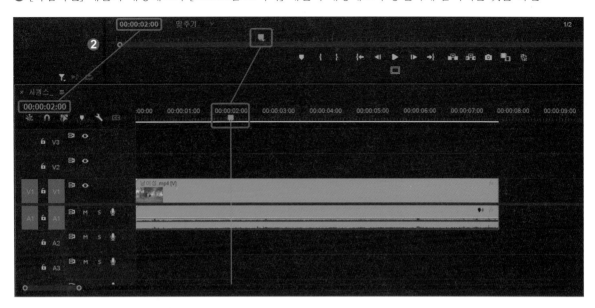

❸ [프로그램 모니터]의  [시작 표시] 아이콘 클릭

단축키

시작 표시 : [I]

❹ [타임라인] 패널의 [타임코드] 클릭 후 "4.0"을 입력하여 재생헤드를 [00:00:04:00]으로 이동

❺ [프로그램 모니터]의 ▮ [종
료 표시] 아이콘 클릭>시작
및 종료 구간 설정 완료

단축키

종료 표시 : ◯

❻ [프로그램 모니터] 패널의 🔳 [제거] 아이콘 클릭

단축키

제거 : ；

❼ 설정한 시작 및 종료 구간만큼 클립의 일부가 삭제되는 것을 확인

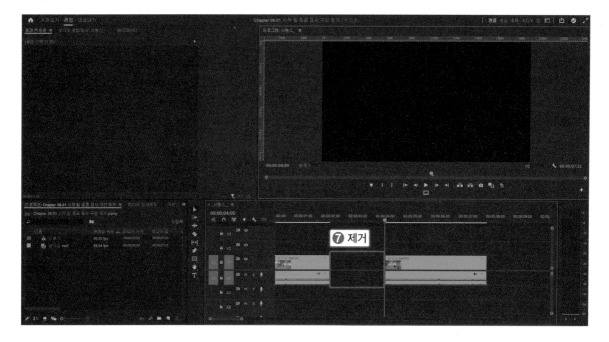

2. '시작 및 종료 표시' 구간 추출

예제 파일	예제 파일/Chapter 03 시작 및 종료 표시 구간 제거.prproj

단축키

되돌리기 : Ctrl + Z

❶ [제거] 버튼을 누르기 전 단계까지 되돌리기

❷ [프로그램 모니터] 패널 하단의 🔳 [추출] 아이콘 클릭

단축키

추출 : '

❸ 설정한 시작 및 종료 구간만큼 클립이 잘리고 잔물결이 삭제되는 것을 확인

[효과 컨트롤] 패널

[효과 컨트롤] 패널은 선택한 클립에 적용된 모든 효과를 관리하고 조정하는 공간입니다. 기본 속성인 위치, 크기, 회전, 투명도뿐만 아니라 추가된 비디오 및 오디오 효과의 세부 설정을 조정할 수 있습니다. 또한 키 프레임을 활용해 시간에 따른 애니메이션 효과도 설정할 수 있습니다.

1. 클립 위치, 크기, 회전 설정

예제 파일	예제 파일/Chapter 03 클립 위치, 크기, 회전 설정.prproj

유튜브 동영상 강의

클립 위치, 크기, 회전 설정

❶ '거실-티비-목업.png' 이미지 파일을 드래그하여 [타임라인] 패널 V1 트랙에 배치

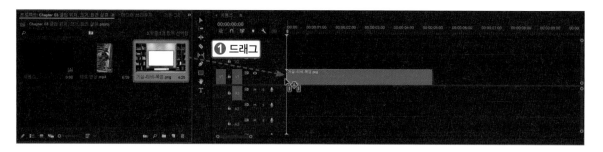

❷ '세로 영상.mp4' 동영상 파일을 드래그하여 [타임라인] 패널 V2 트랙에 배치

❸ 마우스로 V2 트랙의 동영상 클립 선택

❹ [효과 컨트롤] 패널창 활성화

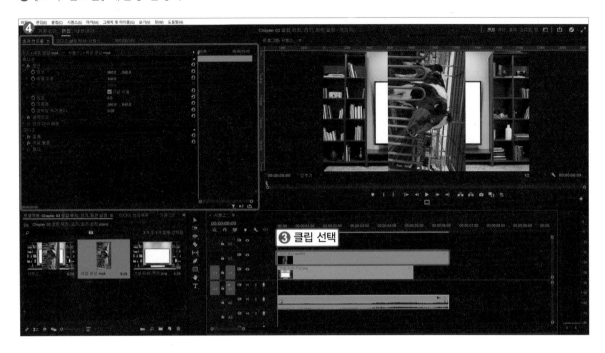

❸ 클립 선택

❺ [효과 컨트롤] 패널창이 보이지 않을 경우 메뉴바>[창]>[효과 컨트롤]을
활성화

❻ 동영상 클립 선택>[효과 컨트롤] 패널의 [회전] 항목에 "−90" 입력

단축키

효과 컨트롤 : Shift + 5

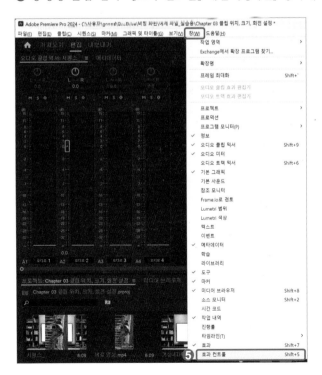

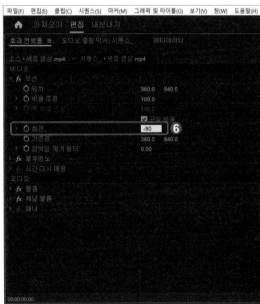

❼ [위치] 항목의 X값에 "968.0", Y값에 "553.0" 입력. ❽ [비율 조정] 항목에 "76.3" 입력

Tip
입력한 수치는 ⟳ [매개 변수 재설정] 아이콘을 누르면 초기화시킬 수 있습니다.

Tip
[프로그램 모니터] 패널에서 클립을 더블 클릭하면 파란색 조절가이드가 표시되면서 해당 클립이 선택됩니다. 클립이
선택된 상태에선 위치, 크기, 회전 조정을 할 수 있습니다.

▲ 더블 클릭으로 클립 선택

▲ 선택되어 있는 상태에서 드래그로 이동 가능

▲ 크기 조정 상태

▲ 회전 조정 상태

2. 불투명도 조정하여 로고 넣기

유튜브 동영상 강의

불투명도 조정하여 로고 넣기

예제 파일	예제 파일/Chapter 03 불투명도 조정하여 로고 넣기.prproj

❶ '로고.png' 파일을 드래그하여 [타임라인] V2 트랙에 배치

❷ 로고 클립을 선택하여 [효과 컨트롤] 패널 활성화

❸ [위치] 항목의 X값에 "1760.0", Y값에 "130.0" 입력

❹ [비율 조정] 항목에 "15.0" 입력

❺ [불투명도] ＞ 토글 버튼을 클릭하여 옵션 활성화

❻ [불투명도] 항목에 "35.0" 입력

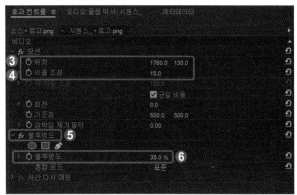

❼ [타임라인] 패널에서 로고 클립의 끝나는 부분 클릭 > 영상이 끝나는 부분까지 늘리기

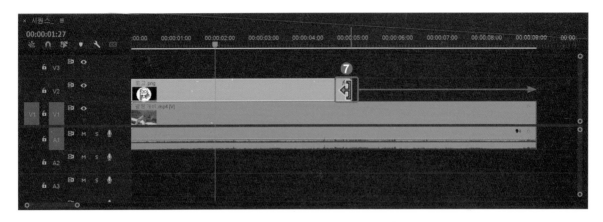

※ 취향에 맞게 [불투명도] 옵션을 설정합니다.

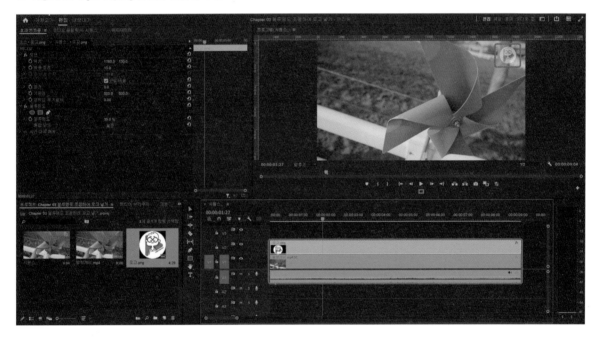

3. 마스크 다루기

유튜브 동영상 강의

마스크 다루기

예제 파일	예제 파일/Chapter 03 마스크 다루기.prproj

(1) 마스크 기본 기능

❶ '사진_바닷가에서.JPEG' 사진을 드래그하여 [타임라인] 패널 V1 트랙에 배치

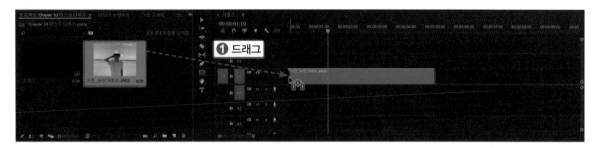

❷ 사진 클립을 선택하여 [효과 컨트롤] 패널 활성화

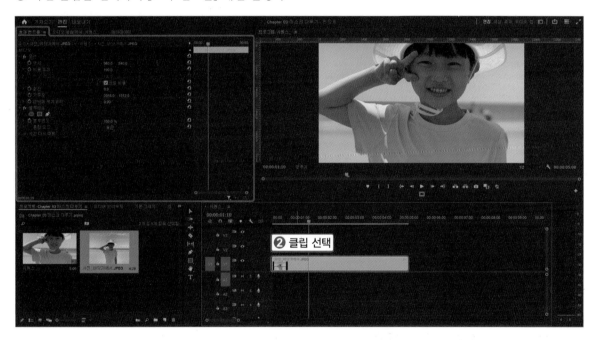

❸ [위치] 항목의 X값에 "960.0", Y값에 "540.0",
　[비율 조정] 항목에 "50.0"을 입력

❹ [불투명도] 항목의 ● [타원 마스크 만들기]
　클릭

❺ [효과 컨트롤] 패널의 [마스크] 항목이 선택되어 있는 상태 확인

❻ [프로그램 모니터] 패널에 파란색 마스크 조절점 확인

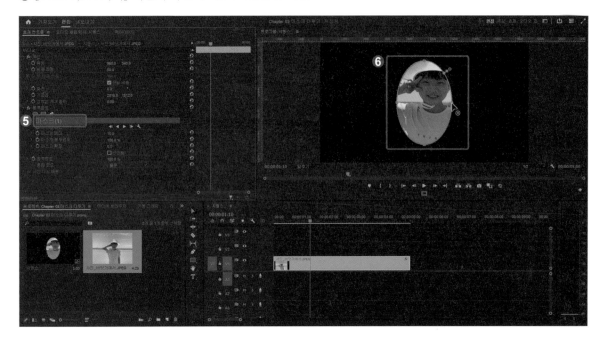

❼ 마스크 조절점 중 표시된 부분을 마우스로 클릭>
Shift 와 함께 드래그>정원 비율을 유지하면서 크기
조정 가능

❽ 마우스 커서를 마스크 안으로 이동>[손 도구] 모양으로 바뀌는 것을 확인

❾ 인물이 잘 보이도록 마스크 클릭 후 드래그

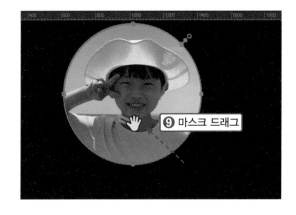

❾ 마스크 드래그

⑩ 인물과 마스크를 동시에 화면 중앙으로 옮기기 위해서 [효과 컨트롤] 패널>[모션]>[위치]를 변경

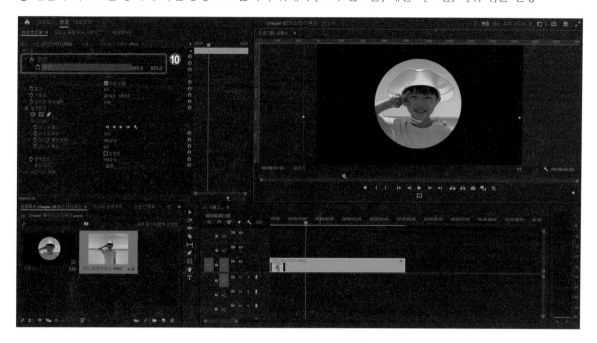

(2) 마스크 세부 기능

① 마스크 패스 : 키 프레임을 적용하거나 트래킹 작업 가능

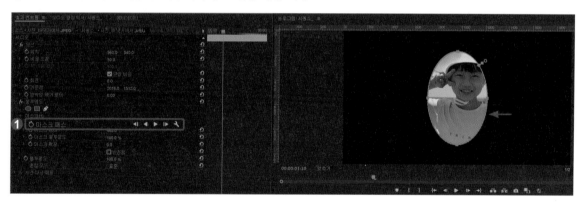

② 마스크 패더 : 마스크 패스 경계 부분의 부드러운 정도 조정

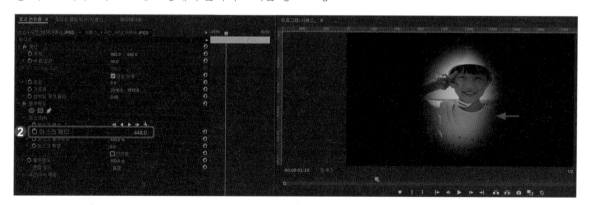

③ 마스크 불투명도 : 마스크 영역의 불투명도 조정

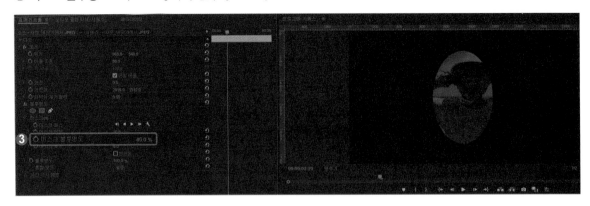

④ 마스크 확장 : 마스크 영역을 확장하거나 축소 가능

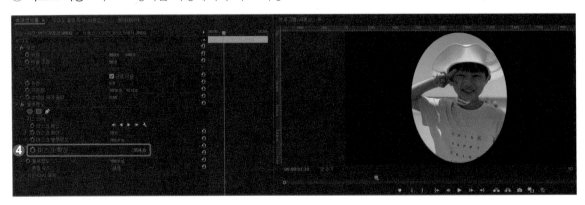

4. 키 프레임

키 프레임은 특정 속성을 시간에 따라 변화시키기 위해 사용됩니다. 이를 통해 클립의 위치, 크기, 투명도 등의 속성을 시간의 변화에 따라 변화시킬 수 있습니다.

예제 파일	예제 파일/Chapter 03 키 프레임 알아보기.prproj

유튜브 동영상 강의

키 프레임 알아보기

(1) 움직이는 클립 만들기

❶ '사진_아이스크림.jpg' 사진을 드래그하여 [타임라인] 패널 V1 트랙에 배치

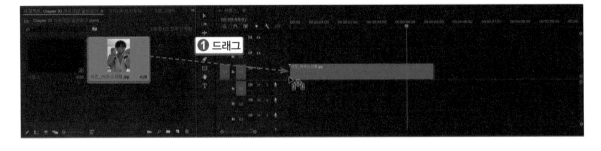

❷ 사진 클립을 선택하여 [효과 컨트롤] 패널 활성화

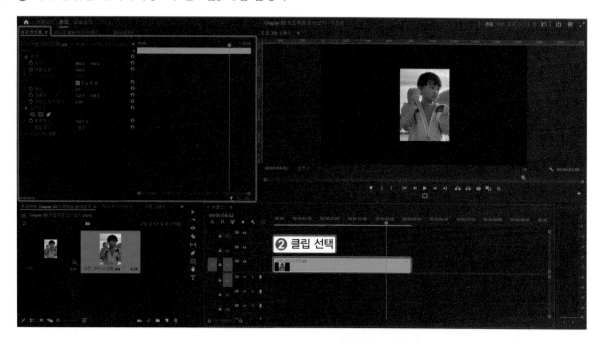

❸ [타임라인] 패널의 [타임코드]
에 "0"을 입력하여 재생헤드를
[00:00:00:00]으로 이동

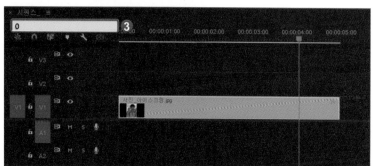

❹ [타임라인] 패널의 재생헤드 이동 시 [효과 컨트롤] 패널의 재생헤드도 같이 이동하는 것을 확인
❺ [효과 컨트롤] 패널에서 [위치] 항목의 🕐 애니메이션 아이콘 클릭
❻ 키 프레임 생성

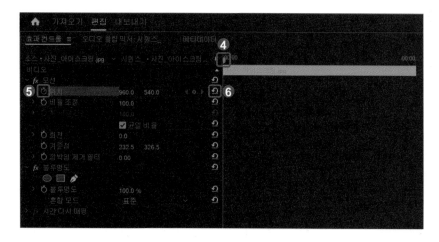

❼ [효과 컨트롤] 패널에
서 [위치] 항목의 X값에
"-300"을 입력

❽ [타임라인] 패널의 [타임코드]에
"+2.0"을 입력하여 재생헤드를
[00:00:02:00]으로 이동

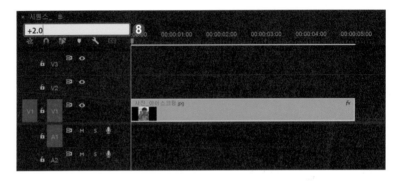

❾ [효과 컨트롤] 패널에
서 [위치] 항목의 X값에
"960"을 입력

❿ [00:00:00:00]부터 Space bar 를 눌러 영상을 재생>사진이 A지점에서 B지점으로 시간에 따라 이동되는
것을 확인

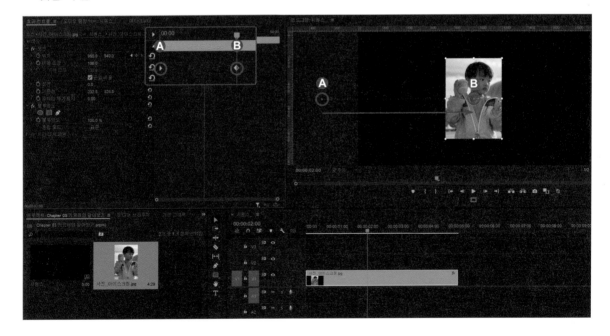

(2) 부드러운 움직임 만들기(키 프레임 보간 방법)

❶ [00:00:00:00]으로 재생헤드 이동

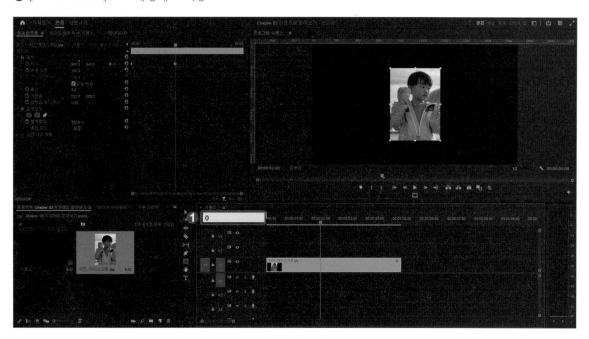

❷ [효과 컨트롤] 패널에서 2개의 키 프레임 선택

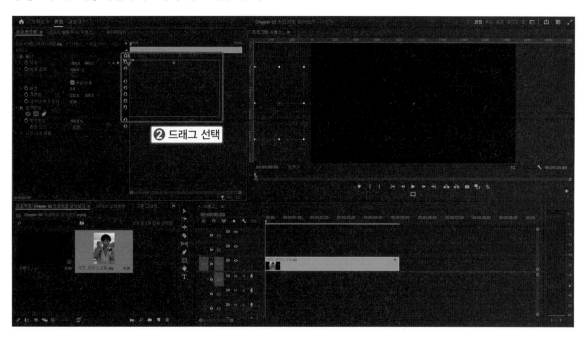

❸ 키 프레임이 있는 곳
에서 마우스 우클릭>
우클릭 메뉴창에서 시
간 보간>[가속 프레
임] 선택

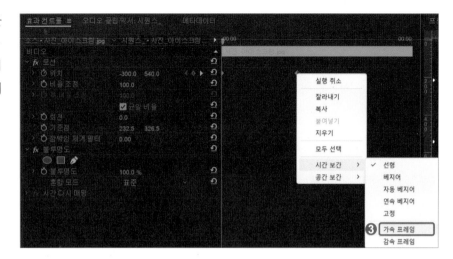

❹ 키 프레임이 ◆ [선형 키
프레임]에서 ⧗ [베지어
키 프레임]으로 변경되고
사진의 움직임이 점점 느
려지는 것을 확인

(3) 극적인 움직임 만들기(속도 그래프)

❶ ▶ 토글 버튼을 클릭하여
[속도 그래프] 활성화

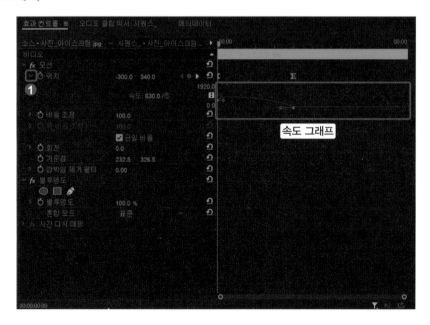

❷ 두 번째 키 프레임의 속도
그래프 핸들을 드래그하
여 그래프 조정

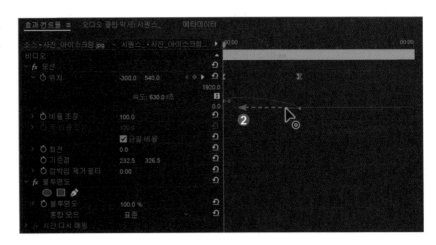

❸ 그래프처럼 사진의 움직임이 갑자기 빨라졌다가 서서히 느려지는 움직임이 연출되는 것을 확인

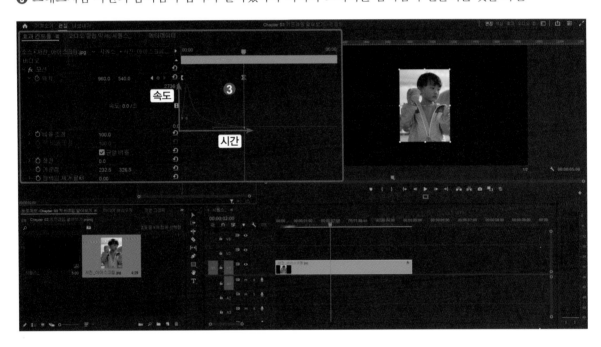

<hr />

Tip 키 프레임 종류

- ◆ **선형 키 프레임** : 일정한 속도로 변화합니다.
- ◆ **선택된 키 프레임** : 선택 시 회색에서 파란색상으로 변경됩니다.
- ⧗ **베지어 키 프레임** : 곡선 형태로 속도를 조정합니다.
- ● **자동 베지어 키 프레임** : 자동 곡선으로 속도 변화를 조정합니다.
- ◀ **고정 키 프레임** : 이전 값에서 다음 값으로 즉시 전환됩니다.

CHAPTER 04

이번 챕터에서는 영상을 더욱 흥미롭게 만드는 영상 속도 조절, 정지 화면, 화면 전환 기법에 대해 알아봅니다. 속도 조절로 슬로우 모션이나 빠른 재생 효과를 연출할 수 있으며, 정지 화면을 사용해 중요한 순간을 강조할 수 있습니다. 또한 화면 전환 기법을 활용하면 장면 간의 자연스럽고 부드러운 흐름을 만들 수 있습니다.

다양한 효과
활용하기

SECTION

01

영상 속도 조절

영상 속도 조절 기능을 활용한다면 빨리 감기, 슬로우 모션, 역재생 등 다양한 효과들을 영상에서 표현할 수 있게 됩니다. 이번 시간에는 다양한 연출이 가능한 영상 속도 조절 효과에 대해 배워보겠습니다.

1. 빨리 감기 효과

지난 시간에 배웠던 [속도 조정 도구]보다 정밀하게 조정할 수 있는 [클립 속도/지속 시간] 사용 방법에 대해 배워보겠습니다.

유튜브 동영상 강의

빨리 감기 효과

예제 파일	예제 파일 / Chapter 04 빨리 감기 효과.prproj

❶ '뛰기.mp4' 동영상 클립 선택
❷ 마우스 우클릭>팝업 메뉴창에서 [속도/지속 시간...] 선택

단축키

클립 속도/지속 시간 : Ctrl + R

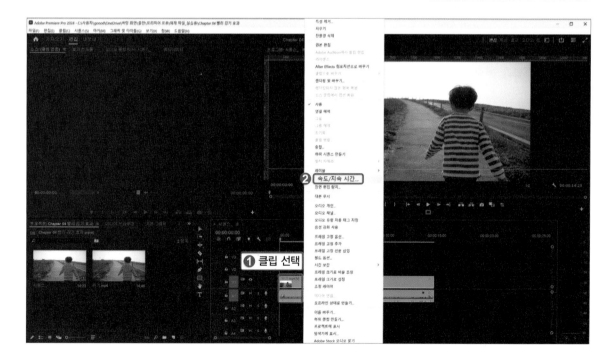

❸ [속도]를 2배 빠르게 조정하기 위해 "200%"을 입력

❹ [속도]에 비례하여 [지속 시간]이 줄어드는 것을 확인

❺ [확인] 버튼 클릭

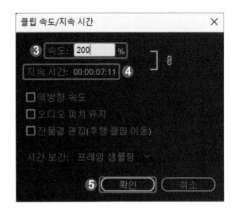

Tip 클립 속도/지속 시간

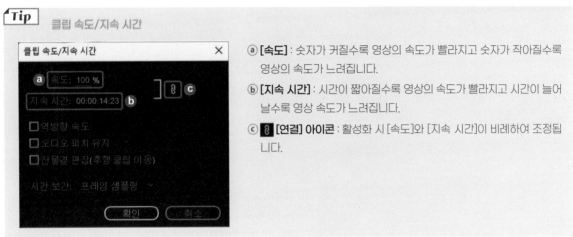

ⓐ **[속도]** : 숫자가 커질수록 영상의 속도가 빨라지고 숫자가 작아질수록 영상의 속도가 느려집니다.

ⓑ **[지속 시간]** : 시간이 짧아질수록 영상의 속도가 빨라지고 시간이 늘어날수록 영상 속도가 느려집니다.

ⓒ 🔗 **[연결] 아이콘** : 활성화 시 [속도]와 [지속 시간]이 비례하여 조정됩니다.

❻ 클립의 속도가 200%로 변경되는 것을 확인

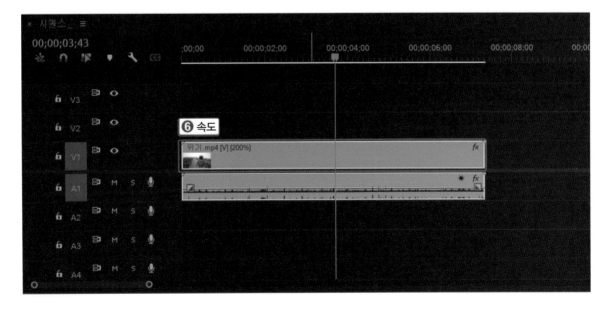

2. 슬로우 모션 효과

이번 시간에는 영상을 1/2배속으로 조정해 슬로우 모션 효과를 만들어보겠습니다.

예제 파일	예제 파일 / Chapter 04 슬로우 모션 효과.prproj

유튜브 동영상 강의

슬로우 모션 효과

❶ 재생헤드를 [00:00:01:00]으로 이동
❷ Ctrl + K (편집 추가 단축키)로 클립 자르기

❸ 재생헤드를 [00:00:01:20]으로 이동
❹ Ctrl + K (편집 추가 단축키)로 클립 자르기

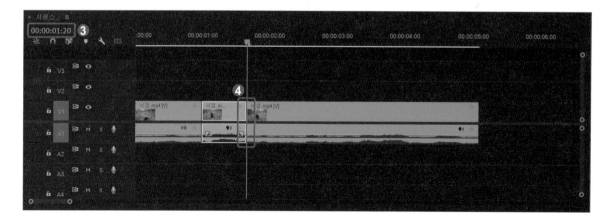

❺ 잘린 가운데 클립 선택>마우스 우클릭>우클릭 메뉴창에서 [속도/지속 시간] 선택

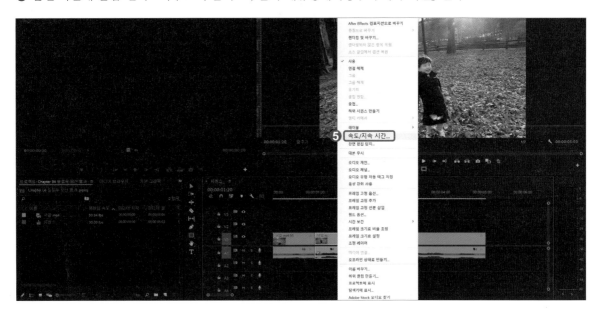

❻ 슬로우 모션 효과를 주기 위해 속도에 "50"을 입력

❼ 속도에 따라 [지속 시간]이 늘어난 것을 확인

❽ [잔물결 편집] 항목을 체크>다음 클립들이 자동으로 맞춰지는 것을 확인

❾ [시간 보간]에서 [광학 흐름] 선택>[확인] 버튼을 눌러 효과 적용

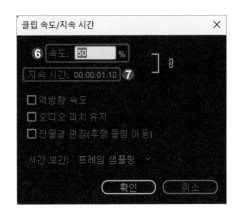

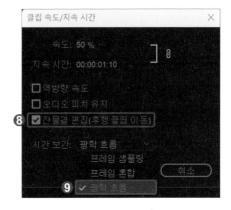

> **Tip** ┃ 광학 흐름은 컴퓨터가 누락된 프레임을 생성해 부드러운 슬로우 모션을 표현합니다. 하지만 모든 영상을 완벽하게 보강하지 못할 수 있으므로 촬영 단계에서 높은 프레임으로 촬영하는 것이 좋습니다.

⓾ 선택된 클립의 길이가 늘어
나면서 다음 클립의 위치가
이동되는 것을 확인>시간
보간을 [광학 흐름]으로 적
용시켰기 때문에 프리뷰 영
역이 빨간색으로 표시되며,
Enter 를 눌러서 렌더링을
실행하면 초록색으로 바뀌
면서 정상적인 화면이 노출
되는 것을 확인

3. 역재생 효과

예능 프로그램이나 유튜브 영상에서 영상을 거꾸로 재생해서 재미있게 표현하는 장면들을 종종 볼 수 있습니다.
이번 시간에는 [클립 속도/지속 시간]을 이용해서 영상을 역재생하는
방법에 대해 배워보겠습니다.

유튜브 동영상 강의

역재생 효과

예제 파일	예제 파일 / Chapter 04 역재생 효과.prproj

❶ '남이섬.mp4' 동영상 클립 선택
❷ 마우스 우클릭>메뉴창에서 [속도/지속 시간] 선택

단축키

클립 속도/지속 시간 : Ctrl + R

❶ 클립 선택

❷ 속도/지속 시간...

❸ [클립 속도/지속 시간]의 [속도] 항목에 "100"을 입력

❹ [역방향 속도] 항목 체크

❺ [확인] 버튼 클릭

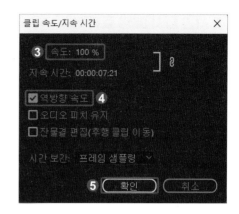

Tip　역재생 효과도 [속도] 수치에 따라 영상 속도를 빠르게 또는 느리게 조정할 수 있습니다.

❻ 클립의 속도가 −100으로 적용> Space bar 를 눌러 영상이 거꾸로 재생되는 것을 확인

4. 시간 다시 매핑 효과

[클립 속도/지속 시간] 창이나 [속도 조정 도구]를 이용한 속도 조정 방법은 클립 전체에 적용되는 방법입니다.
하나의 클립에서 다양한 속도 변화를 주고 싶다면 [시간 다시 매핑] 기능을 사용하면 됩니다.

예제 파일	예제 파일 / Chapter 04 시간 다시 매핑 활용.prproj

유튜브 동영상 강의

시간 다시 매핑 효과

(1) 시간 다시 매핑 적용

❶ '낙엽.mp4' 클립 우측에 있는 *fx* [효과] 아이콘으로 마우스 이동>마우스 우클릭>우클릭 메뉴창 활성화

❷ 우클릭 메뉴창에서 [시간 다시 매핑]>
　[속도] 선택

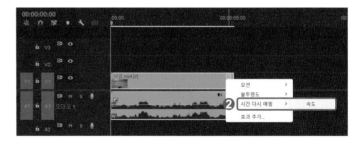

❸ V1 트랙의 빈 공간을
　더블 클릭하여 트랙
　의 높이를 키워 더 쉽
　게 편집할 수 있도록
　수정

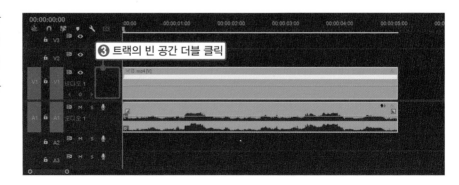

❸ 트랙의 빈 공간 더블 클릭

❹ 클립 가운데 부분의 속도 선을 위아래로 드래그하여 클립 속도 조정

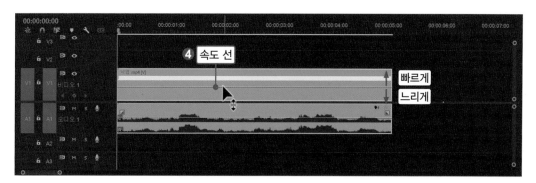

> **Tip** 속도 선(흰색 선)은 현재 클립의 속도를 나타냅니다. 속도 선을 위로 올리면 속도가 빨라지고 아래로 내리면 속도가 느려집니다.

❺ 재생헤드를 [00:00:01:00]으로 이동

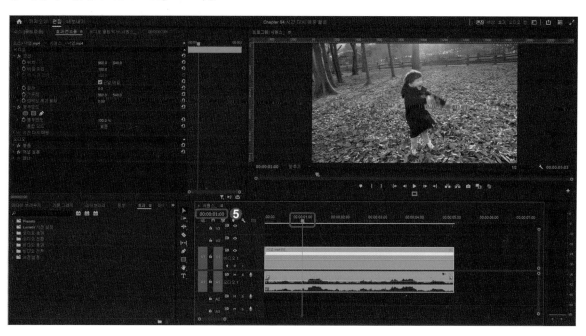

❻ V1 트랙에 있는 ◉ [키 프레임 추가−제거] 버튼 클릭 > 클립에 키 프레임을 생성

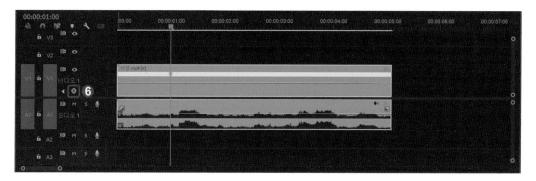

❼ 재생헤드를 [00:00:02:00]으로 이동

❽ [00:00:02:00]에 키 프레임
을 추가하기 위해 Ctrl 을 누
른 상태에서 흰색 선 클릭

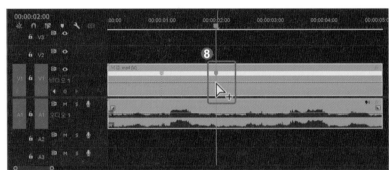

❾ 생성된 키 프레임 사이에 있
는 속도 선을 아래로 드래
그하여 속도를 30%로 조정
> Space bar 를 눌러 재생
> 해당 부분만 슬로우 모션
이 적용된 것을 확인

(2) 자연스럽게 속도 변화 주기

❶ 100%에서 30%로 갑자기 속도가 줄어들면서 생기는 어색한 부분 확인

❷ 키 프레임이 두 개의 마커 모양
　　을 띠고 있는 것을 확인

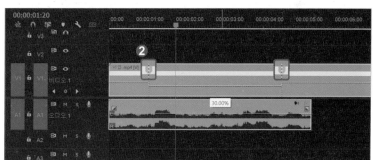

❸ 두 개의 마커 중 하나를 클릭 후 드래그>하단 이미지와 같이 좌우로 벌어지는 것을 확인
❹ 키 프레임이 벌어지면서 하단 그래프가 완만하게 변형되는 것을 확인

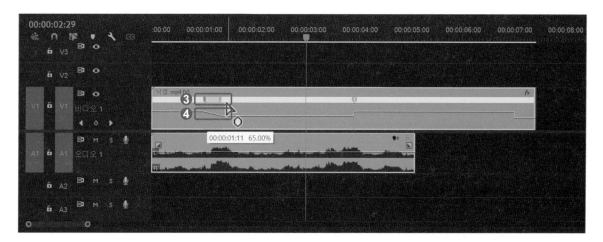

❺ 뒷부분 키 프레임도 사이를 벌려서 완만하게 조정> Space bar 를 눌러 재생>속도가 자연스럽게 변화하는 것을 확인

SECTION

02

다양한 방법으로 정지 화면 만들기

정지 화면은 영상의 특정 순간을 멈춰 고정된 이미지처럼 보여주는 효과입니다. 강조, 설명, 드라마틱한 연출이 필요할 때 자주 활용되며, 특정 장면에 텍스트나 그래픽을 덧붙일 때도 유용합니다. 이번 시간에는 프리미어 프로에서 정지 화면을 만드는 다양한 방법에 대해 배워보겠습니다.

1. 정지 화면 만들기

프리미어 프로에서는 다음 세 가지 방법으로 정지 화면을 만들 수 있습니다.

• **프레임 고정 옵션** : 영상 전체를 정지 화면으로 만듭니다.
• **프레임 고정 추가** : 재생 헤드를 기준으로 뒷부분 영상을 정지 화면으로 전환합니다.
• **프레임 고정 선분 삽입** : 재생헤드를 기준으로 2초짜리 정지 화면 클립을 삽입합니다.

예제 파일	예제 파일 / Chapter 04 정지 화면 만들기 3가지 방법.prproj

유튜브 동영상 강의

정지 화면 만들기

(1) 프레임 고정 옵션(Frame Hold Option)

❶ [타임라인] 패널에서 [호떡. mp4] 클립 선택

❷ 마우스 우클릭 > 우클릭 메뉴 창에서 [프레임 고정 옵션...] 선택

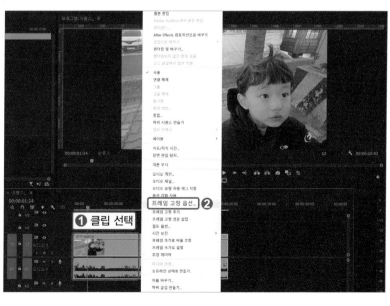

Tip 프레임 고정 옵션 종류

ⓐ [고정] : 프레임 고정 유무를 결정

ⓑ [필터 고정] : 클립에 적용된 효과의 고정 유무 결정

ⓒ [프레임] : 정지 화면을 적용할 시간을 입력

ⓓ [소스 시간 코드] : 원본 클립의 시간을 기준으로 적용

ⓔ [시퀀스 시간 코드] : 시퀀스 시간을 기준으로 적용

ⓕ [시작 지점] : 클립의 시작 부분을 기준으로 정지 화면을 설정

ⓖ [종료 지점] : 클립의 종료 부분을 기준으로 정지 화면을 설정

ⓗ [재생헤드] : 현재 재생헤드가 위치한 기준으로 정지 화면을 설정

❸ [시퀀스 시간 코드] 선택

❹ [프레임]에 "6.7"을 입력하여 [타임코드]를 [00:00:06:07]로 설정

❺ [확인] 버튼 클릭

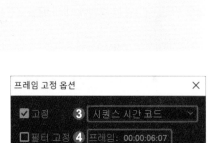

❻ 해당 시퀀스의 [타임코드] [00:00:06:07] 장면이 정지 화면으로 설정된 것을 확인

❻ 화면이 [00:00:06:07]의 장면으로 정지

(2) 프레임 고정 추가(Add Frame Hold)

❶ 되돌리기 단축키 Ctrl + Z 를 눌러서 화면 고정 전 단계로 돌아가기

❷ [타임코드] 클릭 후 "6.7"
  을 입력하여 재생헤드를
  [00:00:06:07]로 이동

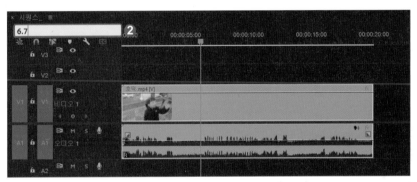

❸ 동영상 클립 선택 후 마우스 우클릭
❹ [프레임 고정 추가] 선택

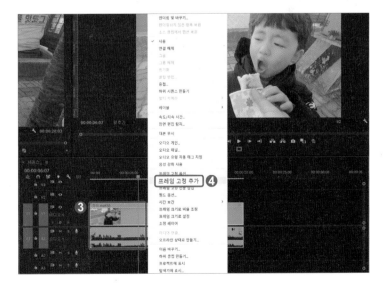

❺ 재생헤드 기준으로 오른쪽 클립의 화면이 정지된 것을 확인

(3) 프레임 고정 선분 삽입(Insert Frame Hold Segment)

❶ 되돌리기 단축키 Ctrl + Z 를 눌러서 화면 고정 전 단계로 돌아가기

❷ [타임코드] 클릭 후 "6.7"
  을 입력하여 재생헤드를
  [00:00:06:07]로 이동

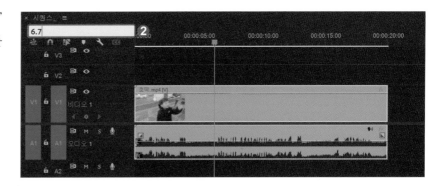

❸ 동영상 클립 선택 후 마우스 우클릭
❹ [프레임 고정 선분 삽입] 선택

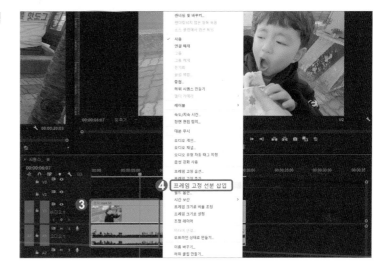

❺ 재생헤드를 기준으로 2초 길이의 정지 화면 클립이 삽입된 것을 확인

❺ 2초 화면 정지

2. 프레임 내보내기 기능 활용

이번 시간에는 프리미어 프로의 화면 캡처 기능인 [프레임 내보내기] 기능을 활용하여 정지 화면을 만드는 방법에 대해 배워보겠습니다.

예제 파일	예제 파일 / Chapter 04 프레임 내보내기 기능을 활용한 정지 화면 만들기.prproj

❶ [타임코드] 클릭 후 "6.7"을 입력하여 재생헤드를 [00:00:06:07]로 이동

❷ 프로그램 모니터 하단의 📷 [프레임 내보내기] 아이콘 클릭

❸ 저장될 이미지 이름(호떡_화면정지) 작성
❹ 이미지 포맷 형식을 JPEG 혹은 PNG로 설정
❺ [프로젝트로 가져오기] 항목 체크
❻ 이미지 저장 경로 설정
❼ [확인] 버튼 클릭

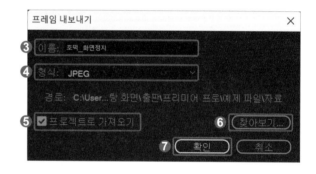

❽ [프로젝트] 패널에 캡처 이미지가 불러와지는 것을 확인

> **Tip**
> [프레임 내보내기] 설정창에서 [프로젝트로 가져오기]를 체크하면 캡처 이미지가 [프로젝트] 패널에 자동으로 불러와집니다.

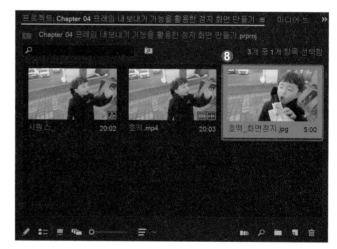

❾ Ctrl 을 누른 상태에서 [프로젝트] 패널의 이미지를 [00:00:06:07]로 드래그

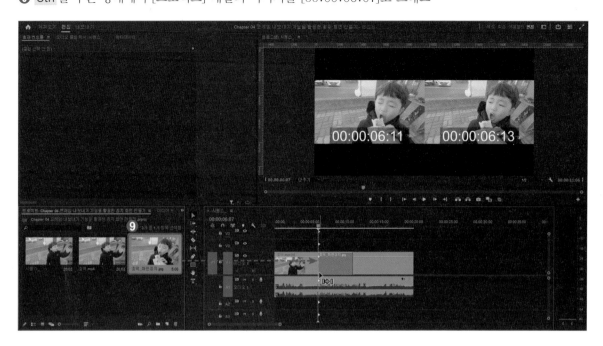

> **Tip** Ctrl 을 누른 상태에서 이미지를 드래그하면 삽입(Insert) 기능과 동일하게 클립이 삽입됩니다.

❿ 캡처한 이미지가 삽입되면서 화면 정지 효과가 나타나는 것을 확인

SECTION

03

화면 전환

화면 전환 기법을 사용하면 컷과 것을 자연스럽게 연결할 수 있습니다. 화면 전환은 단순히 장면이 바뀌는 것을 넘어, 영상의 흐름을 매끄럽게 이어주고 시각적 리듬을 형성하는 중요한 요소입니다.

1. 디졸브 효과

화면 전환에서 가장 많이 사용하는 [교차 디졸브]를 적용해 보면서 기본적인 화면 전환 기능에 대해 배워보겠습니다.

유튜브 동영상 강의

1. 디졸브 효과~2. 기본 전환 효과 변경하기

예제 파일   예제 파일 / Chapter 04 디졸브 효과.prproj

(1) [효과] 패널에서 디졸브 효과 적용

단축키

❶ 메뉴바>[창]>[효과]를 클릭하여 패널 활성화

효과 패널 : Shift + 7

❷ [효과] 패널>[비디오 전환]>[디졸브] 폴더
열기

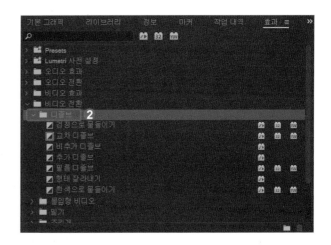

❸ [타임라인] 패널의 두 클립 사이로 [교차 디졸브]를 드래그하여 적용

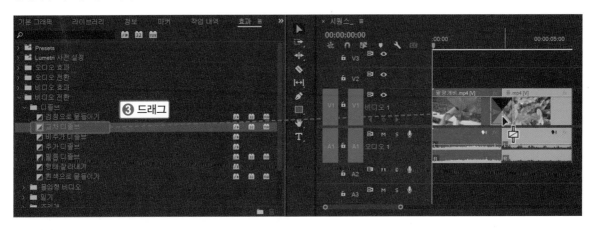

❹ Space bar 를 눌러 재생>디졸브 효과가 적용된 것을 확인

(2) 효과 삭제

❶ 적용된 [교차 디졸브] 효과 선택

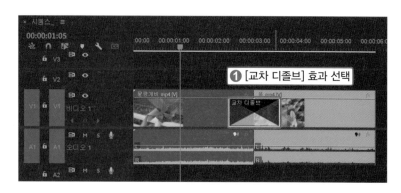

❷ Delete 를 눌러 [교차 디졸브] 효과 삭제

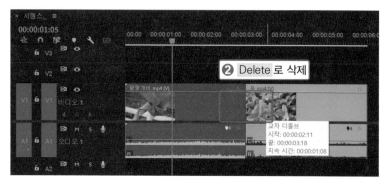

(3) 단축키 활용

❶ 첫 번째 클립의 끝부분 선택

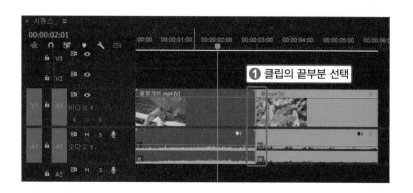

❷ 클립의 끝부분이 선택된 상태에 서 Ctrl + D ([비디오 전환 적용] 단축키)를 눌러 [교차 디졸브] 적용

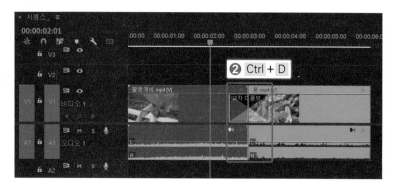

❸ 모든 클립 선택 후 Ctrl + D 를
누르면 [교차 디졸브]를 여러 개
의 클립에 동시에 적용 가능

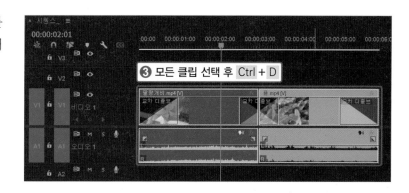

(4) 드래그로 길이 조절

❶ 적용된 [교차 디졸브] 효과 끝부
분을 마우스로 선택>마우스 커
서가  모양으로 바뀌는 것을
확인>좌우로 드래그하여 길이
를 조절

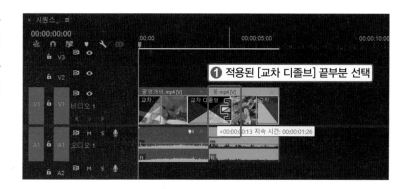

(5) [전환 지속 시간 설정] 창에서 길이 조절

❶ 적용된 [교차 디졸브] 효과 더블 클릭
❷ [전환 지속 시간 설정] 창에서 원하는 길이로 변경

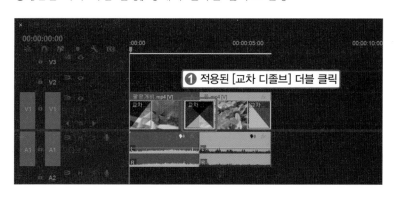

(6) 효과 컨트롤 패널에서 길이 조절

❶ 적용된 [교차 디졸브] 효과 선택
❷ [효과 컨트롤] 패널에서 직접 전환 길이와 시작 위치 조정

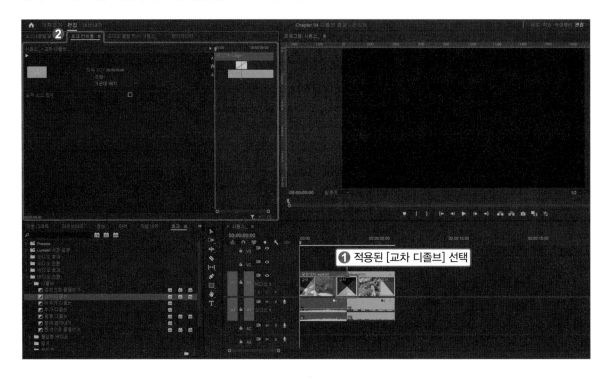

Tip 디졸브 효과 외에도 밀기, 조리개, 확대/축소 등 다양한 비디오 전환 효과가 있습니다. 대부분의 효과는 드래그로 쉽게 적용되므로 한 번씩 적용해 보길 권장해 드립니다.

2. 기본 전환 효과 변경하기

[비디오 전환 적용] 단축키인 Ctrl + D 는 기본적으로 [교차 디졸브]가 적용됩니다. 기본 설정값을 변경하여 다른 효과가 적용되도록 하는 방법에 대해 배워보겠습니다.

예제 파일	예제 파일 / Chapter 04 디졸브 효과.prproj

❶ [효과] 패널에서 파란색 테두리가 표시된 [교차 디졸브] 효과 아이콘 확인

> **Tip** 기본 전환으로 설정된 효과는 아이콘에 파란색 테두리로 표시됩니다.

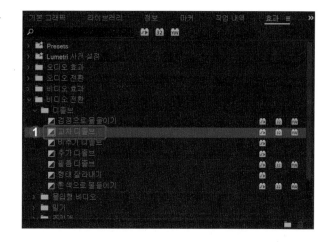

❷ [확대/축소] 폴더에 있는 [교차 확대/축소] 선택 > 마우스 우클릭 > 우클릭 메뉴창에서 [선택한 항목을 기본 전환으로 설정] 선택

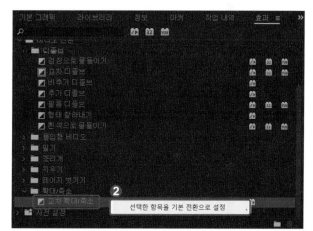

❸ 기본 전환으로 설정된 [교차 확대/축소] 아이콘 테두리가 파란색으로 바뀌며, Ctrl + D 를 누를 경우 [교차 확대/축소]가 적용되는 것을 확인

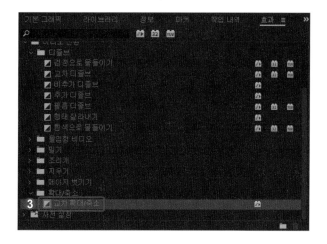

CHAPTER 05

영상에서 자막은 단순히 대사를 표현하는 것을 넘어, 영상의 분위기와 메시지를 강조하고 시청자의 이해를 돕는 중요한 요소입니다. 효과적인 자막 제작은 시청자에게 더욱 풍부한 정보를 제공하여 영상의 완성도를 크게 높여줍니다.

다양한 자막 제작

기본 말 자막

이번 시간에는 화자가 말할 때 들어가는 프리미어 프로에서 가장 기본이 되는 기본 말 자막 만드는 방법에 대해 배워보겠습니다.

1. 자막 만들기를 위한 '작업 영역' 변경

자막 작업을 편하게 하기 위해서는 '작업 영역'을 [기본 그래픽]으로 변경 후 작업하는 것이 효율적입니다. 이번 시간에는 [기본 그래픽] 패널을 활성화하는 방법에 대해 배워보도록 하겠습니다.

예제 파일	예제 파일 / Chapter 05 기본 말 자막.prproj

유튜브 동영상 강의

1. 자막 만들기를 위한 '작업 영역'
변경~6. 자막 디자인 한 번에 바꾸기

❶ [작업 영역] 선택]>[캡션 및 그래픽] 선택

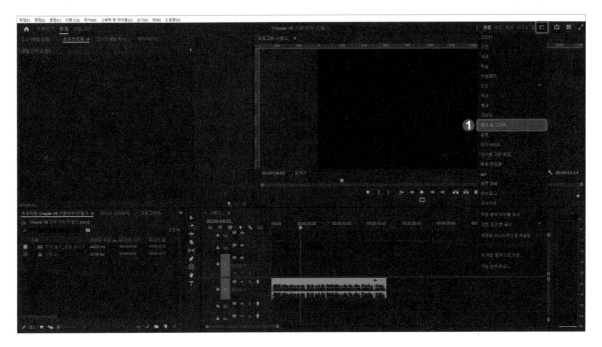

❷ 우측에 새로운 [기본 그래픽] 패널 활성화

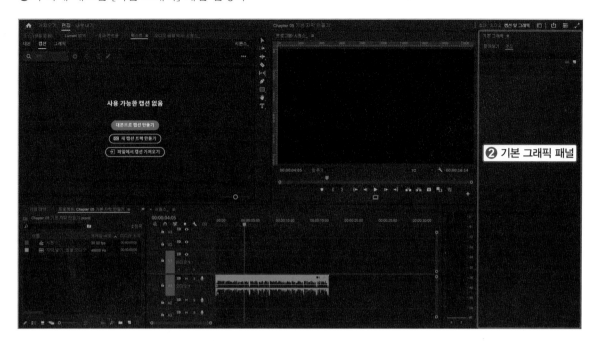

❷ 기본 그래픽 패널

Tip   [캡션 및 그래픽] 작업 영역에서 [기본 그래픽] 패널은 자막과 그래픽 요소를 손쉽게 추가 및 수정할 수 있는 공간입니다.

2. 자막 삽입

예제 파일   예제 파일 / Chapter 05 기본 말 자막.prproj

❶ 오디오 파형을 보고 내레이션이 시작하는 시점으로 재생헤드를 이동

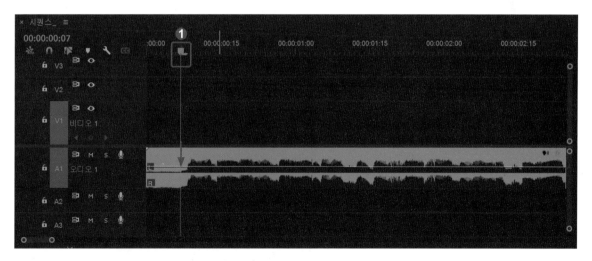

❷ [도구] 패널에서 문자 도구 선택 > [프로그램 모니터] 패널 클릭 > 텍스트 입력 상태 활성화

❸ 텍스트 입력 상태가 활성화되면서 [타임라인] 패널에 새로운 그래픽 클립이 생성되는 것을 확인

❹ [기본 그래픽] 패널에 노출되는 다양한 정보 확인

❺ 텍스트 입력 상태에서 내레이션에 맞는 텍스트("광고 영상을 제작하기 위해") 타이핑

❻ 타이핑 후 [도구] 패널에서 [선택 도구]를 마우스로 선택 혹은 Esc 를 눌러 텍스트 입력 상태 비활성화

3. 바 있는 자막 만들기

예제 파일   예제 파일 / Chapter 05 기본 말 자막.prproj

❶ [기본 그래픽] 패널의 [텍스트] 항목에서 [G마켓 산스 Medium] 폰트 선택

Tip   폰트 항목을 선택한 다음 찾는 폰트의 초성을 입력하면 해당 폰트를 빠르게 찾을 수 있습니다.

❷ [텍스트 가운데 맞춤]으로 폰트 정렬
❸ [프로그램 모니터] 패널에서 [선택 도구]로 텍스트 선택>텍스트 위치를 화면 가운데로 이동

Tip   Ctrl 을 누른 상태로 움직일 경우
빨간색 가이드 라인에 스냅됩니다.

❹ 폰트 크기를 "70"으로 변경

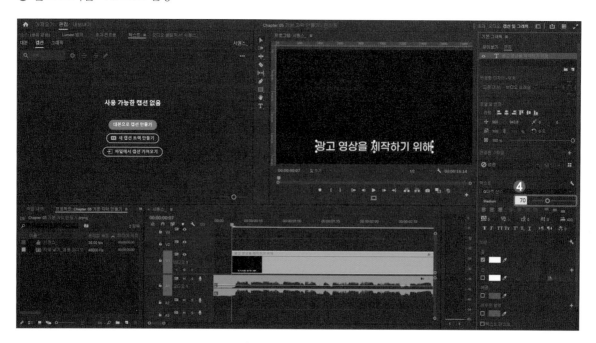

❺ [칠] 색상을 검정으로 변경

❻ [배경] 색상을 흰색으로 변경 > 다음과 같이 수치 변경

   ⓐ 불투명도 : 100

   ⓑ 크기 : 15

   ⓒ 모서리 반경 : 0

4. 자막 편집하기

예제 파일	예제 파일 / Chapter 05 기본 말 자막.prproj

❶ [타임라인] 패널에서 자막 클립의 끝부분을 오디오 길이에 맞춰 드래그

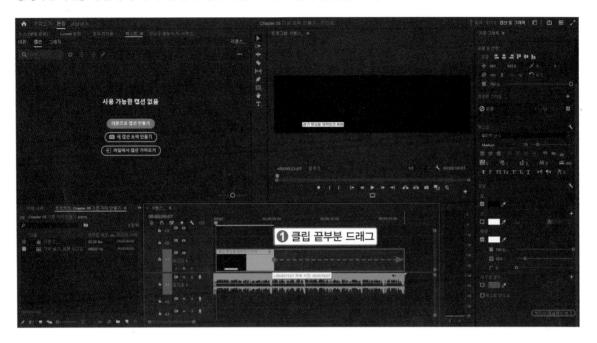

❷ A1 오디오 트랙의 트랙 잠금 버튼 활성화

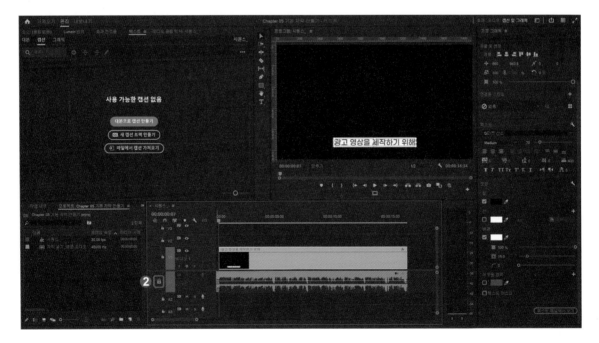

❸ Space bar 로 재생하면서 다음 내레이션이 나오는 부분에서 Ctrl + K ([편집 추가] 단축키)를 눌러 자막 클립 자르기

❹ 자른 클립 선택 > [프로그램 모니터] 패널에서 자막 수정

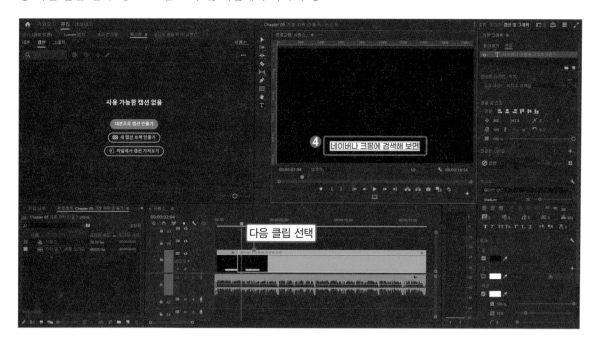

❺ 동일한 방식으로 클립을 자르며 내레이션에 맞는 텍스트 입력

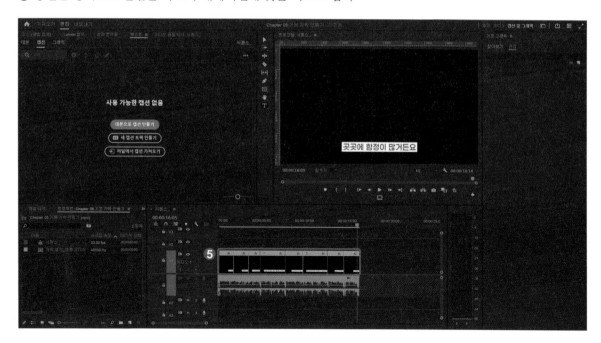

5. 두께 있는 자막 만들기

예제 파일	예제 파일 / Chapter 05 기본 말 자막.prproj

❶ 첫 번째 클립 선택 > [기본 그래픽] 패널에서 자막 소스 선택

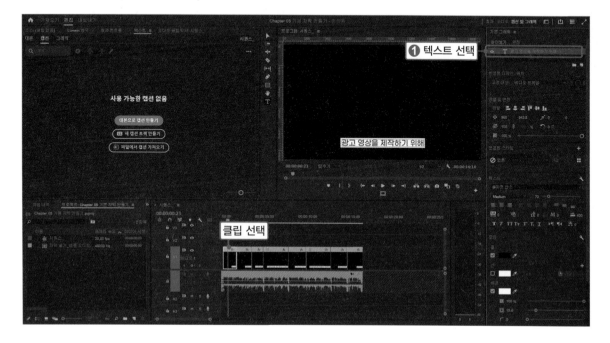

❷ [칠] 색상을 흰색으로 변경. ❸ [배경] 항목 비활성화

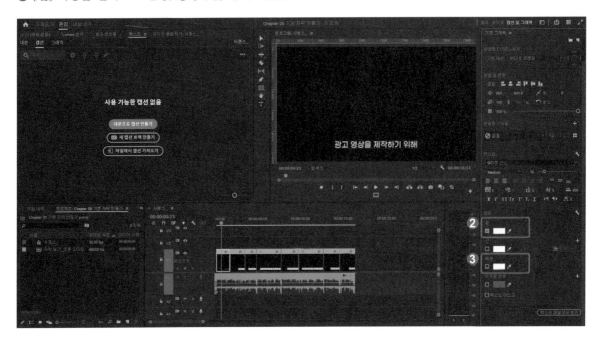

❹ [선] 색상을 파란색으로 설정 후 두께를 "4"로 입력

❺ [어두운 영역]의 색상을
　[선]과 같은 파란색으로
　설정>다음과 같이 수치
　를 변경

　ⓐ 　[불투명도] : 100

　ⓑ 　[각도] : 135

　ⓒ 　[거리] : 2

　ⓓ 　[크기] : 0

　ⓔ 　[흐림효과] : 0

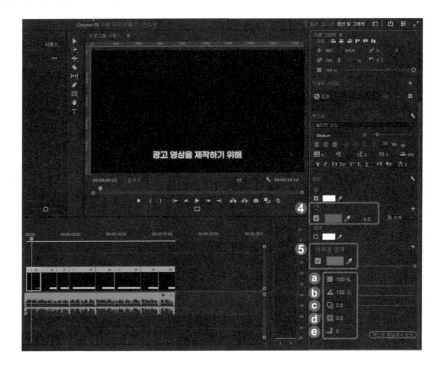

❻ ➕ [그림자 추가] 아이콘 클릭

❼ 추가된 [어두운 영역] 속성을 첫 번째 [어두운 영역]과 동일하게 변경(단, [거리] 수치만 "4"로 수정)

Tip [어두운 영역]을 여러 번 겹쳐 표현하면 자막의 두께를 더욱 두껍게 표현할 수 있습니다.

6. 자막 디자인 한 번에 바꾸기

예제 파일   예제 파일 / Chapter 05 기본 말 자막.prproj

❶ 디자인된 자막 클립 선택. ❷ [기본 그래픽] 패널에서 텍스트 선택

❸ [연결된 스타일] 항목에 ➕ 추가 버튼 클릭>[스타일 만들기] 클릭

❹ 스타일 이름 작성. ❺ 저장 스타일 설정. ❻ [확인] 버튼 클릭

❼ [프로젝트] 패널에 새로운 텍스트 스타일 소스 생성 확인

❽ 새 텍스트 스타일을 적용시킬 자막 클립 전체 선택

❾ [프로젝트] 패널에서 새 텍스트 스타일 소스를 클립으로 드래그하여 적용

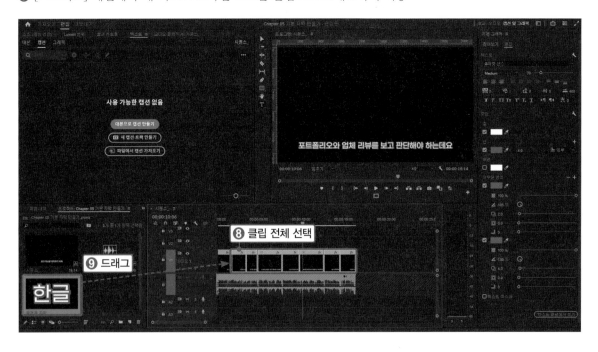

SECTION 02

포인트 자막

포인트 자막은 중요한 내용을 시각적으로 강조하기 위해 사용되며, 짧고 임팩트 있는 문구로 구성됩니다. 주로 예능 프로그램이나 홍보 영상에서 많이 활용되며, 시청자의 주의를 끌기 위해 다양한 스타일이 적용됩니다.

1. 포인트 자막 넣기

예제 파일　　예제 파일 / Chapter 05 그라디언트 적용하기.prproj

유튜브 동영상 강의

포인트 자막 넣기

(1) 그라디언트 적용하기

❶ 자막 클립 선택
❷ [기본 그래픽] 패널에서 텍스트 레이어 선택

❸ 모양 항목 중 [칠] 색상을 선
택하여 [색상 피커] 창 열기

❹ [단색] 클릭 후 [선형 그라디언트] 선택

❺ 그라디언트 바에 기본적으로 2개의 [색상 중지]가 있는 것을 확인
❻ 그라디언트 바 아래쪽을 클릭하여 [색상 중지]를 3개 추가

❼ 첫 번째, 세 번째, 다섯 번째 [색상 중지]에 색상 코드 "FF0000" 입력

❽ 두 번째, 네 번째 [색상 중지]에 색상 코드 "FFB400" 입력

❾ [확인] 버튼 클릭

(2) 이미지 넣기

유튜브 동영상 강의

이미지 넣기

❶ 자막 클립 선택

❷ [기본 그래픽] 패널에서  [새 레이어] 선택

❸ [파일에서...]를 클릭

❹ 예제 파일 자료 폴더에서 '불.png' 파일을 선택>[열기] 버튼 클릭

❺ [불] 레이어를 텍스트 뒤로 보내기 위해서 텍스트 레이어 하단으로 드래그

❻ [프로그램 모니터]에서 [불] 레이어의 위치와 크기를 알맞게 조정

2. 자막에 움직임 주기

이번 시간에는 [변형] 효과를 활용하여 자막에 움직임을 주는 방법에
대해 배워보겠습니다.

예제 파일	예제 파일 / Chapter 05 자막에 움직임 주기.prproj

❶ [효과] 패널에서 [비디오 효과]>[왜곡]을 클
릭 혹은 검색창에 '변형'을 입력하여 [변형]
효과 찾기

❷ [변형] 효과를 자막 클립에 드래그

❸ 자막 클립 선택 후 Shift + 5 로 [효과 컨트롤] 패널을 활성화

❹ [효과 컨트롤] 패널 타임라인에서 재생헤드를 시작 지점으로 이동

❺ 방향키 → 를 5번 눌러 재생헤드를 5프레임 이동

❻ [변형]>[위치]에 애니메이션 켜기 버튼을 눌러 키 프레임 생성

❼ 재생헤드를 첫 프레임으로 이동

❽ [위치] 항목의 X값에 "−321.0"을 입력

❾ 새로운 키 프레임 생성> Space bar 로 자막 움직임 확인

3. 프리셋 저장 및 불러오기

유튜브 동영상 강의

프리셋 저장 및 불러오기

예제 파일	예제 파일 / Chapter 05 프리셋 저장하기.prproj

❶ [헉!!] 자막 클립 선택

❷ [효과 컨트롤] 패널 > [변형] 효과에서 마우스 우클릭. ❸ 우클릭 메뉴창에서 [사전 설정 저장] 클릭

❹ 프리셋 이름 작성. ❺ [시작 지점 기준] 선택. ❻ [확인] 버튼 클릭

❼ [효과] 패널 [Presets] 폴더에서 저장된 프리셋을 확인

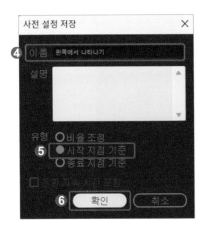

- **[비율 조정]** : 저장된 키 프레임의 간격이 클립의 길이에 따라 변경됩니다.
- **[시작 지점 기준]** : 클립의 시작 지점 기준으로 키 프레임이 적용됩니다.
- **[종료 지점 기준]** : 클립의 종료 지점 기준으로 키 프레임이 적용됩니다.

❽ 해당 프리셋을 [ㅋㅋㅋㅋ] 클립으로 드래그하여 적용

❾ [기본 그래픽] 패널에서 적용된 프리셋 확인> Space bar 를 눌러 영상 재생>동일한 효과가 적용된 것을 확인

4. 모션 그래픽 템플릿 활용

모션 그래픽 템플릿을 활용하면 자막 디자인 포맷을 저장한 뒤에 손쉽게 불러와 사용할 수 있습니다.

예제 파일	예제 파일 / Chapter 05 모션 그래픽 템플릿 활용.prproj

유튜브 동영상 강의

모션 그래픽 템플릿 활용

(1) 모션 그래픽 템플릿 만들기

❶ [헉!!] 클립 선택 후 마우스 우클릭. ❷ 우클릭 메뉴창에서 [모션 그래픽 템플릿으로 내보내기...] 선택

❸ 템플릿 이름 입력

❹ 대상을 [로컬 드라이브]로 선택 후 경로 저장
  지정

❺ [확인] 버튼을 클릭하여 템플릿 생성 완료

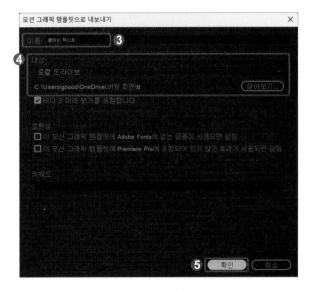

(2) 모션 그래픽 템플릿 불러오기

❶ [기본 그래픽] 패널에서 [찾아보기] 탭 선택

❷ 하단의  [모션 그래픽 템플릿 설치] 버튼 클릭 후 저장해둔 템플릿 불러오기

❷ [모션 그래픽 템플릿 설치] 클릭

❸ 불러온 템플릿을 타임라인으로 드래그하면 저장해 둔 디자인 그대로 자막 사용 가능

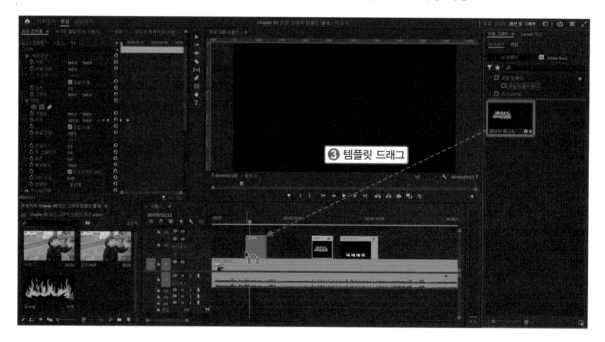

❸ 템플릿 드래그

SECTION

03

반응형 자막 만들기

이번 시간에는 이미지와 텍스트를 함께 활용한 반응형 자막을 만드는 방법을 배워보겠습니다. 반응형 자막은 자막의 길이에 따라 오브젝트들이 자동으로 조정되는 기능입니다.

1. 반응형 자막바 만들기

유튜브 동영상 강의

1. 반응형 자막바 만들기~3. 반응형 디자인 응용

예제 파일	예제 파일 / Chapter 05 이미지 포함된 반응형 자막 만들기.prproj

❶ [문자 도구] 선택. ❷ [프로그램 모니터] 패널에서 마우스 클릭 > "남이섬에 놀러왔어요!" 텍스트 입력
❸ 글꼴 [나눔고딕] 선택, 글꼴 크기 60, 가운데 정렬, 자간 −20으로 설정. ❹ [칠] 색상 검은색 선택
❺ [정렬 및 변형] 기능을 이용하여 적절한 위치로 텍스트 이동

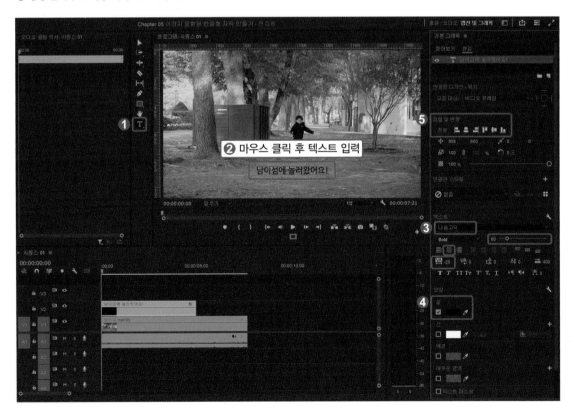

❻ [기본 그래픽] 패널에서 [새 레이어] 아이콘 클릭

❼ [사각형] 선택

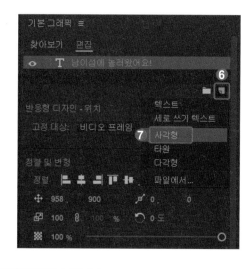

❽ 새로 생성된 [모양 01] 레이어를 [남이섬에 놀러왔어요!] 텍스트 레이어 하단으로 이동

❾ [모양 01] 레이어 선택 후 다음과 같이 수치 설정

　❸ 너비 : 1000, ❹ 높이 : 120, ❺ 모서리 반경 : 30

❿ [칠] 색상 흰색 선택

⓫ [기본 그래픽] 패널에서 [남이섬에 놀러왔어요!] 텍스트 레이어와 [모양 01] 레이어를 함께 선택>두 개 이상의 레이어 선택 시 [정렬 모드] 활성화

⓬ [정렬 모드]에서 [선택 항목에 정렬] 선택

⓭ [정렬] 기능으로 텍스트와 자막 바 위치를 동일하게 조정

⓮ [모양 01] 레이어 선택

⓯ 반응형 디자인 및 위치의 고정 대상을 [남이섬에 놀러왔어요!] 텍스트 레이어로 선택

⓰ [고정 방향] 가운데 선택

⓱ 텍스트를 변경하면서 [모양 01]의 크기도 자동으로 변경되는 것을 확인

2. 반응형 자막에 이미지 넣기

예제 파일   예제 파일 / Chapter 05 이미지 포함된 반응형 자막 만들기.prproj

❶ [기본 그래픽] 패널에서 [새 레이어] 버튼 클릭. ❷ [파일에서...] 선택

❸ 예제 파일 자료 폴더에서 '얼굴 동그라미.psd' 파일 선택. ❹ [열기] 버튼 클릭

❺ 포토샵 파일을 불러올 시 레이어 파일
   가져오기 창이 열리는 것을 확인
❻ [모든 레이어 병합] 선택
❼ [확인] 버튼 클릭

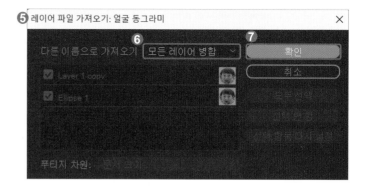

❽ 새로운 [얼굴 동그라미] 레이어가 생성되는 것을 확인

❾ [도구 패널]에서 [선택 도구] 선택
❿ [프로그램 모니터] 패널에서 [얼굴 동그라미] 오브젝트의 크기 및 위치를 알맞게 조정

⑪ [기본 그래픽] 패널에서 [얼굴 동그라미] 레이어 선택

⑫ 반응형 디자인 및 위치 고정 대상을 [남이섬에 놀러왔어요!] 텍스트 레이어로 설정

⑬ [고정 방향]을 좌측으로 선택 > 이미지가 텍스트의 왼쪽에
고정된 것을 확인

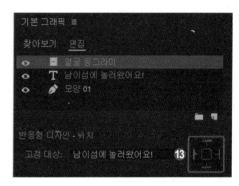

3. 반응형 디자인 응용

예제 파일   예제 파일 / Chapter 05 이미지 포함된 반응형 자막 만들기.prproj

❶ [도구 패널]에서 [문자 도구] 선택. ❷ [프로그램 모니터]에서 마우스 클릭 후 "귀염둥이" 텍스트 입력
❸ 글꼴 [나눔고딕], 글꼴 크기 50, 자간 −20으로 설정

❹ [기본 그래픽] 패널에서 [새 레이어] 선택

❺ [사각형] 선택

❻ 새로 생성된 [모양 02] 레이어를 [귀염둥이] 텍스트 레이어 하단
으로 이동

❼ [모양 02] 레이어 선택 후 다음과 같이 수치 설정

　ⓐ 너비 : 400, ⓑ 높이 : 100, ⓒ 모서리 반경 : 30

❽ [칠] 색상 코드로 "#FF7400" 입력

❾ [귀염둥이] 텍스트 레이어와 [모양 02] 레이어를 [얼굴 동그라미] 레이어 하단으로 이동

❿ [프로그램 모니터] 패널에서 텍스트와 자막 바를 하단 이미지와 같은 위치로 이동

⑪ [모양 02] 레이어 선택

⑫ 고정 대상을 [귀염둥이] 텍스트 레이어로 선택

⑬ [고정 방향] 가운데 선택>[귀염둥이] 텍스트 길이에 따라 [모양 02] 크기가 자동으로 변동

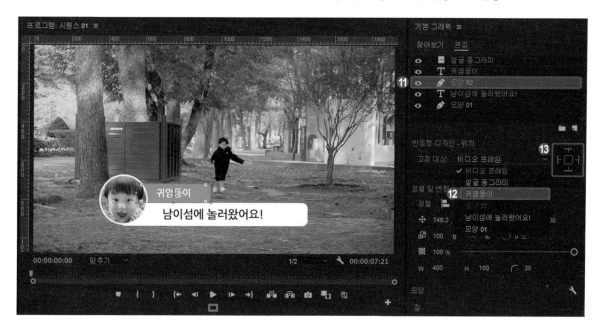

⑭ [귀염둥이] 텍스트 레이어 선택

⑮ 고정 대상을 [남이섬에 놀러왔어요!] 텍스트 레이어로 설정

⑯ [고정 방향] 좌측 선택>[귀염둥이] 텍스트가 [남이섬에 놀러왔어요!]의 좌측에 고정

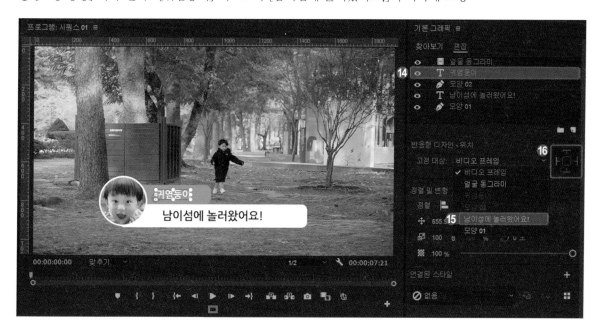

⑰ 텍스트가 변경될 부분에서 클립을 나누기

⑱ 수정된 텍스트 길이에 따라 오브젝트들의 크기 및 위치가 자동으로 조정되는 것을 확인

SECTION

04

자막에 질감 합성

이번 시간에는 텍스트 마스크 기능을 활용하여 텍스트에 질감을 합성하는 방법을 배워보겠습니다. 이 기법은 영화 예고편이나 뮤직비디오처럼 독특하고 강렬한 연출에 자주 사용됩니다.

예제 파일	예제 파일 / Chapter 05 질감 합성 자막 만들기.prproj

유튜브 동영상 강의

자막에 질감 합성

❶ [타임라인] 패널의 자막 클립 선택

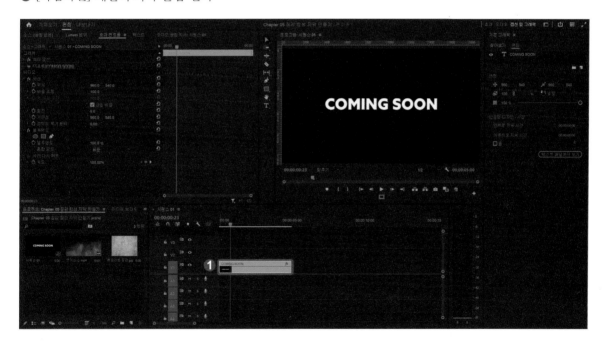

❷ [프로젝트] 패널에서 '콘크리트 질감.jpg' 파일을 [기본 그래픽] 패널의 텍스트 레이어 하단으로 드래그

❸ 혹은 [새 레이어]>[파일에서...]를 통해 이미지 불러오기

※ 레이어 순서에 유의합니다. 텍스트 레이어가 이미지 뒤에 있어야 합니다.

❹ 텍스트 레이어 선택

❺ [기본 그래픽] 패널 화면을 아래로 스크롤

❻ [텍스트 마스크] 항목 선택

❼ [프로그램 모니터] 패널에 콘크리트 질감 이미지가 텍스트 레이어에만 표시되는 것을 확인

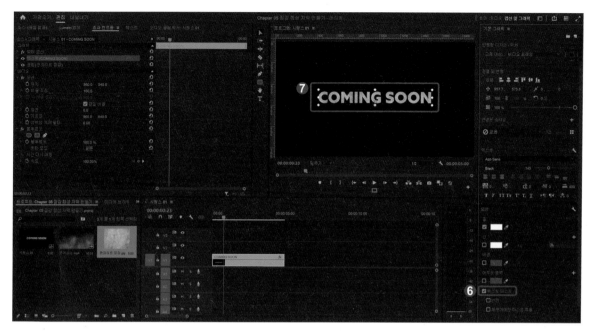

Tip 텍스트 마스크

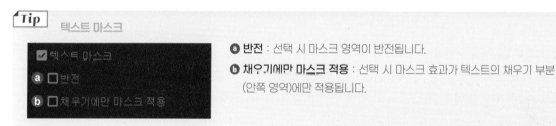

ⓐ **반전** : 선택 시 마스크 영역이 반전됩니다.

ⓑ **채우기에만 마스크 적용** : 선택 시 마스크 효과가 텍스트의 채우기 부분
(안쪽 영역)에만 적용됩니다.

---

❽ [효과] 패널로 이동

❾ [효과] 패널>비디오 효과>조정>[레벨] 검색

단축키

[효과] 패널 열기 : Shift + 7

⑩ [레벨] 효과를 텍스트 클립으로 드래그

⑪ [기본 그래픽] 패널에서 [레벨] 레이어를 [텍스트] 레이어 하단으로 이동>콘크리트 질감에만 효과가 적용
되는 것을 확인

⑫ [효과 컨트롤] 패널로 이동

⑬ [레벨] 세부항목 확장

⑭ (RGB) 검정 입력 레벨에 "80", (RGB) 흰색 입력 레벨에 "250" 수치
를 입력

⑮ 콘크리트 질감 이미지의 대비가 강해지면서 더 뚜렷하게 표현되는 것을 확인

단축키

[효과 컨트롤] 패널 열기 : Shift + 5

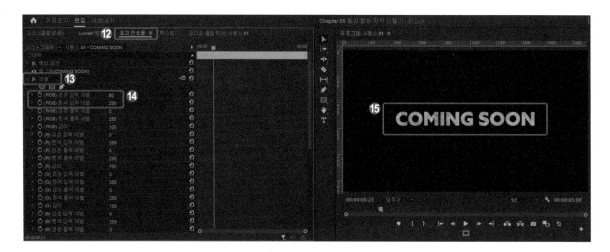

⑯ [프로젝트] 패널에서 '연기소스.mp4' 파일을 [타임라인] 패널 V2번 트랙으로 드래그

⑰ [연기소스] 클립 선택
⑱ [효과 컨트롤] 패널로 이동
⑲ [불투명도] 효과 토글 버튼 클릭 후 다음과 같이 수치 설정

   ⓐ 불투명도 : 45% 입력

   ⓑ [혼합모드] : [화면]

⑳ 연기소스와 콘크리트 질감 이미지로 영화 예고편과 같은 연출을 확인

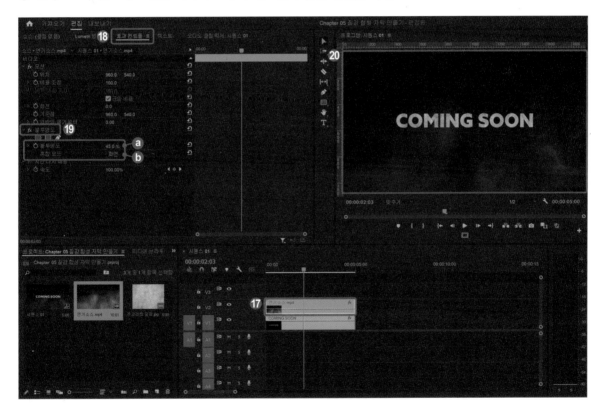

SECTION

05

배경이 보이는 자막 만들기

프리미어 프로의 텍스트 마스크 기능을 활용하여 배경이 보이는 자막을 만들어보겠습니다. 이 기법은 독특한 텍스트 연출로, 영상 속 배경을 자막 안에서 보여줄 수 있어 더욱 재미있는 표현이 가능합니다.

예제 파일	예제 파일 / Chapter 05 투명하게 뚫린 자막 만들기.prproj

유튜브 동영상 강의

배경이 보이는 자막 만들기

❶ 텍스트 클립 선택

❷ [기본 그래픽] 패널에서 🔳 [새 레이어] 클릭

❸ [사각형] 선택

❹ [모양 04] 레이어를 [남이섬 여행] 텍스트 레이어 하단으로 이동

❺ [프로그램 모니터] 패널에서 오브젝트의 크기와 위치 수정

❻ [정렬 및 변형] 기능을 이용하여 화면 중앙으로 이동

❼ 사각형 오브젝트의 [칠] 색상은 흰색으로 지정

❽ [남이섬 여행] 텍스트 레이어 선택

❾ [텍스트 마스크]와 [반전] 항목 기능 활성화

❿ [프로그램 모니터] 패널에서 글자 부분에 배경이 보이는 것을 확인

⓫ [모양 04] 레이어 선택>마우스 우클릭

⓬ 우클릭 메뉴창에서 [복제] 선택

⓭ 복제된 [모양 04] 레이어 선택

⓮ [칠] 체크 해제. ⓯ [선] 활성화>선 폭 "10" 입력>[선] 색상을 잘 보이는 색상으로 지정

⓰ [프로그램 모니터] 패널에서 처음 만든 흰색 사각형 안쪽으로 모양 형성

⓱ [모양 04] 레이어 선택 후 [모양 마스크]와 [반전] 활성화

⓲ 새로 만든 테두리 오브젝트가 배경이 보이는 형태로 변경된 것을 확인

SECTION

06

자글거리는 자막 만들기

프리미어 프로에서 기본 제공되는 비디오 효과를 활용하면 자막에 다양하고 재미있는 시각적 연출을 할 수 있습니다. 이번 시간에는 자글자글한 파동 효과와 스톱모션 느낌을 만들어보겠습니다.

1. [파도 비틀기] 효과 적용

예제 파일	예제 파일 / Chapter 05 자글자글 거리는 자막 만들기.prproj

유튜브 동영상 강의

1. [파도 비틀기] 효과 적용~2. [파도 비틀기] 효과 응용

❶ [효과] 패널에서 [비디오 효과]>[왜곡]>[파도 비틀기] 효과 선택

❷ [파도 비틀기] 효과를 텍스트 클립으로 드래그

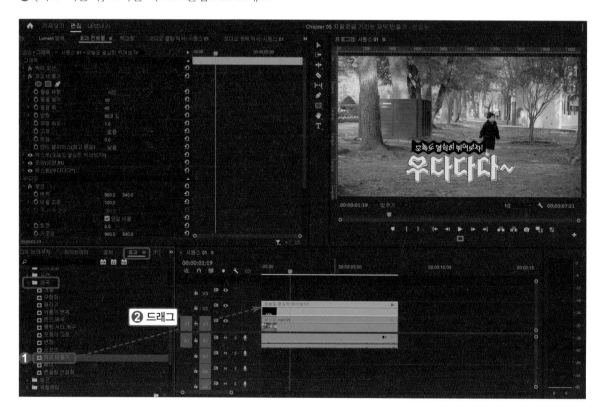

❸ 텍스트 클립 선택 > Shift + 5 로 [효과 컨트롤] 패널 활성화

❹ [효과 컨트롤] 패널에서 [파도 비틀기] 효과의 세부항목 수치를 다음과 같이 변경

　　ⓐ 물결 높이 : 3

　　ⓑ 물결 폭 : 300

　　ⓒ 방향 : 120.0도

❺ [효과] 패널에서 [파도 비틀기] 효과를 한 번 더 적용

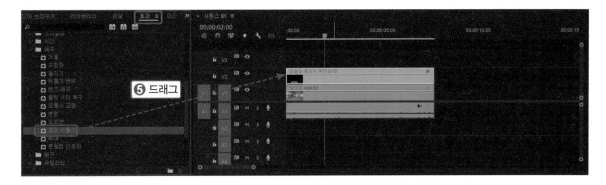

❻ 텍스트 클립 선택

❼ [효과 컨트롤] 패널에서 두 번째 [파도 비틀기] 세부항목 수치를 다음과 같이 변경

    ⓐ 물결 높이 : 3

    ⓑ 물결 폭 : 40

    ⓒ 방향 : 120.0도

2. [파도 비틀기] 효과 응용

스톱모션 느낌을 연출하기 위해 추가적인 [시간 포스터화] 효과를 적용해 보겠습니다.

예제 파일	예제 파일 / Chapter 05 자글자글 거리는 자막 만들기.prproj

❶ [효과] 패널에서 [비디오 효과]>[시간]>[시간 포스터화] 효과를 텍스트 클립으로 드래그
❷ [효과 컨트롤] 패널에서 [시간 포스터화] 효과의 세부항목 중 [프레임 속도]를 6으로 변경
❸ [프로그램 모니터] 패널에서 미리보기를 통해 자글거리는 파동 효과와 스톱모션 느낌이 적용된 것을 확인

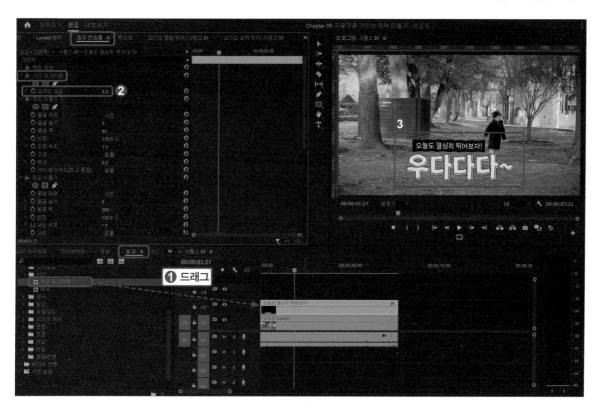

SECTION

07

자동 말 자막

프리미어 프로에서는 음성 인식 기능을 통해 자동 말 자막을 손쉽게 생성할 수 있습니다. 이 기능은 대본 생성부터 자막 편집까지 시간을 크게 절약할 수 있도록 도와줍니다. 이번 시간에는 자동 말 자막을 생성하고 편집하는 방법을 배워 보겠습니다.

1. 자동 말 자막 기능 사용하기

예제 파일	예제 파일 / Chapter 05 자동 말 자막 활용하기.prproj

유튜브 동영상 강의

1. 자동 말 자막 기능 사용하기~
3. 캡션 자막 일괄 수정

(1) [대본으로 캡션 만들기] 기능 실행

❶ 음성이 있는 동영상 클립 선택. ❷ [텍스트] 패널 활성화. ❸ [대본으로 캡션 만들기] 버튼 클릭

- **대본으로 캡션 만들기** : 텍스트 대본을 기반으로 자동으로 캡션을 생성합니다.
- **새 캡션 트랙 만들기** : 완전히 새로운 캡션 트랙을 생성합니다.
- **파일에서 캡션 가져오기** : 외부 캡션파일을 불러와 프로젝트에 추가합니다.

(2) [캡션 만들기] 세부항목 설정

❶ [자막 기본값] 선택 > ▪▪▪을 클릭하여 새로운 사전 설정
값 저장 및 불러오기 가능

❷ [캡션 작업 환경 설정] 세부항목 확장

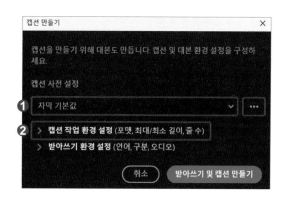

(3) [캡션 작업 환경 설정] 세부항목 설정

❶ [최대 문자 길이]에 "35" 입력. ❷ [줄 수] 한 줄 선택

❸ [받아쓰기 환경 설정] 세부항목 확장

(4) [받아쓰기 환경 설정] 세부항목 설정

❶ [언어] 항목을 [한국어]로 설정. ❷ [받아쓰기 및 캡션 만들기] 클릭

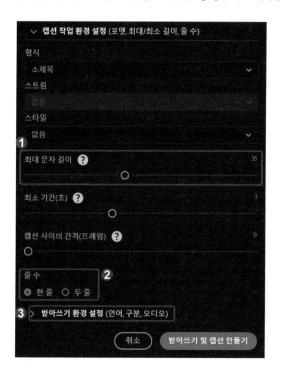

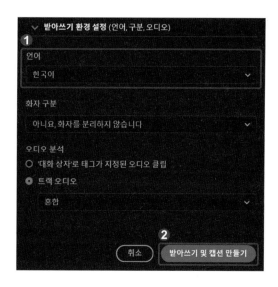

[캡션 작업 환경 설정] 세부항목

- **형식** : 캡션의 형식을 선택합니다. 일반적으로 소제목(Subtitles)이나 다른 형식을 선택할 수 있습니다.
- **스트림** : 다중 스트림 캡션이 지원되는 경우, 캡션이 속할 스트림을 선택합니다.
- **스타일** : 이미 만들어진 캡션의 스타일(폰트,색상 등)을 선택합니다.
- **최대 문자 길이** : 한 줄에 표시할 수 있는 최대 문자 수를 설정합니다.
- **최소 기간(초)** : 캡션이 화면에 표시되는 최소 시간을 설정합니다.
- **캡션 사이의 간격(프레임)** : 연속된 캡션 간의 최소 간격을 설정합니다.
- **줄 수** : 한 캡션의 줄 수를 설정합니다.

[받아쓰기 환경 설정] 세부항목

- **언어** : 받아쓰기 작업에 사용할 언어를 선택합니다.
- **화자 구분** : 화자 구분이 필요할 경우 사용됩니다.
- **오디오 분석** : 분석할 오디오를 '대화 상지'로 태그된 특정 오디오만 설정하거나 특정 트랙을 지정합니다.

(5) [대본] 및 [캡션] 탭 확인 및 설정

❶ [대본] 탭에서 생성된 대본 확인

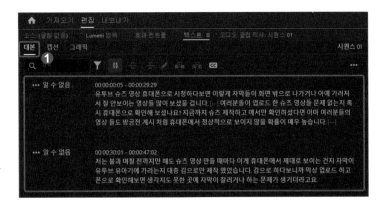

❷ [캡션] 탭에서 생성된 자막 확인
❸ [타임라인] 패널에 자동 생성된 자막
　확인

❹ [캡션] 탭 자막 옆 파란색 라인 표시로 [타임라인] 패널의 재생헤드 위치를 파악 가능

❺ [타임라인] 패널이나 [텍스트-캡션] 패널에서 두 개 이상의 캡션 선택
❻ [캡션 병합] 아이콘 클릭 > 하나로 병합된 캡션 확인

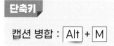

단축키
캡션 병합 : Alt + M

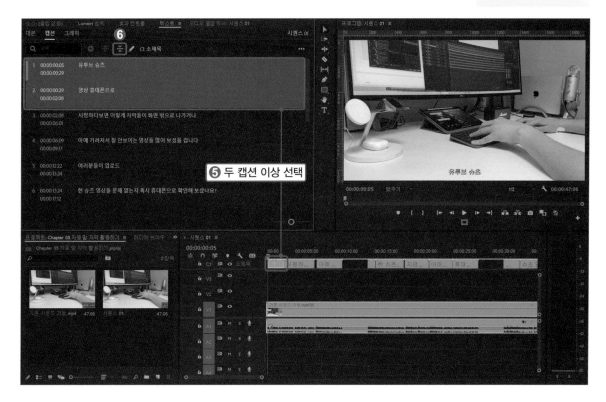

❼ 캡션 하나 선택. ❽ [캡션 분할] 아이콘 클릭
❾ 재생헤드를 기준으로 나누어진 캡션 확인

단축키

캡션 분할 : Alt + S

(6) 텍스트 수정

❶ [텍스트-캡션] 패널에서 캡션을 더블 클릭하여 텍스트 수정 가능
❷ [프로그램 모니터] 패널에서 텍스트를 더블 클릭하여 수정 가능

2. 단어 한 번에 바꾸기

예제 파일	예제 파일 / Chapter 05 자동 말 자막 활용하기.prproj

❶ [텍스트-캡션] 패널에서 바꿀 단어를 검색창에 입력
❷ [바꾸기] 버튼 클릭

❸ 바꿀 단어 입력
❹ [모두 바꾸기] 또는 [바꾸기] 버튼 선택

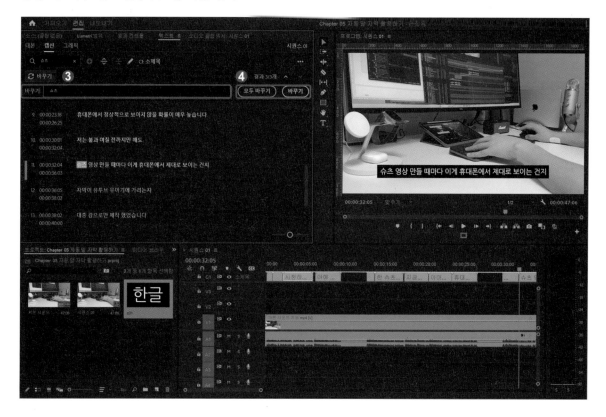

3. 캡션 자막 일괄 수정

예제 파일	예제 파일 / Chapter 05 자동 말 자막 활용하기.prproj

❶ 캡션 하나 선택

❷ [기본 그래픽] 패널 활성화

❸ [텍스트] 속성 다음과 같이 설정

    ⓐ 글꼴 : 나눔고딕

    ⓑ 글꼴 크기 : 55

    ⓒ 자간 : -20

❹ [정렬 및 변형] 속성 다음과 같이 설정

    ⓐ 가로 위치 : 0

    ⓑ 세로 위치 : -100

❺ [모양] 속성 > [칠] 흰색으로 설정

❻ [배경] 속성 다음과 같이 설정

    ⓐ 배경 : 검정색

    ⓑ 불투명도 : 100%

    ⓒ 크기 : 25

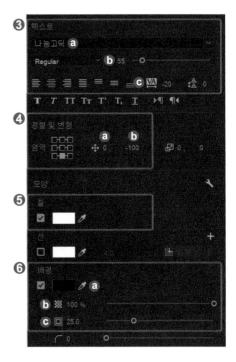

❼ 트랙 스타일에서 ➕ 아이콘 클릭 > [스타일 만들기] 버튼 클릭

❽ 새로운 스타일 이름 입력. ❾ [확인] 버튼 클릭

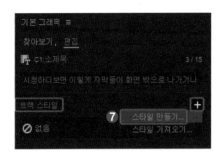

Tip 저장 방법

• **프로젝트에 저장** : 텍스트 스타일을 해당 프로젝트 내에 저장합니다.

• **로컬 스타일에 저장** : 다른 프로젝트에서도 쉽게 사용 가능하도록 저장됩니다. 해당 스타일은 [스타일 브라우저]에서 확인 가능합니다.

---

❿ [프로젝트] 패널에 새로운 텍스트 스타일이 생성되고, 모든 캡션의 자막 스타일이 변경되는 것을 확인

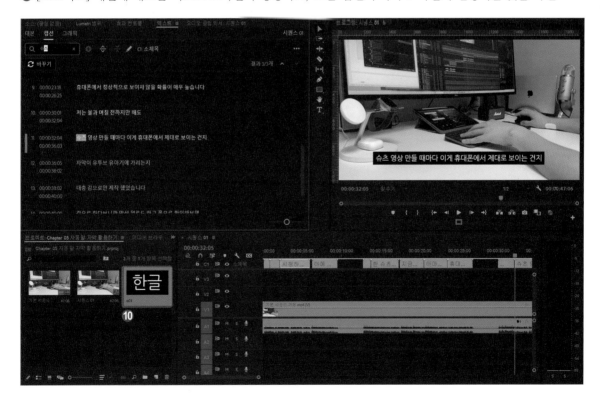

CHAPTER 06

이번 챕터에서는 초보 편집자들이 자주 놓치는 오디오 편집에 대해 알아봅니다. 영상 편집이 시각적 요소를 다룬다면, 오디오 편집은 시청자의 몰입감을 높이고 메시지를 더욱 효과적으로 전달하는 데 중요한 역할을 합니다. 특히 디바이스나 시청 환경에 따라 적정 볼륨을 유지하는 것이 필수적입니다. 안정적이고 균형 잡힌 오디오를 유지하기 위해 오디오 편집에 대해 배워보겠습니다.

짧고 굵게 알아보는
오디오 편집

[오디오 미터] 패널

[오디오 미터] 패널은 오디오 레벨을 실시간으로 시각적으로 확인할 수 있는 도구입니다. 스피커로 듣는 소리만으로 볼륨을 조정하게 되면, 시청자 디바이스나 환경에 따라 소리가 다르게 들릴 수 있습니다. [오디오 미터] 패널을 사용하면 오디오 볼륨이 적정 수준인지 확인하고, 왜곡(클리핑)이 발생하는 구간을 시각적으로 확인할 수 있습니다.

1. [오디오 미터] 패널 위치

예제 파일	예제 파일 / Chapter 06 [오디오 미터] 살펴보기.prproj

유튜브 동영상 강의

1. [오디오 미터] 패널 위치~3. 클리핑 현상이란?

❶ '작업 영역'을 [편집]으로 설정

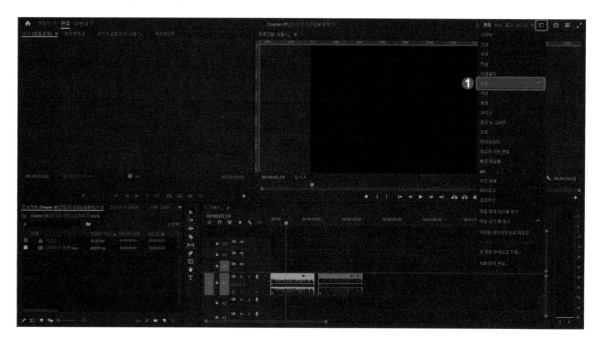

❷ [타임라인] 패널에서 Space bar 로 오디오를 재생

❸ 우측 하단에서 [오디오 미터] 패널을 확인

❹ [오디오 미터] 패널이 보이지 않
는 경우 메뉴바>[창]>[오디오
미터]를 활성화하여 표시

2. [오디오 미터] 알아보기

① 피크 레벨 표시 : 현재 오디오 레벨이 도달한
최대치를 표시합니다.

② 레벨 표시 바 : 오디오 레벨에 따라 색상이 변
하는 바로 오디오 강도를 시각적으로 확인할
수 있습니다.

③ 데시벨(dB)눈금 : 오디오 레벨을 측정하는 단
위인 데시벨(dB)값이 표시된 눈금으로 0dB
에 가까울수록 큰 소리, −60dB에 가까울수
록 작은 소리를 나타냅니다.

④ 솔로 : 해당 채널의 소리만 재생하게 합니다.

⑤ 클리핑 인디케이터 : 오디오가 0dB을 초과하
여 클리핑 현상이 발생할 때 빨간색으로 표
시되는 경고 표시입니다.

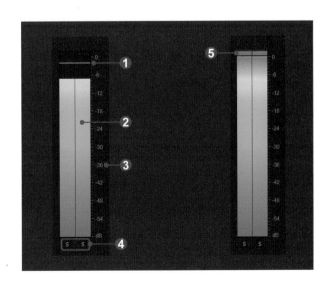

3. 클리핑 현상이란?

클리핑 현상은 오디오 레벨이 0dB을 초과하여 소리가 찢어지거나 왜곡되는 현상입니다. 이를 재현하기 위해 두 번째 클립(빨간색)의 오디오를 임의로 조정했습니다.

※ 소리가 크게 들릴 수 있으니 볼륨을 낮추고 진행하세요.

예제 파일	예제 파일 / Chapter 06 [오디오 미터] 살펴보기.prproj

❶ 빨간색 오디오 클립에서 Space bar 를 눌러 오디오를 재생
❷ [오디오 미터] 오디오 레벨이 0dB을 넘어가면서 클리핑 인디케이터가 빨간색으로 표시되는 것을 확인

SECTION

02

오디오 볼륨 조정

이전 시간에 [오디오 미터]를 통해 오디오 레벨을 확인하는 방법을 배웠습니다. 이번 시간에는 오디오 볼륨을 조정하는 다양한 방법에 대해 배워보겠습니다.

1. [오디오 게인]을 이용한 볼륨 조정

예제 파일	예제 파일 / Chapter 06 [오디오 게인]을 이용한 볼륨 조정.prproj

유튜브 동영상 강의

[오디오 게인]을 이용한 볼륨 조정

❶ 영상 재생>[오디오 미터]의 오디오 레벨 확인(평균 −18~−12dB)

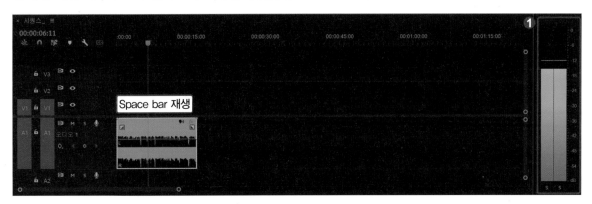

❷ 오디오 클립 위에서 마우스 우클릭>우 클릭 메뉴창에서 [오디오 게인] 클릭

❸ [게인 조정] 항목에 "5dB"을 입력

❹ [확인] 버튼 클릭

> **Tip**
> [오디오 게인] 세부항목
> • [게인 설정] : 현재 적용되어 있는 최종값
> • [게인 조정] : 반영할 수치의 값을 입력

❺ 오디오 클립 파형의 높이가 [게인 조정] 적용 전보다 높아진 것을 확인

❻ 오디오를 재생>[오디오 미터] 오디오 레벨이 5dB 높아진 것을 확인(평균 −13~−7dB)

❼ [오디오 게인] 창>[게인 설정] 항목에서 방금 적용한 5dB 값 확인

❽ 볼륨을 더 올려주기 위해 [게인 조정] 옵션 선택>"5dB"을 입력

❾ [확인] 버튼 클릭

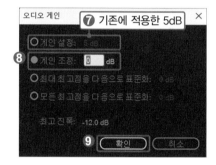

❿ 오디오 재생>[오디오 미터]에서 이전보다 커진 음성을 확인

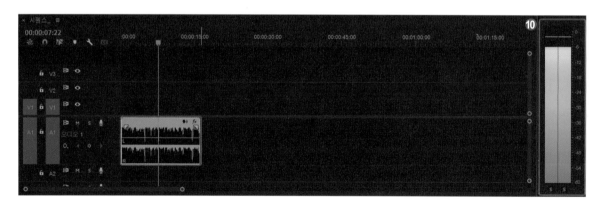

Tip 게인 조정 후 [오디오 미터]에 클리핑 현상이 일어나면 [게인 조정] 항목에 - 수치를 입력하여 볼륨을 조절합니다.

2. [타임라인], [효과컨트롤]로 볼륨 조정

예제 파일	예제 파일 / Chapter 06 [타임라인], [효과컨트롤] 패널을 이용한 볼륨 조정.prproj

(1) [타임라인] 패널에서 볼륨 조정

❶ 오디오 클립에서 마우스 우클릭 > 우클릭 메뉴창에서 [클립 키 프레임 표시] > [볼륨] > [레벨] 선택

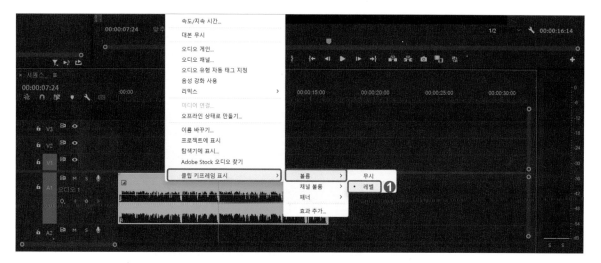

❷ 오디오 클립 가운
데 있는 [볼륨 레
벨](흰색 선) 확인

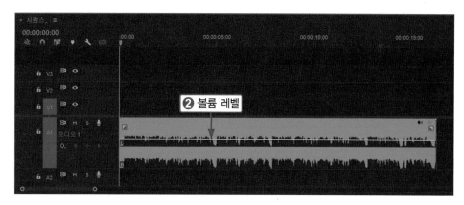

❸ [볼륨 레벨]을 마
우스로 위·아래
드래그하여 dB의
변화 확인

Tip [볼륨 레벨]
을 위로 올리면 dB
이 높아지고, 아래로
내리면 dB이 낮아
집니다.

❹ [볼륨 레벨]을 11
dB로 조정

❺ Space bar 를 눌
러 재생>볼륨이
올라간 것을 확인

(2) [효과 컨트롤] 패널에서 볼륨 조정

❶ [타임라인]에서 볼륨 조정 후 [효과
컨트롤] 패널>[볼륨] 항목>[레벨]
에서 11.1dB 확인

❷ [레벨] 항목의 수치를 "5dB"을 입력

❸ 수치가 변경되면 [타임라인]의 볼륨 레벨 선도 동일하게 변경되는 것을 확인

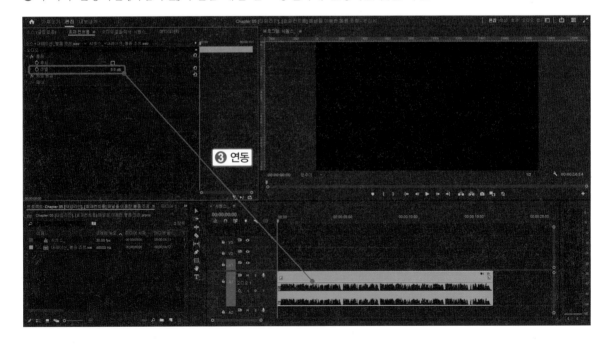

(3) 키 프레임을 활용한 특정 부분 볼륨 조정

❶ [타임라인] 패널에서 ◎ 볼륨 키 프레임 추가

❷ 재생헤드를 1초 이동 후 두 번째 키 프레임 생성

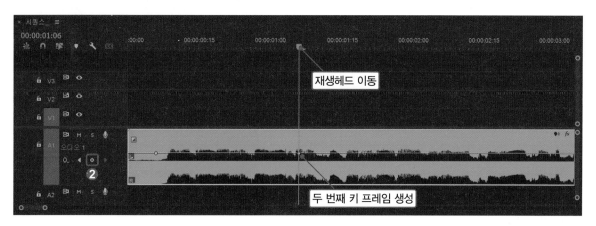

❸ 두 번째 키 프레임 이후 볼륨 레벨 선을 드래그하여 볼륨을 높게 조정

❹ Space bar 를 눌러 재생>소리가 서서히 커지는 것을 확인

※ 키 프레임을 활용한다면 본인이 원하는 구간에서 볼륨을 자유롭게 조정할 수 있습니다.

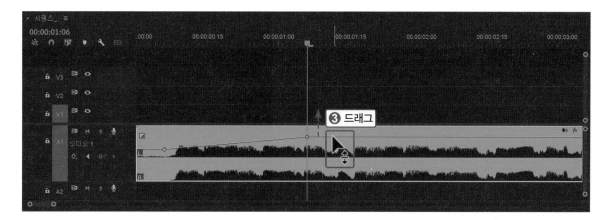

3. [오디오 클립 믹서]로 볼륨 조정

유튜브 동영상 강의

[오디오 클립 믹서] 볼륨
조정

예제 파일   예제 파일 / Chapter 06 [오디오 클립 믹서] 패널을 이용한 볼륨 조정.prproj

❶ 메뉴바>[창]>[오디오 클립
믹서] 활성화

단축키

[오디오 클립 믹서] : Shift + 9

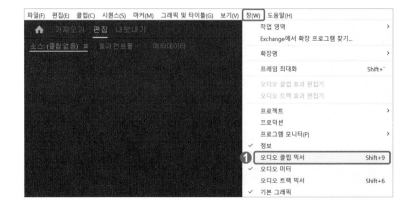

❷ [오디오 클립 믹서] 패널에서 볼륨 레벨을 파악

❸ [오디오 클립 믹서] 패널의 슬라이더를 위·아래로 움
직여 볼륨 레벨을 조절

❹ [오디오 클립 믹서] 패널 하단에 수치를 입력하여 볼
륨을 조정

❺ [오디오 클립 믹서] 패널에서 볼륨 레벨을 올리면 [타
임라인]의 오디오 클립에도 동일하게 적용되는 것을
확인

Tip   볼륨 슬라이더를 더블 클릭하면 0dB로 초기화됩니다.

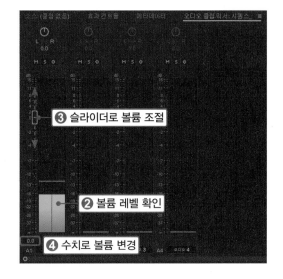

❸ 슬라이더로 볼륨 조절

❷ 볼륨 레벨 확인

❹ 수치로 볼륨 변경

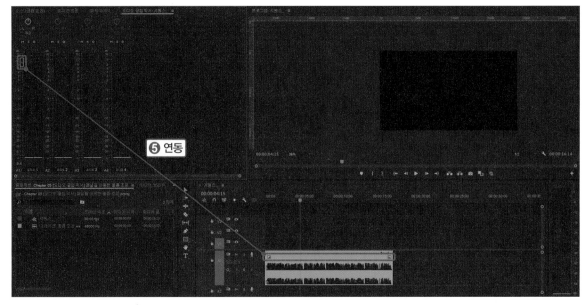

❺ 연동

4. 볼륨 레벨 일괄 조정

유튜브 동영상 강의

볼륨 레벨 일괄 조정

예제 파일	예제 파일 / Chapter 06 볼륨 레벨 일괄 조정.prproj

❶ 3개의 오디오 클립을 드래그하여 전체 선택

❷ 오디오 클립 위에서 마우스 우클릭 > 우클릭 메뉴창에서 [오디오 게인] 선택

❸ [모든 최고점을 다음으로 표준화] 옵션 선택 후 "–2dB"을 입력

❹ [확인] 버튼 클릭

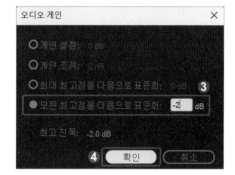

❺ 모든 클립의 볼륨이 균일하게 조정되는 것을 확인

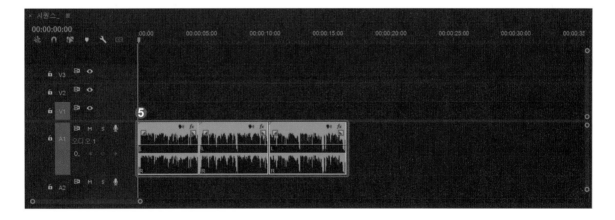

5. 단축키로 볼륨 조정

예제 파일	예제 파일 / Chapter 06 단축키로 볼륨 레벨 조정.prproj

유튜브 동영상 강의

단축키로 볼륨 조정

(1) 기본 단축키 사용

❶ 단축키를 사용하여 볼륨 레벨 조절>대상 지정이 켜져 있는 A1 트랙의 재생 헤드가 위치한 오디오 클립에 변경사항 적용

❷ 볼륨 조정 시 [효과 컨트롤] 패널의 볼륨 [레벨] 항목도 같이 변화되는 것을 확인

단축키

클립 볼륨 조절
- [클립 볼륨 낮추기] : [[ ]
- [클립 볼륨 올리기] : [ ]]

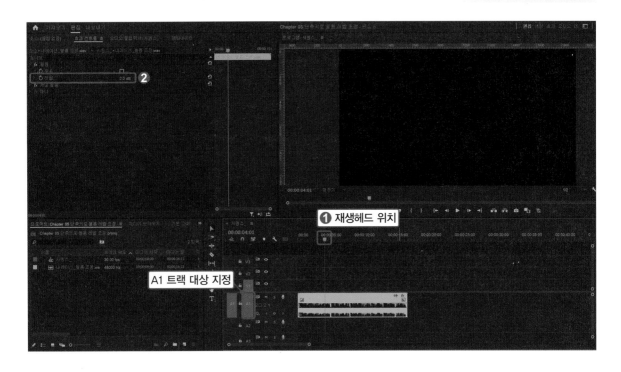

(2) [큰 볼륨 조정] 단축키 사용 시 조정 단위 변경

❶ 메뉴바>[편집]>[환경 설정]>[오디오] 선택

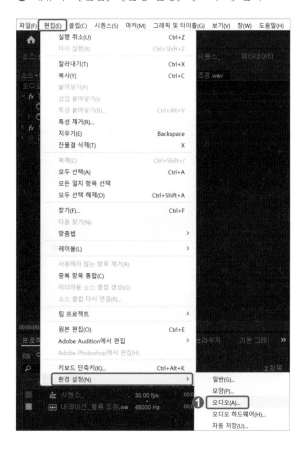

❷ [큰 볼륨 조정] 수치 입력. ❸ [확인] 버튼 클릭

> **Tip**
>
> • [큰 볼륨 조정] :
>   Shift +], Shift + [
>
> • [큰 볼륨 조정] 단축키를 Shift
>   와 함께 누를 시 기본적으로 6dB
>   단위로 조정됩니다.

6. 오디오 페이드 인, 페이드 아웃 적용하기

예제 파일   예제 파일 / Chapter 06 오디오 점점 작게, 점점 크게 전환하기.prproj

유튜브 동영상 강의

오디오 페이드 인, 페이드 아웃 적용
하기

(1) [지속 가감속] 적용

❶ 예제 파일을 Space bar 를 눌러 재생>오디오가 갑작스럽게 시작되거나 바뀌는 것을 확인

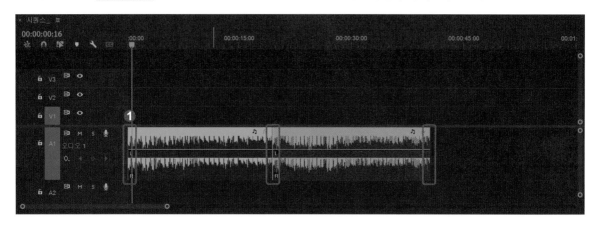

❷ Shift + 7 을 눌러 [효과] 패널 활성화

❸ [오디오 전환]>[크로스페이드]>[지속 가감속] 효과를 다음 부분으로 드래그

　　ⓐ 첫 번째 클립의 시작 부분

　　ⓑ 클립이 만나는 부분

　　ⓒ 두 번째 클립이 끝나는 부분

※ 다시 예제 파일을 Space bar 로 재생하면 오디오의 볼륨이 자연스럽게 커졌다가 줄어드는 것을 확인할 수 있습니다.

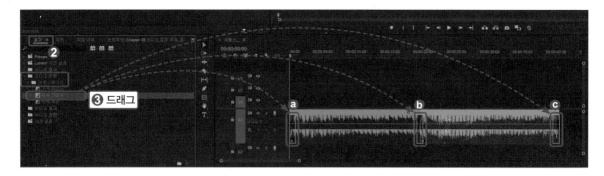

(2) 효과 길이 조정

[지속 가감속] 효과의 가장자리에 마우스를 가져간 후 좌우로 드래그하여 길이를 조절할 수 있습니다.

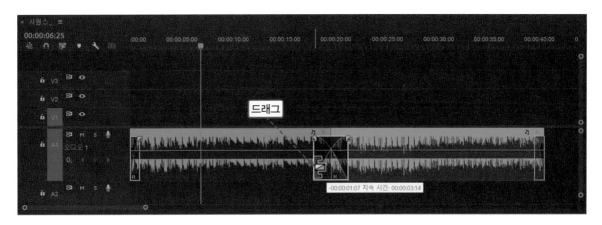

(3) 단축키 사용

❶ 지금까지 적용된 효과 선택 후 Delete 를 눌러 삭제>재생헤드를 오디오 클립 시작 부분으로 이동> Ctrl + Shift + D 를 눌러 [지속 가감속] 효과 적용

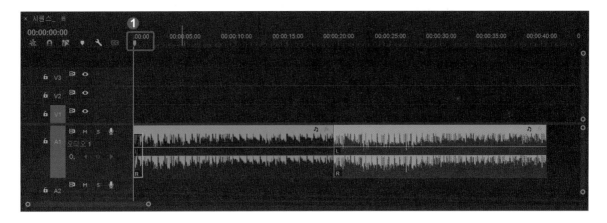

❷ 재생헤드를 2개의 오디오 클립이 만나는 지점으로 이동> Ctrl + Shift + D 를 눌러 [지속 가감속] 효과 적용

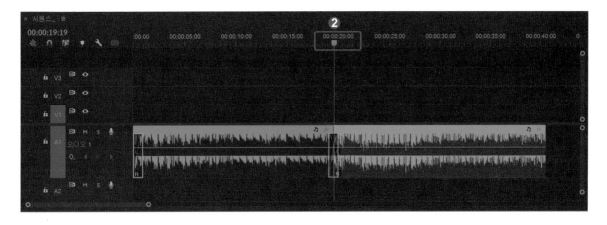

❸ 재생헤드를 오디오 클립이 끝나는 부분으로 이동 > Ctrl + Shift + D 를 눌러 [지속 가감속] 효과 적용

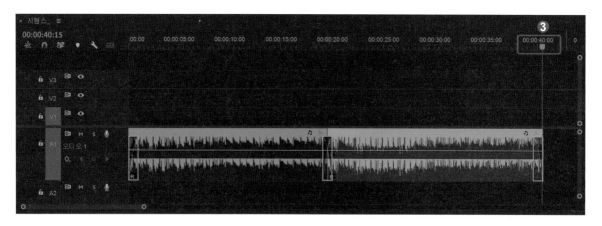

❹ 클립 모두 선택 후 Ctrl + Shift + D 를 누르면 클립의 모든 부분에 [지속 가감속] 효과 동시에 적용 가능

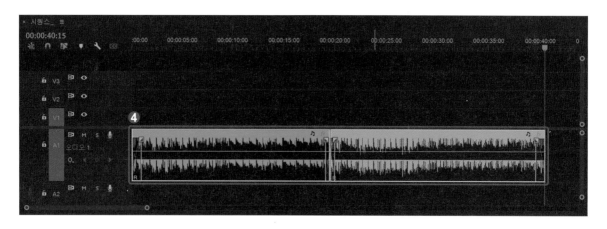

Tip
[지속 가감속] 효과는 재생헤드의 위치와 [트랙 대상 지정]에 영향을 받습니다.

(4) [지속 가감속] 기본값 변경

❶ 메뉴바 > [편집] > [환경 설정] > [타임라인] 선택

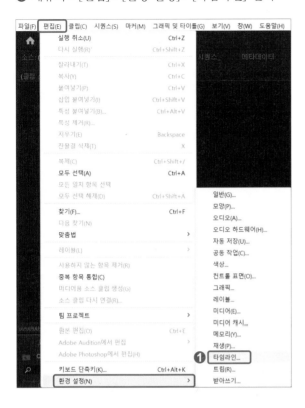

❷ [오디오 전환 기본 지속 시간] 항목 시간 변경. ❸ [확인] 버튼 클릭

SECTION

03

[동기화] 기능으로 오디오 싱크 맞추기

여러 대의 카메라로 동시 촬영을 하거나 두 개 이상의 마이크로 녹음했을 때는 서로의 녹화 또는 녹음 타이밍이 다르기 때문에 싱크를 맞춘 후 편집을 해야 합니다. 이번 시간에는 간단하게 싱크를 맞추는 방법을 배워보겠습니다.

예제 파일	예제 파일 / Chapter 06 [동기화] 기능으로 싱크 맞추기.prproj

유튜브 동영상 강의

[동기화] 기능으로 오디오 싱크 맞추기

❶ 카메라에 녹음된 음성 파일은 A1 트랙, 마이크에 녹음된 음성 파일
   은 A2 트랙에 배치된 것을 확인 > 영상 재생 시 오디오 싱크가 맞지 않는 것을 확인

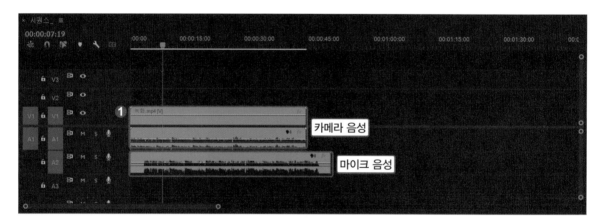

❷ 클립 모두 선택>마우스 우클릭>우클릭 메뉴창에서 [동기화] 선택

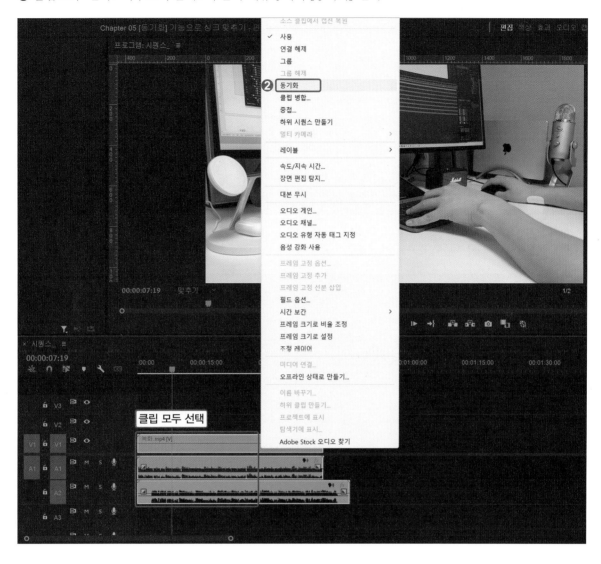

❸ [클립 동기화] 창 생성
❹ 다양한 동기화 기준 중에서 [오디오 트랙 채널] 선택>오디오를
기준으로 동기화
❺ [확인] 버튼 클릭

⑥ 동기화 완료>오디오 싱크가 맞춰진 것을 확인

⑦ 필요 없는 클립의 끝부분 정리

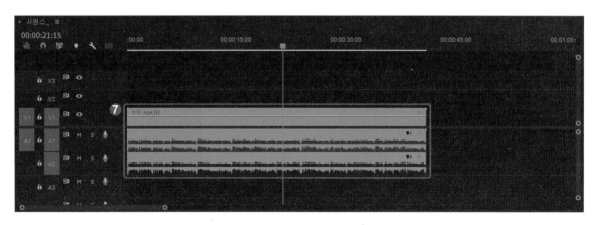

⑧ 마이크 오디오만 사용하기 위해 Alt 를 누르고 A1 오디오 클립 선택

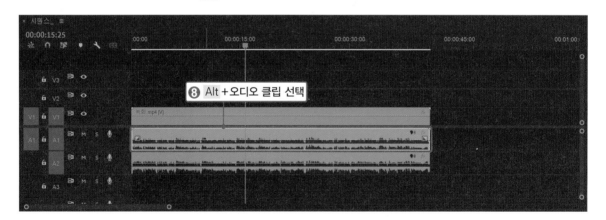

❾ 마우스 우클릭＞우클릭 메뉴창에서 [사용] 항목 비활성화

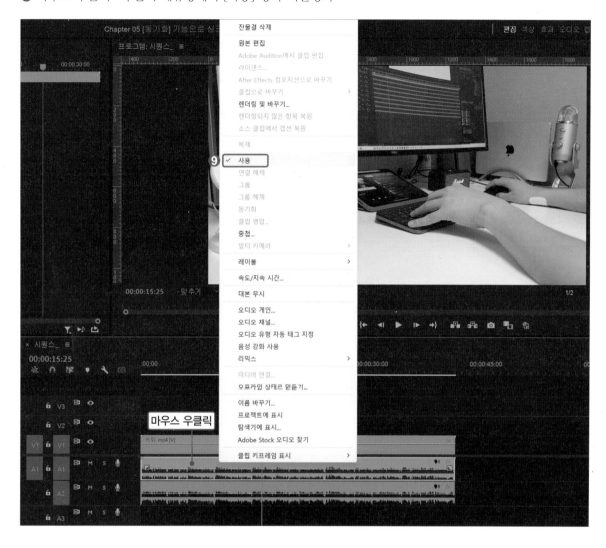

❿ 카메라에 녹음된 음성이 비활성화된 것을 확인＞재생 시 A2 트랙의 오디오 클립의 소리만 확인 가능

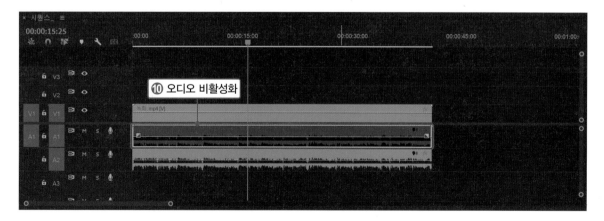

음성 효과

프리미어 프로에는 다양한 음성 효과를 줄 수 있는 기능들이 있습니다. 음성을 더 또렷하게 들리게 하거나 음성 변조를 통한 재미있는 표현도 가능합니다. 이번 시간에는 음성 효과 적용 방법에 대해 배워보겠습니다.

1. [피치 변환] 효과를 적용한 음성 효과

예제 파일   예제 파일 / Chapter 06 [피치 변환] 효과를 적용한 음성 효과.prproj

유튜브 동영상 강의

[피치 변환] 효과를 적용한 음성 효과

❶ Shift + 7 로 [효과] 패널 활성화
❷ [오디오 효과]>[시간 및 피치]>[피치 변환] 효과 선택. ❸ [피치 변환] 효과를 오디오 클립에 드래그

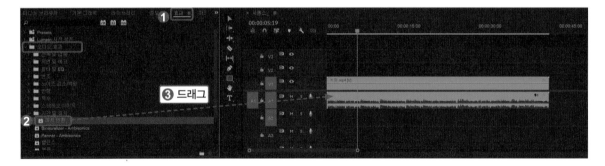

❹ 클립 선택> Shift + 5 로 [효과 컨트롤] 패널 활성화
❺ [오디오]>[피치 변환]>[편집] 클릭

❻ [클립 Fx 편집기-피치 변환] 창 활성화

❼ [사전 설정] 선택>[성난 저빌] 클릭

❽ [×] 버튼을 눌러 효과창을 닫은 후 영상을 재생하여 음성 변조 효과가 적용된 것을 확인

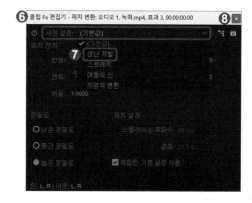

2. [기본 사운드] 패널 활용한 다양한 음성 효과

예제 파일   예제 파일 / Chapter 06 [기본 사운드] 패널 활용한 다양한 음성 효과.prproj

(1) 오디오 일괄 조정

[기본 오디오] 패널을 사용하기 위해 작업 영역을 교체합니다.

> **유튜브 동영상 강의**
>
> [기본 사운드] 패널 활용한 다양한 음성 효과

❶ 🖼 [작업 영역]>[오디오] 클릭

❷ 우측에서 [기본 사운드] 패널 확인

> **Tip** [기본 사운드] 패널 구성
>
> - 🗨 **[대화]** : 영상에서 등장인물의 대사나 내레이션에 다양한 효과를 추가할 수 있습니다.
> - 🎵 **[음악]** : 배경 음악을 설정할 수 있습니다.
> - ✴ **[SFX]** : 문 닫는 소리, 발소리, 총소리 등 다양한 효과음을 설정할 수 있습니다.
> - 🎧 **[주변광]** : 바람 소리, 거리 소음등 배경 소리를 설정할 수 있습니다.

❸ 프리미어 프로 24버전 이상에서는 기본적으로 소리의 유형이 판단되어 자동 적용 > 적용된 유형이 아닐 경우 [오디오 유형 지우기] 선택 후 사용자가 직접 유형 설정

❹ 내레이션 클립 선택 > [기본 사운드] > [대화] 활성화

❺ [음량] 항목 선택 > [자동 일치] 클릭 > 선택된 오디오 클립의 파형이 균일하게 맞춰지는 것을 확인

❻ 하단에 있는 [클립 볼륨]의 [레벨] 항목 수치 입력 > 추가 볼륨 조정 가능

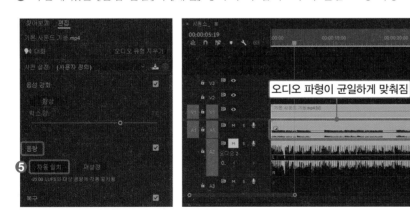

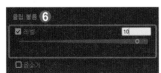

(2) 사전 설정 사용하기

❶ [사전 설정] 탭 선택. ❷ [포드캐스트 음성] 선택

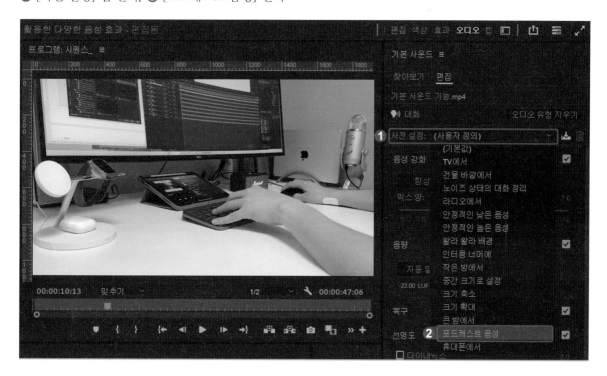

❸ [사전 설정]을 실행>다양한 설정값들과 함께 [자동 일치] 기능도 함께 실행되는 것을 확인

※ [사전 설정]에 있는 프리셋들을 상황에 맞게 다양하게 사용해 보길 추천드립니다.

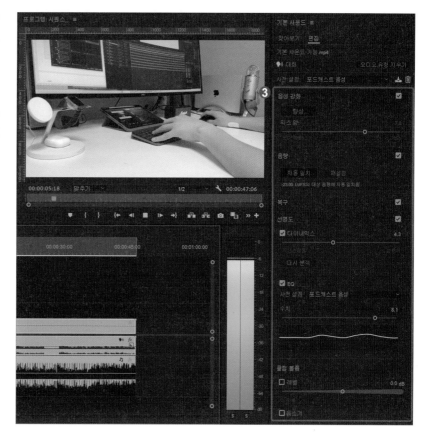

(3) 배경 음악 설정하기

❶ **M** 버튼 클릭 > A2 트랙의 음소거 해제

❷ 영상 재생 시 내레이션이 배경 음악 소리에 묻히는 현상 및 오디오 클리핑 현상 발생 확인

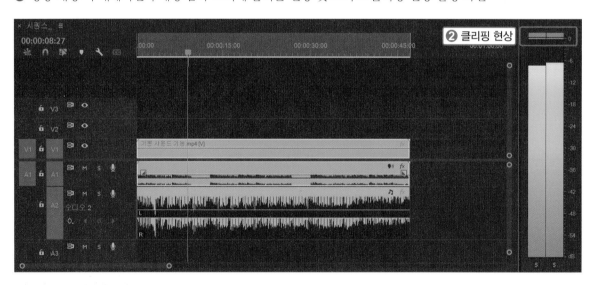

❸ 배경 음악 클립 선택 > [기본 사운드] 패널에서 [음악] 활성화

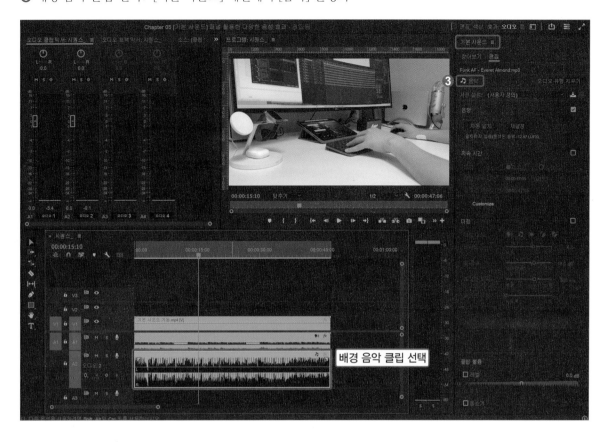

❹ [사전 설정] 선택. ❺ [균형 맞춤된 배경 음악] 선택

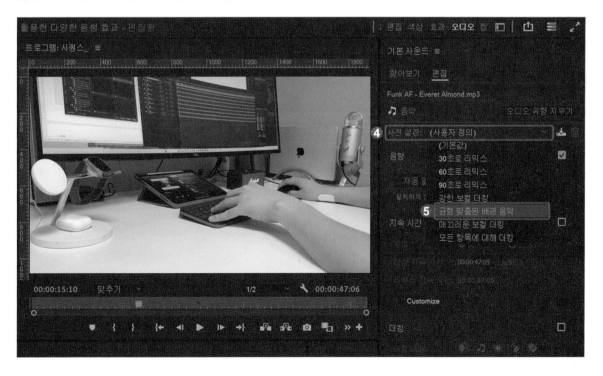

❻ [자동 일치] 실행>배경 음악이 내레이션에 방해되지 않도록 볼륨 자동 조정

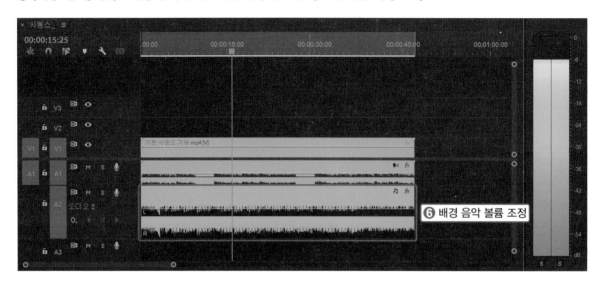

❻ 배경 음악 볼륨 조정

(4) 볼륨 조정 자동 키 프레임 생성

❶ 배경 음악 클립 선택

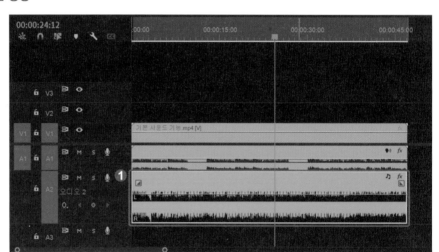

❷ [사전 설정]>[매끄러
운 보컬 더킹] 선택

❸ [더킹] 기능이 활성화되면서 [매끄러운 보컬 더킹]에 맞는 새로운 설정값 활성화

❹ [키 프레임 생성] 버튼 선택>키 프레임 생성

※ 키 프레임 생성에는 다소 시간이 소요될 수 있습니다.

Tip 더킹 기능을 사용하면 내레이션 유무에 따라 배경 음악을 손쉽게 조정할 수 있습니다.

❺ 내레이션에 따라 키 프레임이 자동 생성된 것을 확인

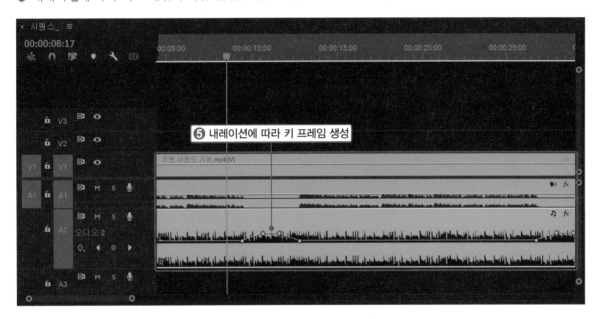

CHAPTER 07

이번 챕터에서는 영상의 완성도를 높이는 기본적인 색 보정 방법에 대해 다룹니다. 어두운 영상을 밝게 보정하거나 특정한 색상으로 변경하는 등 다양한 효과에 대해서도 배워보겠습니다.

간단하게 알아보는
색 보정

SECTION

01

[Lumetri 범위] 패널을 활용한 색 보정

단순히 눈으로만 영상을 보고 색을 조정하면 개인의 시각적 인식에 따라 왜곡될 수 있습니다. 이를 보완하기 위해 [Lumetri 범위] 패널을 사용하면 영상의 색상, 밝기, 대비를 객관적으로 분석할 수 있습니다. 이 패널은 보다 균형 잡힌 색 보정을 가능하게 해줍니다.

1. '루마 파형' 보며 밝기 보정하기

루마 파형은 영상의 밝기와 명암 분포를 시각적으로 표시하는 그래프입니다. 객관적인 데이터를 기반으로 밝기 조정을 할 수 있어 보다 정확한 보정이 가능합니다.

예제 파일	예제 파일 / Chapter 07 '루마 파형' 보며 밝기 보정하기.prproj

유튜브 동영상 강의

'루마 파형'보며 밝기 보정하기

(1) '루마 파형'으로 밝기 보정

❶ '작업 영역'을 [색상]으로 변경

❷ [Lumetri 색상] 패널 활성화

❸ [Lumetri 범위] 패널 활성화

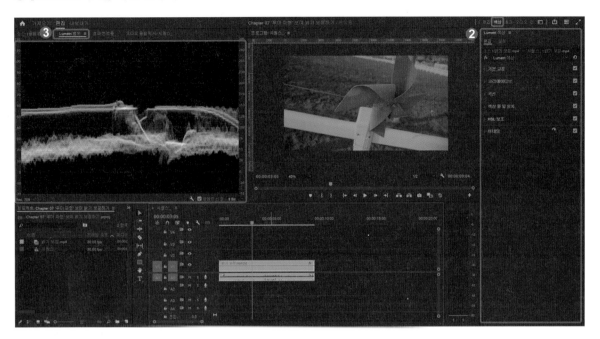

❹ [Lumetri 색상]과 [Lumetri 범위] 패널이 보이지 않는 경우 메뉴바>[창]>해당 항목 체크

❺ [Lumetri 범위] 패널 설정창>[파형(루마)]>[루마] 선택

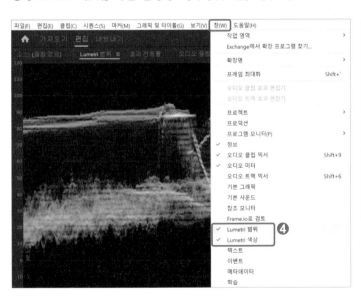

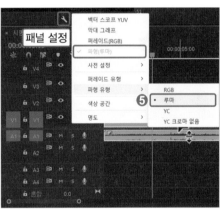

❻ 루마 파형으로 현재 [프로그램 모니터] 패널에 출력되는 화면의 광도를 확인

    ⓐ 밝은 영역 : 위로 올라갈수록 밝다는 밝기 정보

    ⓑ 어두운 영역 : 아래로 내려갈수록 어둡다는 밝기 정보

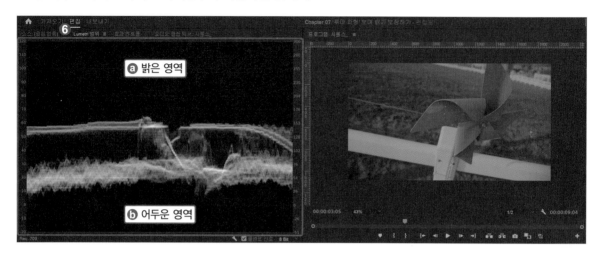

❼ 루마 파형을 보고 그래프 조정

    ⓐ 밝은 영역 : 100IRE에 가깝게 조정

    ⓑ 어두운 영역 : 0IRE에 가깝게 조정

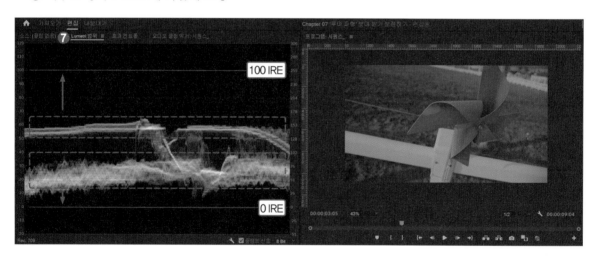

> **Tip** IRE(Institute of Radio Engineers)
> - 영상 신호의 밝기 수준을 측정하는 단위입니다.
> - 0IRE : 완전한 검정의 수준을 나타냅니다.
> - 100IRE : 완전한 흰색의 수준을 나타냅니다.

(2) 수동 보정하기

❶ 비디오 클립 선택 > [Lumetri 색상] 패널의 [기본 교정] 토글 버튼 클릭

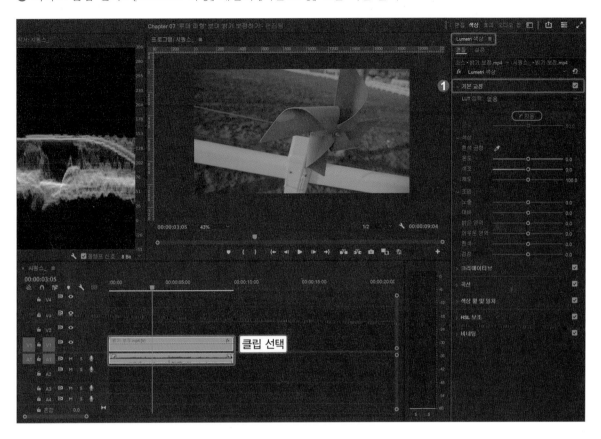

❷ [노출] 값을 1.5로 조정하여 파형을 전체적으로 위로 이동

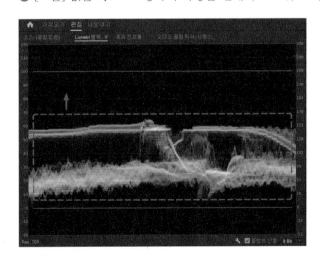
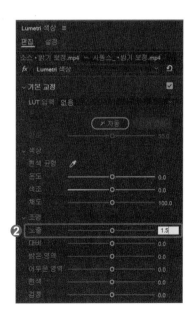

❸ [대비] 값을 50으로 조정하여 명암 대비 강화

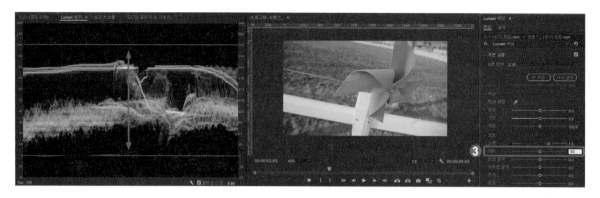

❹ [밝은 영역]을 -63으로 조정하여 뭉쳐진 밝기 분포 펼치기

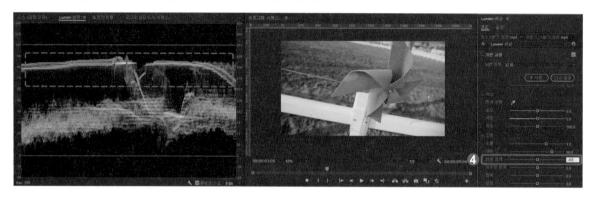

❺ [어두운 영역]을 -20으로 조정하여 뭉쳐진 밝기 분포 펼치기

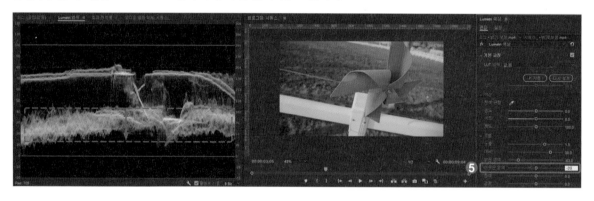

❻ 밝은 영역의 끝을 100IRE에 가깝게 조정하기 위해 [흰색]을 58로 조정

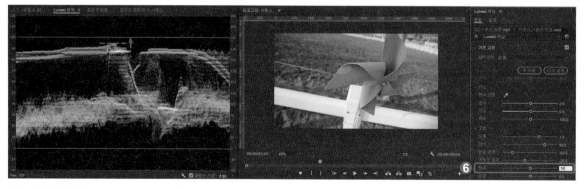

❼ 어두운 영역의 끝을 0IRE에 가깝게 조정하기 위혜 [검정]을 −4로 조정

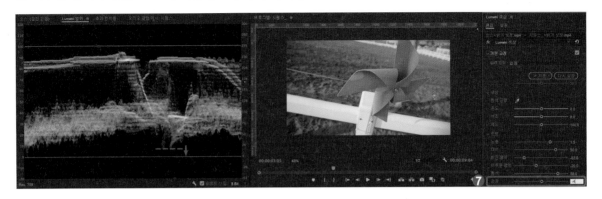

❽ 𝑓𝑥 아이콘을 눌러 보정 전·후를 비교

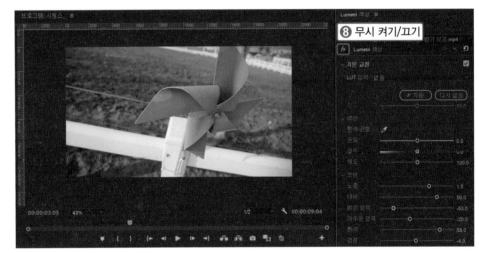

(3) 자동 보정

자동 보정 기능을 활용하면 간단하게 기본적인 보정을 할 수 있습니다.

❶ [다시 설정] 버튼 클릭 > 기존에 적용한 수치값을 초기화. ❷ [자동] 버튼 클릭

❸ [강도] 수치 조정>[Lumetri 범위] 패널에서 그래프가 0~100IRE 안으로 들어오도록 조정

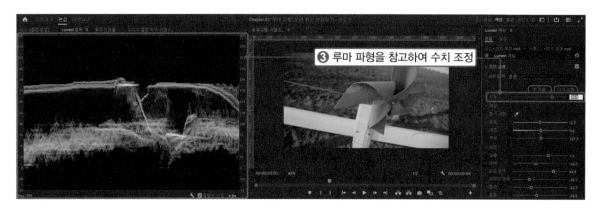

2. 'RGB 퍼레이드'로 화이트 밸런스 잡기

화이트 밸런스는 흰색을 자연스럽게 흰색으로 표현하여 영상의 색상 균형을 맞추는 작업입니다. 이를 통해 푸른빛이나 붉은빛과 같은 색조를 제거할 수 있습니다. RGB 퍼레이드 그래프는 각 색상 채널(Red, Green, Blue)의 분포를 시각적으로 보여주어 정확한 색상 조정을 도와줍니다.

예제 파일	예제 파일 / Chapter 07 'RGB 퍼레이드'로 화이트 밸런스 잡기.prproj

유튜브 동영상 강의
'RGB' 퍼레이드로 화이트 밸런스 잡기

(1) 수동으로 맞추기

❶ '작업 영역'을 [색상]으로 변경

❷ [Lumetri 범위] 패널 설정값을 [퍼레이드 RGB]
  로 변경>RGB 채널 분포 확인

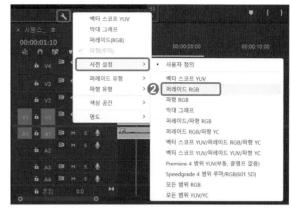

❸ 퍼레이드 RGB에서 Blue 채널이 강하게 표현된 것
  을 확인
❹ 동영상 클립 선택

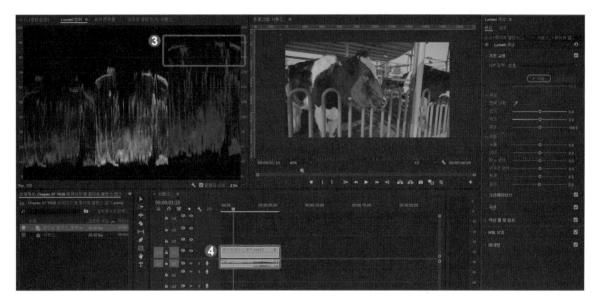

❺ [기본 교정] 항목 중 [WB선택기] 선택
❻ [프로그램 모니터] 패널 화면에서 흰색 부분에 가장 가까운 영역(소의 흰색 털 부분) 선택

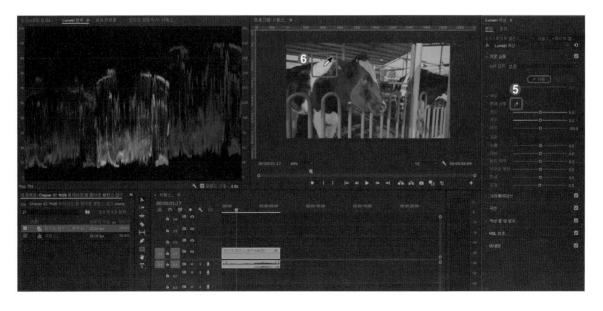

❼ 추가 조정>[온도], [색조], [채도] 값을 조정해 퍼레이드 RGB 그래프가 균등해지도록 조정

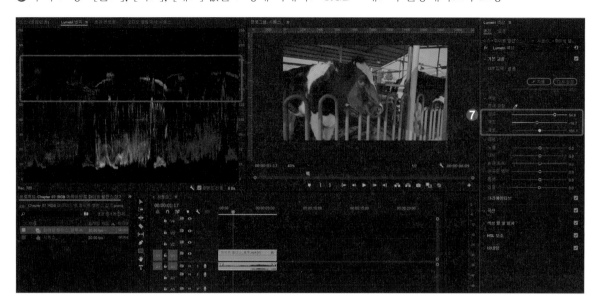

3. '벡터 스코프'로 피부톤 보정

벡터 스코프(Vectorscope)는 영상의 색상과 채도를 시각적으로 보여주는 도구로, 피부톤을 보정할 때 특히 유용합니다. 스킨톤 라인을 기준으로 색조와 채도를 조정하면 피부가 자연스럽고 건강하게 보이도록 연출할 수 있습니다.

| 예제 파일 | 예제 파일 / Chapter 07 '벡터 스코프'를 활용한 이쁜 피부톤 찾기.prproj |

유튜브 동영상 강의

'벡터 스코프'로 피부톤 보정

❶ '작업 영역'을 [색상]으로 변경

❷ [Lumetri 범위] 패널 > 설정 > [벡터 스코프 YUV] 선택

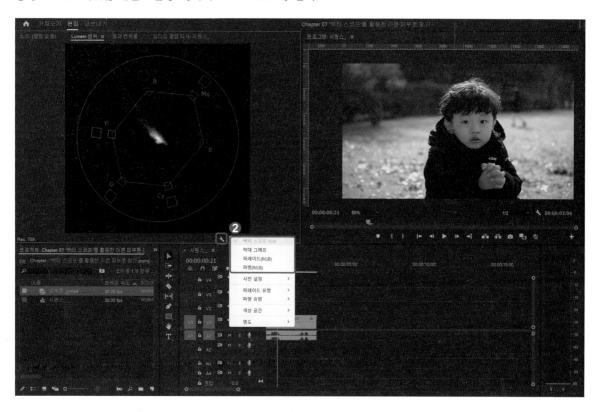

❸ 벡터 스코프 육각 라인을 확인하고 채도 보정
❹ 현재 피부 톤이 스킨 톤 라인 기준으로 옐로우 쪽으로 치우친 것을 확인

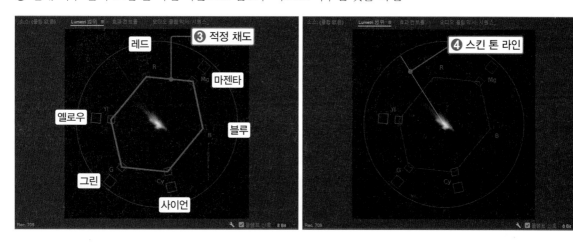

❺ [Lumetri 색상] 패널에서 [HSL 보조] 토글 버튼 클릭

❻ [색상 설정]>스포이트로 피부 영역 선택

❼ [컬러/회색] 옵션을 체크>선택된 색상의 영역을 명확하게 확인 가능

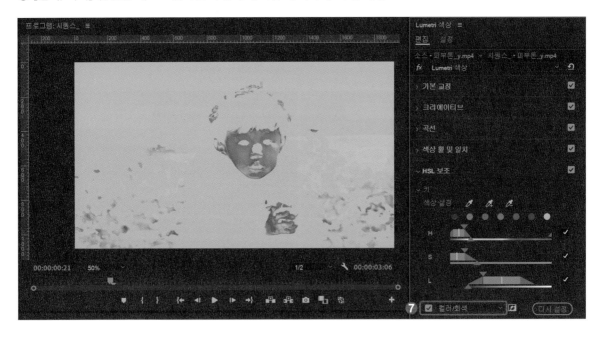

❽ H(색상), S(채도), L(밝기) 조정>피부톤이 고루 선택될 수 있도록 스포이트로 추가 선택

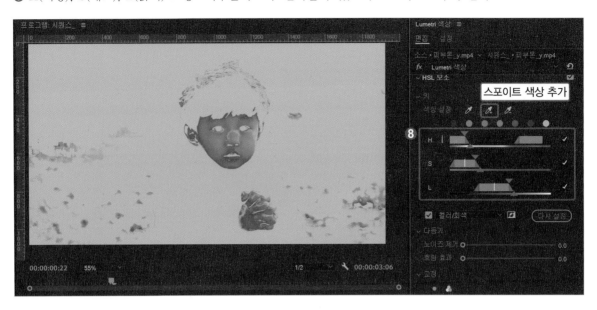

❾ 피부톤이 적절히 선택되었으면 [다듬기] 옵션의 [노이즈 제거]와 [흐림 효과]를 통해 선택 영역을 부드럽게
조정>해당 실습에서는 다음과 같이 수치 변경

ⓐ [노이즈 제거] : 5.0

ⓑ [흐림 효과] : 4.0

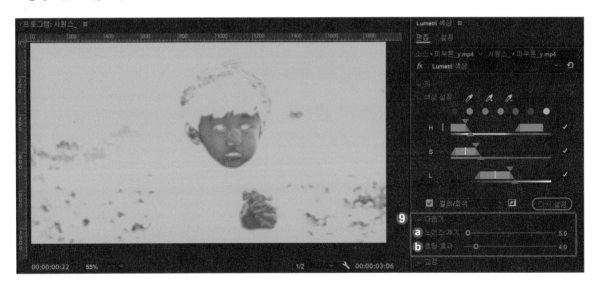

⑩ [컬러/회색] 옵션을 해제. ⑪ [교정] 옵션의 밝기를 조정

⑫ [Lumetri 범위]의 스킨톤 라인에 맞춰 기타 부분 조정 > 해당 실습에서는 다음과 같이 수치 변경

ⓐ [온도] : 10.0

ⓑ [색조] : 7.0

ⓒ [대비] : 15.0

ⓓ [선명] : 21.0

ⓔ [채도] : 120.0

다양한 필터 적용

프리미어 프로에는 다양한 필터 효과가 내장되어 있으며, LUT(Look-Up Table)과 크리에이티브 Look 기능을 사용하면 영화 같은 분위기를 손쉽게 연출할 수 있습니다. 필터를 적용하는 것만으로도 색 보정과 스타일링을 체계적으로 구분하여 작업할 수 있습니다.

1. 기본 교정의 LUT와 크리에이티브의 Look

LUT와 Look은 각각 다른 목적을 가지고 있습니다. LUT는 기본 색 보정을, Look은 스타일링을 담당하며, 이를 단계별로 관리하면 더 정교한 편집이 가능합니다.

① 기본 교정의 LUT
- 용도 : 색상의 기초 보정을 위해 사용됩니다. 주로 로그(Log) 포맷의 영상을 표준 색상으로 변환하거나 기본 색상 균형을 맞추는 작업에 사용됩니다.
- 목적 : 영상의 기본적인 색상 균형과 노출을 조정하여 표준적인 색상을 제공하는 것이 목표입니다.

② 크리에이티브의 Look
- 용도 : 창의적인 스타일링과 분위기 조성을 위해 사용됩니다. LUT와 비슷하지만 기본 보정 위에 추가적인 스타일링을 덧붙이는 데 중점을 둡니다.
- 목적 : 영상의 전체적인 톤과 느낌을 변화시켜 특정한 스타일을 표현합니다.

2. 크리에이티브 [Look] 적용

예제 파일	예제 파일 / Chapter 07 크리에이티브 [Look] 활용.prproj

❶ '작업 영역'을 [색상]으로 변경

❷ [Lumetri 색상] 패널에서 [크리에이티브] 토글 버튼 클릭

❸ [Look] 항목 선택>필터 목록 확인

❹ [찾아보기...] 클릭>외부 필터 불러오기 가능

❺ [SL CLEAN KODAK B] 필터 선택

❻ [강도] 수치를 125.0으로 조정하여 필터 강도 조절

❼ [조정] 항목에서 추가 효과 적용>다음과 같이 수치 변경

  ⓐ [빛바랜 필름] : 56.0

  ⓑ [선명] : 6.5

  ⓒ [생동감] : 20.0

  ⓓ [채도] : 107.0

❽ 화살표 아이콘 클릭>필터 적용 전·후 비교

❾ 화면 가운데 클릭>필터 적용 확인

SECTION 03

다양한 효과 따라해 보기

[Lumetri 색상] 패널에서 제공하는 여러 효과들을 활용하면 독창적이고 재미있는 비주얼을 연출할 수 있습니다. 이번 시간에는 특정 색만 남기기, 특정 색 변경 등의 효과를 배워보겠습니다.

1. 특정 색만 남기고 흑백으로 만들기

특정 색상만 남기고 나머지 색상을 흑백으로 변환하는 기법은 컬러 아이솔레이션(Color Isolation)이라고 불립니다. 예를 들어 빨간색 꽃만 남기고 배경을 흑백으로 표현할 때 사용됩니다.

예제 파일	예제 파일 / Chapter 07 특정 색만 남기고 흑백으로 만들기.prproj

유튜브 동영상 강의

특정 색만 남기고 흑백으로 만들기

❶ '작업 영역'을 [색상]으로 변경

❷ 동영상 클립 선택>[Lumetri 색상] 패널>곡선 토글 버튼 클릭>[색조 채도 곡선] 토글 버튼 클릭

❸ [색조 빛 재노] 항목의 스포이트 선택>[프로그램 모니터] 패널 화면의 빨간색 부분 선택

❹ 스포이트로 색상을 지정 후 생성되는 3개의 조절점 확인(가운데 조절점이 선택한 색상임)

❺ 선택된 가운데 색상을 제외한 양쪽 두 개의 조절점을 아래로 드래그

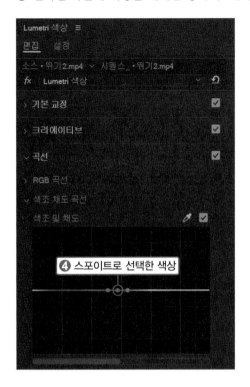
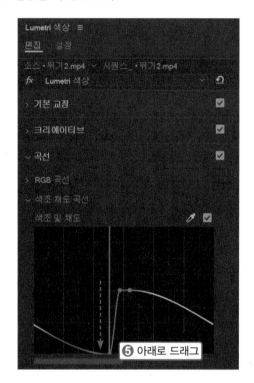

❻ [프로그램 모니터] 패널에서 선택한 색상을 제외한 다른 색은 흑백으로 표현된 것을 확인

2. 특정 색상을 다른 색상으로 변경하기

이 기능은 선택한 특정 색상을 다른 색상으로 대체하는 작업입니다. 예를 들어 빨간색 셔츠를 파란색으로 변경할 때 사용할 수 있습니다.

예제 파일	예제 파일 / Chapter 07 특정 색상을 다른 색상으로 변경하기.prproj

❶ '작업 영역'을 [색상]으로 변경

❷ 동영상 클립 선택 > [Lumetri 색상] 패널 > 곡선 터글 버튼 클릭 > [색조 채도 곡선] 터글 버튼 클릭

동영상 클립 선택

❸ [색조 및 색조] 항목의 스포이트 선택 > [프로그램 모니터] 패널 화면의 빨간색 부분 선택

❸ 스포이트 선택 후 빨간색 부분 선택

❹ 스포이트로 색상을 지정 후 생성되는 3개의 조절점 확인(가운데 조절점이 선택한 색상임)

❹ 스포이트로 선택한 색상

❺ 가운데 조절점을 위로 드래그>빨간색이 파란색으로 변경되는 것을 확인

> **Tip** Shift 와 함께 드래그하면 수직으로 드래그할 수 있습니다.

❻ 양쪽 조절점을 왼쪽 및 오른쪽으로 드래그>미세하게 변경되지 않은 색상들 조정

CHAPTER 08

편집이 끝난 후, 영상을 최적의 품질과 포맷으로 내보내는 것은 결과물의 완성도를 결정하는 중요한 작업입니다. 이번 챕터에서는 프리미어 프로의 내보내기 옵션을 이해하고, 목적에 맞는 영상 출력 방법을 배워보겠습니다.

편집의 마무리
'영상 내보내기'

프리미어 프로에서 영상 내보내기

1. [내보내기] 창 알아보기

내보내기 창은 다양한 포맷과 설정 옵션을 제공하며, 출력 전에 최종 결과물을 미리 확인할 수 있습니다.

(1) [내보내기] 창으로 전환 방법

단축키 Ctrl + M 또는 '메뉴바>[파일]>[내보내기]>[미디어]'를 선택하여 내보내기 창을 활성화할 수 있습니다.

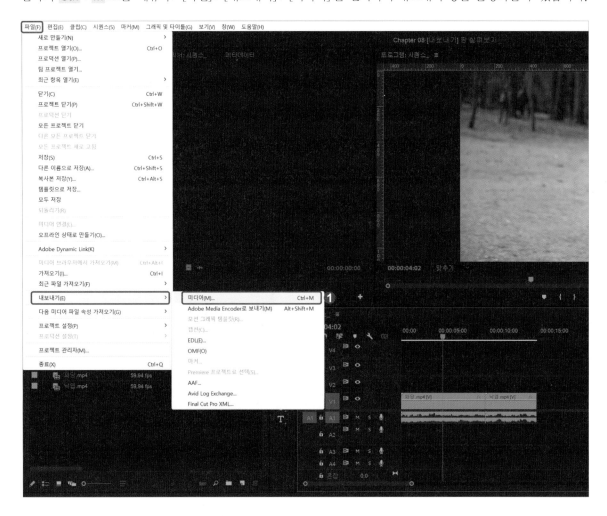

(2) [내보내기] 창 영역 구분

① [대상] 영역 : 내보내기 파일을 로컬 저장소 외에도 다양한 SNS에 바로 업로드할 수 있습니다.
② [설정] 영역 : 영상의 주요 내보내기 설정을 관리합니다.
③ [미리 보기] 영역 : 최종 결과물을 미리 확인할 수 있습니다.

(3) [설정] 옵션 알아보기

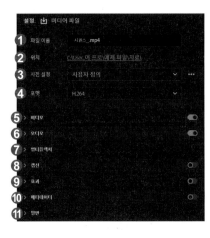

① [파일 이름] : 내보내기 파일의 이름을 설정합니다.
② [위치] : 내보내기 파일의 경로를 지정합니다.
③ [사전 설정] : 자주 사용하는 내보내기 설정값을 선택합니다.
④ [포맷] : 파일의 형식과 코덱을 설정합니다.
⑤ [비디오] : 해상도, 프레임 레이트 등 비디오 관련 세부적인 정보를 설정합니다.
⑥ [오디오] : 오디오 코덱 및 채널 설정을 관리합니다.
⑦ [멀티플렉서] : 오디오와 비디오 스트림을 하나의 파일로 결합합니다.
⑧ [캡션] : 자막 출력 방식을 설정합니다.
⑨ [효과] : 출력하는 영상에 추가적인 효과를 적용합니다.
⑩ [메타데이터] : 영상 클립 자체에 다양한 속성을 표기합니다.
⑪ [일반] : 기타 필요한 설정을 합니다.

2. 다양한 포맷으로 영상 내보내기

예제 파일	예제 파일 / Chapter 08 [내보내기] 창 살펴보기.prproj

유튜브 동영상 강의

다양한 포맷으로 영상 내보내기

(1) H.264로 출력하기

❶ [편집]>[내보내기] 버튼 클릭 혹은 단축키 Ctrl + M
을 사용하여 [내보내기] 창으로 변환

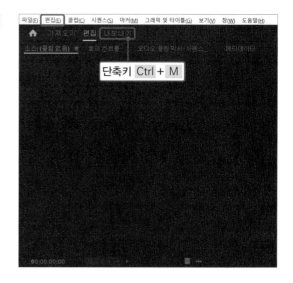

❷ 대상에서 [미디어 파일] 선택>설정에서 [파일 이름]과 [위치]를 지정. ❸ [포맷] 클릭>[H.264] 선택

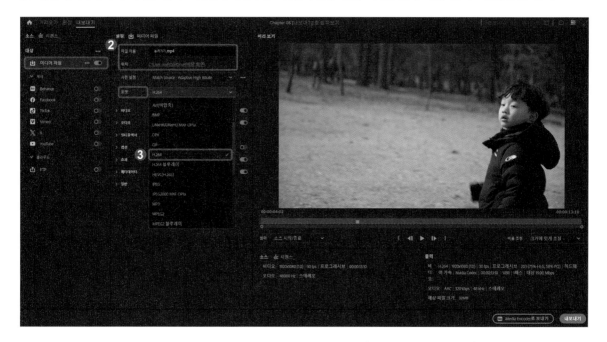

Tip H.264 코덱의 특징

• 고화질 유지와 압축 효율이 뛰어나 각종 플랫폼에서 널리 사용됩니다.
• 유튜브, 페이스북, 인스타그램 등 대부분의 소셜 미디어에서 권장 코덱입니다.

❹ [사전 설정] 클릭 > [고화질 1080p HD] 선택

　※ 4K 영상일 경우 [고화질 2160p HD]를 선택해야 합니다.

❺ [범위] 항목에서 내보내기 범위 설정

Tip　[범위] 설정

- **전체 소스** : 시퀀스 전체를 내보냅니다.
- **소스 시작/종료** : 인/아웃 점 사이의 구간을 내보냅니다.
- **작업 영역** : 타임라인에 설정된 작업 영역만 내보냅니다.
- **사용자 정의** : 사용자가 원하는 특정 구간만 내보냅니다.

---

❻ [출력] 항목에서 내보내기 설정값들을
　확인

❼ [내보내기] 버튼을 클릭하여 내보내기
　실행

(2) 손실이 적은 QuickTime 포맷으로 출력하기

QuickTime 포맷은 최소한의 품질 손실로 2차 가공을 위해 자주 사용됩니다.

❶ [포맷] 설정에서 [QuickTime] 선택

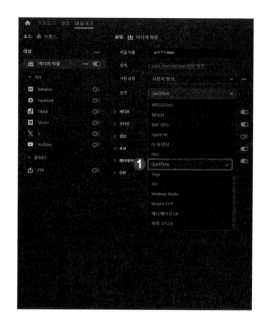

> **Tip**   QuickTime 포맷
> - 2차 가공을 위해 최대한 손실을 줄인 원본 영상으로 저장할 때 사용합니다.
> - Apple ProRes 코덱은 영상 후반 작업에 최적화된 포맷입니다.

❷ [비디오] 항목 선택>세부 설정 활성화
❸ [비디오 코덱] 클릭>[Apple ProRes 4444] 선택
❹ [내보내기] 버튼 클릭

미디어 인코더에서 영상 내보내기

Adobe Media Encoder(미디어 인코더)는 프리미어 프로나 애프터 이펙트를 설치하면 자동으로 함께 설치됩니다. 여러 개의 영상을 동시에 출력하거나 내보내기 작업 중에도 프리미어 프로에서 추가 편집을 할 수 있는 장점이 있습니다.

예제 파일	예제 파일 / Chapter 08 '미디어 인코더' 활용하기.prproj

유튜브 동영상 강의

미디어 인코더에서 영상 내보내기

❶ [프로젝트] 패널에서 **Ctrl** 을 누른 채 '시퀀스01, 시퀀스02, 시퀀스03' 을 중복 선택

> **Tip**
>
> [프로젝트] 패널에서는 **Shift** 또는 드래그로 여러 소스를 한 번에 선택할 수 있습니다.

❷ 마우스 우클릭 > 우클릭 메뉴창에서 [미디어 내보내기...] 선택

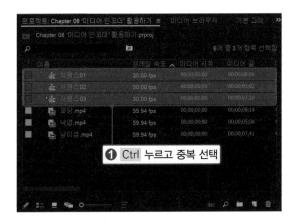

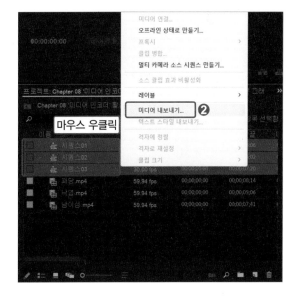

단축키

[내보내기] : **Ctrl** + **M**

❸ [내보내기] 창 활성화>[Media Encoder로 보내기] 버튼 클릭

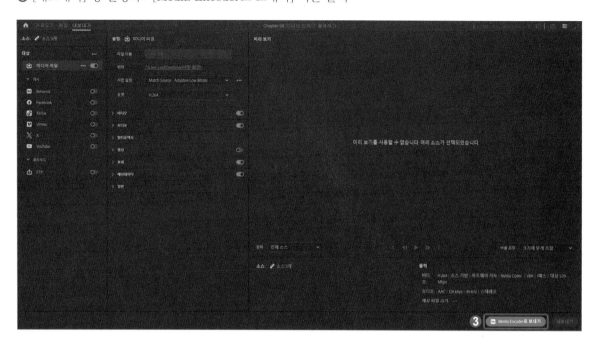

❹ Media Encoder 프로그램이 자동으로 실행

❺ Media Encoder 대기열에 3개의 시퀀스가 추가된 것을 확인

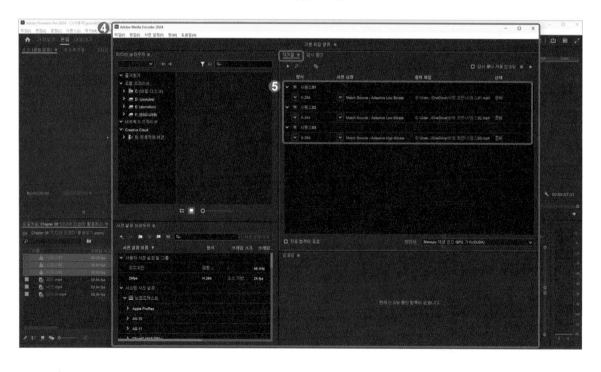

❻ Ctrl + A 로 대기열에 있는 3개 항목 선택

❼ [형식]의 ▼ [목록에서 선택] 아이콘 클릭 > [H.264] 선택

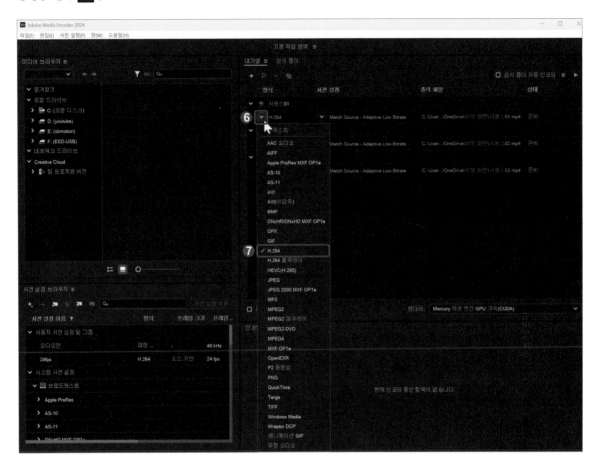

❽ [사전 설정]의 ▾ [목록에서 선택] 아이콘 클릭. ❾ [고화질 1080p HD] 선택

❿ 3개 항목이 모두 선택 상태에서는 하나의 경로 변경>나머지 항목에도 적용되는 것 확인
⓫ [대기열 시작] 버튼 클릭

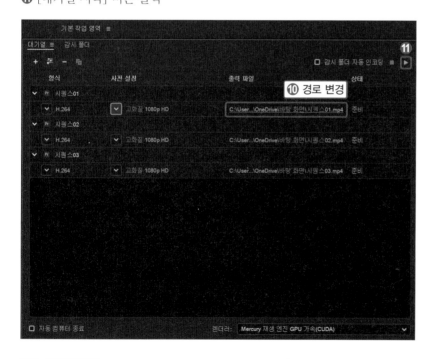

⓬ 3개 항목이 차례대로 내보내기 진행되는 것을 확인

⓭ [완료] 링크 버튼 클릭 > 저장된 위치에서 완성된 파일을 확인

TIP 미리 알아두면 좋은 프리미어 프로

프리미어 프로를 처음 시작하는 초보자들이 알아두면 유용한 팁과 편집 과정에서 자주 발생하는 문제에 대한 해결 방법을 소개하겠습니다.

▌미리보기 화면이 흐리게 보이거나 버벅거릴 때

[프로그램 모니터] 패널에서 영상을 재생하였을 때 화면이 뿌옇게 보이거나 재생이 원활하지 않은 경우 대부분 [재생 해상도 선택]을 조정하여 해결할 수 있습니다.

❶ [프로그램 모니터] 패널에서 [재생 해상도 선택] 클릭
❷ [전체] 클릭. ❸ 세부적인 설정을 위해 [설정] 버튼 클릭

> **Tip**
> • [전체]는 원본 해상도 그대로를 화면에 보여주며 [1/2], [1/4]로 내려갈수록 해상도가 낮아지게 됩니다.
> • 재생 해상도 설정은 영상 출력 해상도와는 무관합니다.

❹ [재생 해상도]와 [일시 정지 해상도] 세부적으로 설정

> **Tip** 해상도 설정
> • **[재생 해상도]** : [프로그램 모니터] 패널에서 화면이 재생 중일 때의 해상도를 설정합니다.
> • **[일시 정지 해상도]** : [프로그램 모니터] 패널에서 화면이 멈췄을 때의 해상도를 설정합니다.
> • **[고품질 재생]** : [재생 해상도]와 [일시 정지 해상도]와 별개로 영상을 더 고품질로 표현합니다.

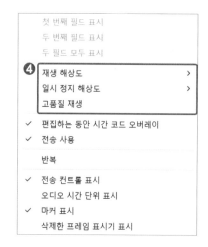

스피커에서 소리가 안 들릴 때

프리미어 프로에서 출력 장치 설정 오류로 인하여 소리가 들리지 않는 경우 아래와 같은 방법으로 해결할 수 있습니다.

❶ 상단 메뉴바에서 [편집] 클릭. ❷ [환경 설정] 클릭. ❸ [오디오 하드웨어] 클릭

❹ [오디오 하드웨어] 항목 클릭. ❺ [기본 출력] 옵션에서 연결된 스피커 선택. ❻ [확인] 버튼 클릭

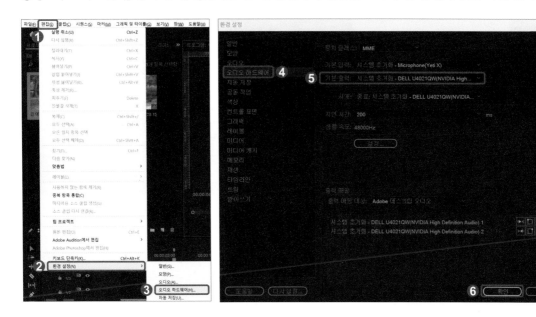

이미 지워버린 오디오, 비디오 클립 다시 살리기

이미 삭제해 버린 클립의 비디오나 오디오가 다시 필요할 때 [프레임 일치] 기능으로 쉽게 살릴 수 있습니다.

❶ [타임라인] 패널에서 비디오가 삭제된 오디오 클립 선택

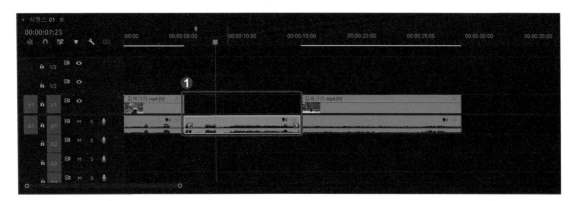

❷ 메뉴바에서 [시퀀스] 클릭. ❸ [프레임 일치] 클릭

단축키

프레임 일치 : 클립 선택 후 F

❹ 선택한 오디오 클립에 해당하는 영상 파일이 [소스 모니터] 패널에 활
  성화되는 것을 확인

❺ 선택한 오디오 클립과 동일한 시작점과 끝점이 표시되어 있음을 확인

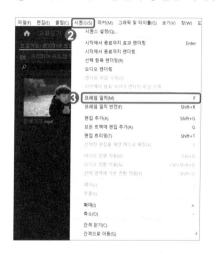

❻ [비디오만 드래그] 버튼을 [타임라인] 패널 오디오 클립 위로 드래그

❼ 오디오 필요시 [오디오만 드래그] 버튼 드래그

❽ 필요에 따라서 두 클립이 하나의 클립으로 인식되도록 연결>비디오 클립과 오디오 클립을 선택>마
우스 우클릭

❾ 우클릭 메뉴창에서 [연결] 선택

▌비디오 또는 오디오가 삽입되지 않을 때

윈도우 탐색기 창이나 프리미어 프로 [프로젝트] 패널에서 타임라인에 동영상 파일을 삽입할 때 종종 동영상만 삽입되거나 오디오만 삽입되는 경우가 있습니다. 대부분 [소스 패치] 기능에 의해 생기는 문제로 이번 시간에는 [소스 패치] 기능에 대해 간단히 알아보겠습니다.

❶ [타임라인] 패널 확인>트랙 옆에 배치된 [소스 패치] 확인
❷ [소스 패치]의 비디오 영역 확인. ❸ [소스 패치]의 오디오 영역 확인
❹ 비디오 3번 트랙의 비디오 소스 패치 클릭하여 활성화
❺ 오디오 2번 트랙의 오디오 소스 패치 클릭하여 활성화

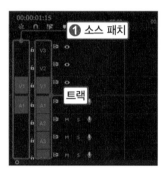  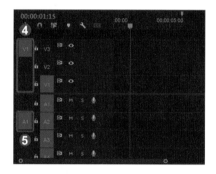

❻ [프로젝트] 패널에서 동영상 클립 선택>마우스 우클릭. ❼ 우클릭 메뉴창에서 [삽입] 버튼 선택
❽ [소스 패치]가 활성화된 비디오 3번 트랙과 오디오 2번 트랙에 클립들이 배치된 것을 확인

⑨ 오디오 [소스 패치]를 클릭하여 비활성화

⑩ [프로젝트] 패널에서 동영상 클립 선택>마우스 우클릭. ⑪ 메뉴창에서 [삽입] 버튼 선택

⑫ 오디오 클립을 제외한 비디오 클립만 타임라인에 삽입된 것을 확인

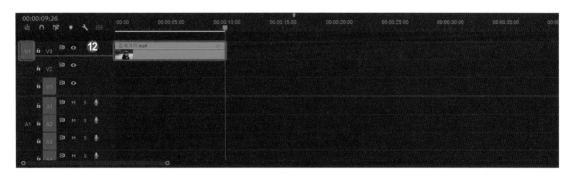

사라진 패널 찾기

동영상을 편집하다 보면 필요에 따라 패널들의 크기를 조정하는 경우들이 많이 생깁니다. 이번 시간에는 패널들이 닫히거나 위치가 변경되었을 때 처음으로 되돌리는 방법 2가지를 배워보겠습니다.

(1) 방법-1

❶ 메뉴바>[창] 클릭. ❷ [작업 영역] 클릭

❸ [저장된 레이아웃으로 재설정] 클릭

❹ [기본]을 클릭하여 현새 활성화되이 있는 작업 영역 활성화

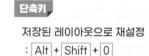

단축키

저장된 레이아웃으로 재설정
: Alt + Shift + 0

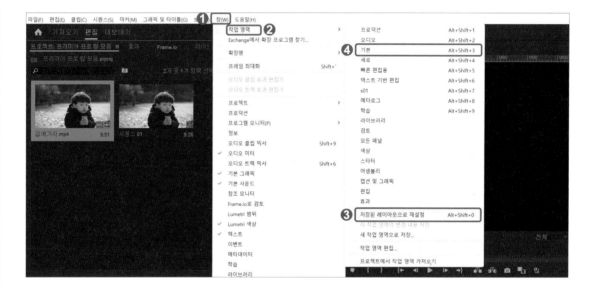

(2) 방법-2

❶ 🔲 [작업 영역] 아이콘 클릭

❷ [저장된 레이아웃으로 재설정] 클릭

❸ [기본] 클릭하여 현재 활성화되어 있는 작업 영역 활성화

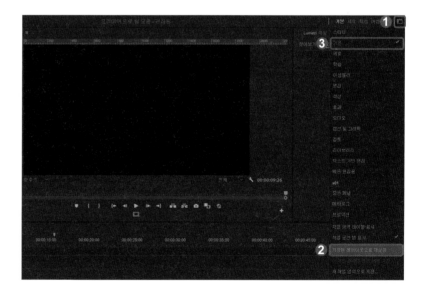

▌ 빨간 화면(미디어 오프) 대처 방법

프리미어 프로는 프로젝트 파일로 이미 '불러오기' 된 파일들의 경로를 기억하고 있습니다. 이미 불러오기된 파일들이 삭제되거나 경로가 달라질 경우 미디어 오프라인(Media offline) 화면이 나타납니다. 이번시간에는 미디어 오프라인 파일을 다시 찾아 연결해 주는 방법에 대해 배워보겠습니다.

❶ 미디어 경로가 변경되거나 삭제된 경우 나타나는 미디어 오프라인 화면 확인

❷ [타임라인] 패널의 미디어 오프라인 클립에서 마우스 우클릭
❸ 우클릭 메뉴창에서 [미디어 연결...] 선택

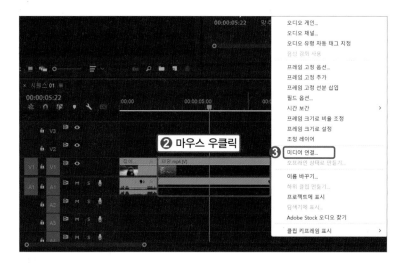

❹ [미디어 연결] 메뉴에서 연
   결시킬 클립 선택
❺ [찾기] 버튼 클릭>해당 클
   립의 경로 지정

❻ [프로젝트] 패널의 미디어 오프라인 파일에
   서 마우스 우클릭
❼ 우클릭 메뉴창에서 [미디어 연결] 선택

다른 컴퓨터에서 편집하기

현재 편집 중인 프로젝트 파일을 동일하게 다른 컴퓨터
에서 편집하기 위해서는 프로젝트 내에 포함된 모든 소
스들을 포함하여 이동해야 합니다. 이번 시간에는 프로
젝트 내에서 사용된 모든 소스들을 한곳으로 정리하는
방법에 대해 배워보겠습니다.

❶ 메뉴바>[파일] 클릭
❷ [프로젝트 관리자] 선택

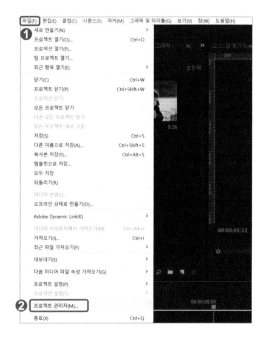

> **Tip** 편집이 완료된 프로젝트를 백업하는 방법으로도 많
> 이 사용됩니다.

❸ 시퀀스에서 필요한 시퀀스
선택

❹ [파일 수집 후 새 위치에 복
사] 선택

❺ [찾아보기] 클릭 > 정리된
프로젝트가 저장될 위치를
지정

❻ [확인] 버튼 클릭

클립 이동 시 Ctrl 활용

수많은 클립 사이에서 뒤에 있는 클립을 앞으로 옮기기 위해서는 클립을 전체 미룬 후 해당 클립을 이동해야 하는 불편함을 겪어야 합니다. 하지만 Ctrl 을 활용한다면 클립 이동을 아주 손쉽게 할 수 있습니다. 이번에는 ❹~❹ 클립 중 ❹ 클립을 ❹ 클립 뒤로 이동시켜보겠습니다.

❶ ❹ 클립 선택

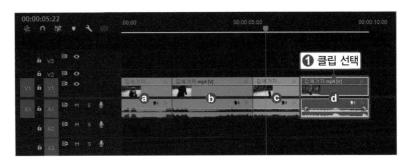

❷ Ctrl 을 누른 상태에서
❹ 클립을 ❹ 클립 뒤
로 이동 > 다른 클립들
을 뒤로 밀어내면서 삽
입되는 것을 확인

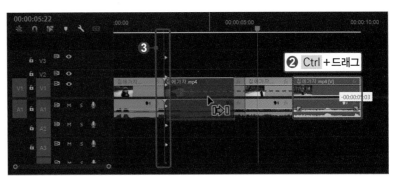

Pr

TIP 자주 쓰는 단축키 모음 ZIP

▌ 프로젝트 단축키

- 새로운 프로젝트 : Ctrl + Alt + N
- 프로젝트 열기 : Ctrl + O
- 프로젝트 저장 : Ctrl + S
- 미디어 내보내기(렌더링) : Ctrl + M
- 새로운 시퀀스 : Ctrl + N
- 파일 가져오기 : Ctrl + I
- 다른 이름으로 저장 : Ctrl + Shift + S
- 프로젝트 종료 : Ctrl + W

▌ 재생 단축키

- 재생/일시 정지 : Space
- 앞으로 재생 : L (2번 누르면 배속)
- 뒤로 재생 : J (2번 누르면 배속)
- 앞으로 느리게 재생하기 : Shift + L
- 뒤로 느리게 재생하기 : Shift + J
- 재생 정지하기 : K

▌ 편집 단축키

- 복사 : Ctrl + C
- 붙여넣기 : Ctrl + V
- 삽입 붙여넣기 : Ctrl + Shift + V
- 특성 붙여넣기 : Ctrl + Alt + V
- 지우기 : Delete
- 모두 선택 : Ctrl + A
- 모두 선택 해제 : Ctrl + Shift + A
- 실행 취소 : Ctrl + Z
- 실행 취소 다시 실행 : Ctrl + Shift + Z
- 단축키 설정 : Ctrl + Alt + K

▌ 패널 단축키

- 프로젝트 패널 : Shift + 1
- 소스 모니터 패널 : Shift + 2
- 타임라인 패널 : Shift + 3
- 프로그램 모니터 패널 : Shift + 4
- 효과 컨트롤 패널 : Shift + 5
- 오디오 트랙 믹서 패널 : Shift + 6
- 효과 패널 : Shift + 7
- 미디어 브라우저 패널 : Shift + 8
- 오디오 클립 믹서 패널 : Shift + 9
- 마우스 커서가 있는 패널 최대화 : `

▌ 재생헤드 단축키

- 1프레임 앞으로 : →
- 5프레임 앞으로 : Shift + →
- 1프레임 뒤로 : ←
- 5프레임 뒤로 : Shift + ←
- 다음 편집 포인트 : ↑
- 이전 편집 포인트 : ↓
- 시퀀스에서 클립 시작 지점 : Home
- 시퀀스에서 클립 끝 지점 : End

▌ 클립 이동 단축키

- (클립 선택 후) 클립 1프레임씩 앞으로 이동
  : Alt + →
- (클립 선택 후) 클립 5프레임씩 앞으로 이동
  : Alt + Shift + →
- (클립 선택 후) 클립 1프레임씩 뒤로 이동
  : Alt + ←

- (클립 선택 후) 클립 5프레임씩 뒤로 이동
  : Alt + Shift + ←
- (클립 선택 후) 클립 트랙 위로 이동 : Alt + ↑
- (클립 선택 후) 클립 트랙 아래로 이동 : Alt + ↓

▎클립 편집 단축키

- 삽입하기 : ,
- 제거하기 : ;
- 덮어쓰기 : .
- 추출하기 : '
- 속도 변경 : Ctrl + R
- 오디오 전환 적용 : Ctrl + Shift + D
- 재생헤드 앞, 뒤 클립 삭제 : Q / W
- 비디오 전환 적용 : Ctrl + D
- 텍스트 추가 : Ctrl + T
- 클립 볼륨 조절 :] , [
- 오디오 게인 설정 : G

▎도구 단축키

- 선택 도구 : V
- 앞으로 트랙 선택 도구 : A
- 뒤로 트랙 선택 도구 : Shift + A
- 잔문결 편집 도구 : B
- 롤링 편집 도구 : N
- 속도 조정 도구 : R
- 자르기 도구 : C
- 밀어넣기 도구 : Y
- 밀기 도구 : U
- 펜 도구 : P
- 손 도구 : H
- 확대/축소 도구 : Z

▎타임라인 패널 단축키

- 작업 영역 확대하기 : =
- 작업 영역 축소하기 : −
- 작업 영역 시퀀스에 맞추기 : ₩
- 비디오 트랙 높이 늘리기 : Ctrl + =
- 비디오 트랙 높이 낮추기 : Ctrl + −
- 오디오 트랙 높이 높이기 : Alt + =
- 오디오 트랙 높이 낮추기 : Alt + −
- 모든 트랙 확장하기 : Shift + =
- 모든 트랙 축소하기 : Shift + −
- 재생헤드에서 클립 자르기 : Ctrl + K
- 재생헤드에서 모든 트랙 자르기 : Shift + Ctrl + K
- 작업 영역의 효과 렌러링 : Enter

▎마커 단축키

- 시작 표시(인 점) : I
- 종료 표시(아웃 점) : O
- 시작 표시로 이동 : Shift + I
- 종료 표시로 이동 : Shift + O
- 시작 지우기(인 점 지우기) : Ctrl + Shift + I
- 종료 지우기(아웃 점 지우기) : Ctrl + Shift + O
- 시작 및 종료 지우기 : Ctrl + Shift + X
- 마커 추가 : M
- 다음 마커로 이동 : Shift + M
- 이전 마커로 이동 : Ctrl + Shift + M
- 현재 마커 지우기 : Ctrl + Alt + X
- 모든 마커 지우기 : Ctrl + Alt + Shift + M

프리미어 프로는 컷 편집에, 애프터 이펙트는 모션 그래픽과 특수 효과 제작에 최적화된 프로그램입니다. 프리미어 프로만으로도 기본 편집이 가능하지만, 더 세련된 애니메이션과 효과를 적용하려면 애프터 이펙트가 필요합니다. 두 프로그램은 Dynamic Link 기능으로 실시간 연동되며, 이를 활용하면 작업 효율이 높아집니다.

이번 파트에서는 애프터 이펙트의 기초부터 실무 활용까지 쉽게 배울 수 있도록 구성되어 있어 실습을 통해 자연스럽게 익힐 수 있습니다.

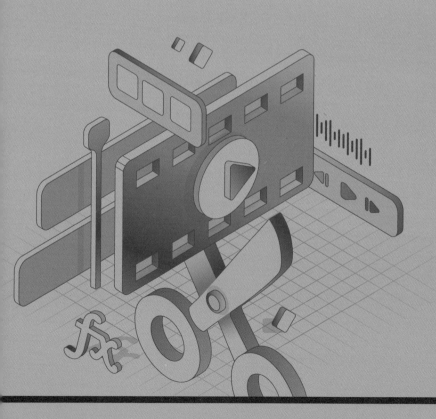

애프터 이펙트

PART 02

Ae

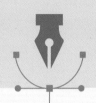

CHAPTER 01

어떤 프로그램이든 원활한 작업을 위해서는 기본적인 설정과 환경을 익히는 과정이 필요합니다. 애프터 이펙트도 마찬가지로 프로그램을 설치하고 기본 인터페이스를 파악하는 것이 첫걸음입니다. 이번 챕터에서는 애프터 이펙트를 처음 접하는 분들이 부담 없이 시작할 수 있도록 프로그램 설치부터 인터페이스 이해, 주요 패널소개, 프로젝트 파일 다루기, 그리고 작업 환경 설정까지 차근차근 배워보겠습니다. 익숙한 작업 환경을 만드는 것은 앞으로의 학습과 작업 효율성을 높이는 중요한 과정이므로 함께 따라와 주세요!

애프터 이펙트 시작

SECTION

애프터 이펙트 설치

'PART 01의 CHAPTER 02 프로그램 설치 및 인터페이스 알아보기'에서 어도비 홈페이지 가입과 크리에이티브 클라우드(Creative Cloud) 설치까지 끝낸 후 다음 과정을 따라와 주세요.

(1) 설치 언어 변경

❶ 크리에이티브 클라우드 앱 실행. ❷ 프로그램 우측 [계정] 버튼 클릭. ❸ [환경설정] 버튼 클릭

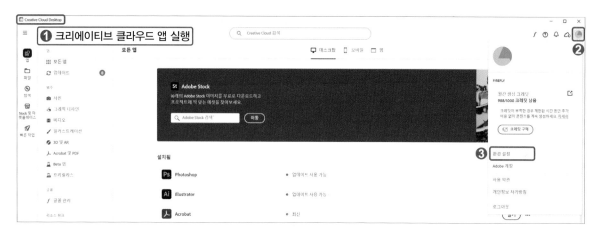

❹ [앱] 버튼 클릭. ❺ 기본 설치 언어 [English(International)] 선택. ❻ [완료] 버튼 클릭

> **Tip** 애프터 이펙트의 대부분 강좌들은 영문 버전으로 이루어져 있으므로 영문 버전에 익숙해지는 것이 좋습니다.

(2) 애프터 이펙트 설치

❶ 크리에이테브 클라우드 앱에서 [앱]>[모든 앱] 선택

❷ 내 플랜에서 사용 가능 항목 중 After Effects의 ⋯ [기타 액션] 버튼 선택>[기타 버전] 클릭

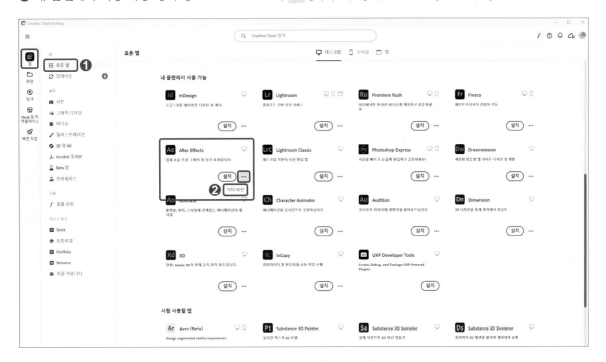

> **Tip** 최신 버전의 프로그램을 사용할 경우 안정성과 관련된 문제가 많이 발생하므로 되도록 1자리 수 이전 버전 설치를 추천드립니다.

❸ After Effects(24.6.3) 버전의 [설치] 버튼 클릭

❹ 'Cinema 4D by Maxon' 포함 체크. ❺ [After Effect] 설치 버튼 클릭

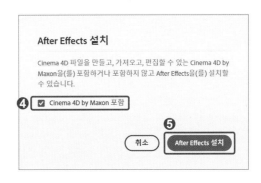

인터페이스 알아보기

애프터 이펙트의 작업 공간(Workspace)은 프리미어 프로와 매우 유사하기 때문에, 앞에서 프리미어 프로를 학습했다면 비교적 쉽게 익힐 수 있습니다. 프리미어 프로가 편집에 최적화된 작업 공간을 제공하는 반면, 애프터 이펙트는 모션 작업에 특화된 작업 공간을 제공합니다. 애프터 이펙트는 프리미어 프로와 마찬가지로 미리 설정된 작업 공간을 제공하며, 패널의 배치와 구성을 자유롭게 조정할 수 있어 원하는 형태로 맞출 수 있습니다. 이번 시간에는 애프터 이펙트의 기본 화면 구성과 작업 공간 설정 방법에 대해 알아보겠습니다.

1. 홈 화면

애프터 이펙트를 실행하면 처음으로 마주하는 화면입니다. 이 화면에서는 새 프로젝트를 생성하거나 기존에 작업 중이던 프로젝트를 빠르게 불러올 수 있습니다.

① **새 프로젝트(New project), 프로젝트 열기(Open project)** : 프로젝트 생성/불러오기

② **학습(Learn)** : 애프터 이펙트 기본 기능에 대한 학습

③ **새 팀 프로젝트(New Team Project), 팀 프로젝트 열기(Open Team Project)** : 팀 단위 프로젝트 생성/불러오기

④ **검색(Search)** : 프로그램 내 도움말이나 기능 검색

⑤ **애프터 이펙트의 새로운 기능과 팁 살펴보기(What's New or Updates)** : Adobe에서 제공하는 최신 업데이트나 기능 개선 사항 공지

⑥ **사용자 계정(User Profile)** : Adobe 계정에 연결된 사용자 프로필 정보를 확인하거나 클라우드 저장소, 구독 상태, 설정 등을 관리

⑦ **영상에서 컴포지션 만들기(Create a composition from footage)** : 미디어 파일을 선택해 자동으로 컴포지션 생성

2. 인터페이스 기본 구성

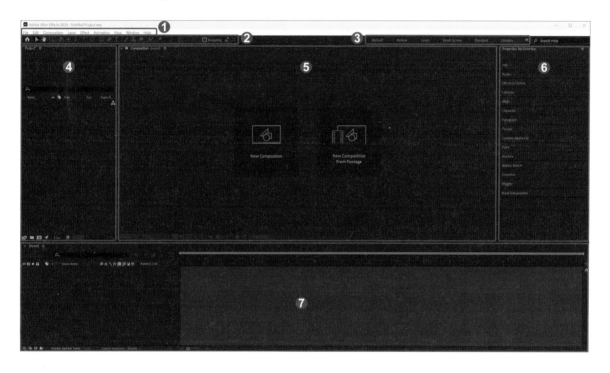

① **메뉴바(Menu Bar)** : 다양한 명령어와 기능을 제공하는 주요 메뉴입니다. 애프터 이펙트의 모든 기능에 접근 할 수 있습니다.

② **도구 모음(Tool Bar)** : 기본적인 편집 도구들이 모여 있는 공간입니다.

③ **작업 공간 메뉴(Workspace Menu)** : 다양한 작업 환경에 맞춘 작업 공간을 선택하고 설정할 수 있습니다.

④ **프로젝트(Project) 패널** : 영상 제작에 사용되는 모든 파일을 관리하는 공간입니다.

⑤ **컴포지션(Composition) 패널** : 영상 작업의 미리보기 화면입니다.

⑥ **패널 모음** : 영상 제작에 필요한 다양한 패널들이 층층이 쌓여있는 공간으로 선택 시 패널이 펼쳐지는 방식 입니다.

⑦ **타임라인(Timeline) 패널** : 영상 편집, 키 프레임 작업이 이루어지는 공간입니다.

3. 작업 공간(Workspace)

'작업 공간'은 영상 제작 시 작업 속도와 직결되는 요소이기 때문에 기본적이면서도 매우 중요한 부분입니다.
이번 시간에는 작업 공간 프리셋을 활용하여 작업 환경을 변경하는 방법과 작업 영역 메뉴 편집 방법에 대해
배워보겠습니다.

(1) 작업 공간 변경

❶ [Home] 화면에서 [New project] 선택＞새로운 프로젝트 생성

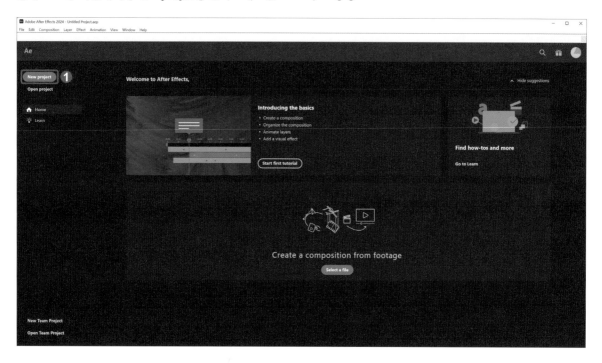

❷ 메뉴바＞창(Window)＞작업 영역(Workspace)＞모든 패널(All Panels) 선택

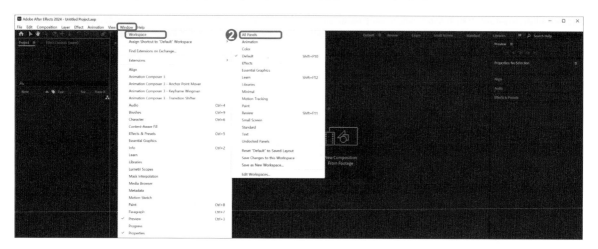

❸ '작업 환경'이 모든 패널(All Panels)로 변경된 것을 확인

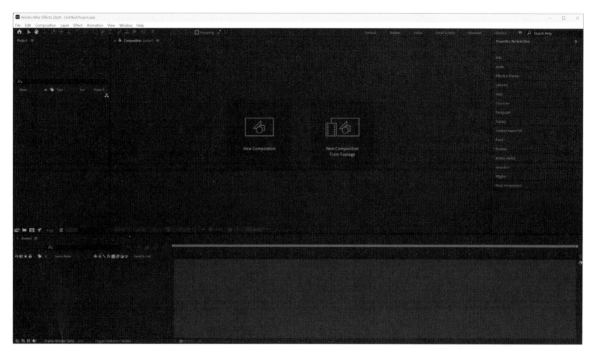

▲ 모든 패널(All Panels) 작업 공간

(2) 작업 영역 편집

❶ 우측 상단에 위치한 [작업 공간
메뉴] 프리셋 활용>빠르게 작
업 환경 변경 가능

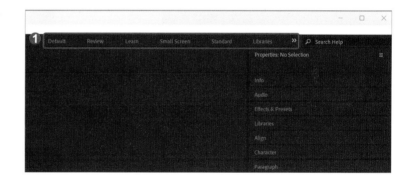

❷ >> [확장 메뉴] 버튼을 눌러서
보이는 확장 메뉴 확인
❸ 작업 영역 [편집(Edit Work-
spaces)] 클릭

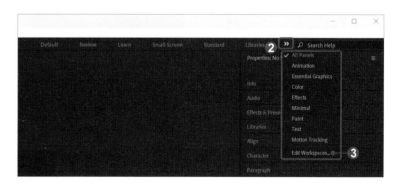

※ 작업 영역 편집(Edit Workspaces) 창에서 자주 사용하는 프리셋을 Bar 영역으로 이동하거나, 필요 없는 항목은 '표시 안 함 (Do Not Show)'으로 설정할 수 있습니다.

❹ [All Panels]을 Bar 항목 첫 번째 줄로 드래그

❺ [All Panels] 이동 확인. ❻ [확인(OK)] 버튼 클릭

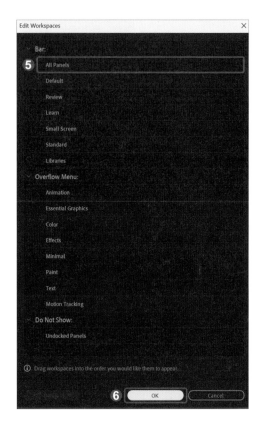

❼ [작업 공간 메뉴] Bar 영역에서 [All Panels] 선택 확인

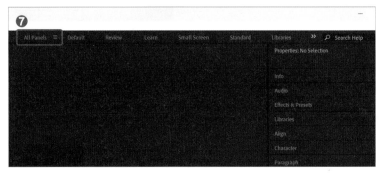

※ [Default]를 선택하면 파란 글씨로 바 뀌면서 작업 공간이 변경되는 것을 확 인할 수 있습니다.

SECTION 03

주요 패널 알아보기

애프터 이펙트에는 많은 패널이 있지만, 초보자가 모든 패널을 익힐 필요는 없습니다. 기본적인 패널만 알아도 충분히 효율적인 편집이 가능하기 때문입니다. 작업 방식과 프로젝트 유형에 따라 활용하는 패널이 달라지지만, 핵심 패널을 익히면 대부분의 작업을 무리 없이 진행할 수 있습니다. 이번 시간에는 반드시 알아야 할 주요 패널들을 중심으로 살펴보겠습니다.

1. 도구 모음(Tool Bar)

도구 모음 패널은 애프터 이펙트에서 기본적인 편집 도구가 모여 있는 패널입니다. 선택 도구, 팬 툴, 자르기 툴 등 자주 사용하는 다양한 도구들이 포함되어 있어 작업에 필요한 도구를 빠르게 선택할 수 있습니다. 각 도구들의 기능에 대해 알아보겠습니다.

① 홈(Home) : 홈 화면으로 돌아가며, 새로운 프로젝트를 만들거나 최근 작업했던 프로젝트를 불러옵니다.

② 선택 도구(Selection Tool) : 오브젝트를 선택할 때 사용합니다.

③ 손 도구(Hand Tool) : [Timeline] 패널과 [Composition] 패널에서 화면을 이동시킵니다.

④ 확대/축소 도구(Zoom Tool) : [Timeline] 패널과 [Composition] 패널에서 화면을 확대 및 축소시킵니다.

⑤ 카메라 회전 도구

ⓐ 커서 주위 궤도 툴(Orbit Around Cursor Tool) : 카메라가 마우스 커서를 기준으로 회전

ⓑ 장면 주위 궤도 툴(Orbit Around Scene Tool) : 카메라가 화면을 기준으로 회전

ⓒ 카메라 POI 주위 궤도(Orbit Around Camera POI) : 카메라 Point of Interest 기준으로 회전

⑥ 카메라 이동 도구

ⓐ 커서 아래로 이동 툴(Pan Under Cursor Tool) : 카메라가 마우스 커서를 기준으로 회전

ⓑ 팬 카메라 POI 툴(Pan Camera POI TooL) : 카메라가 Point of Interest 기준으로 회전

⑦ 돌리 도구

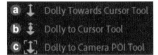

ⓐ 커서를 향해 돌리 툴(Dolly Towards Cursor Tool) : 카메라가 마우스 커서를 향하여 확대 및 축소

ⓑ 커서로 돌리 툴(Dolly to Cursor Tool) : 카메라가 마우스 커서를 기준으로 확대 및 축소

ⓒ 카메라 POI로 돌리 툴(Dolly to Camera POI Tool) : 카메라가 Point of Interest 기준으로 확대 및 축소

⑧ 🔄 회전 도구(Rotation Tool) : 선택된 오브젝트를 회전시킵니다.

⑨ ▦ 앵커 포인트 도구(Anchor Point Tool) : 오브젝트의 중심점을 이동합니다.

⑩ 도형 도구

ⓐ 사각형 도구(Rectangle Tool) : 사각형 도구 생성

ⓑ 둥근 사각형 도구(Rounded Rectangle Tool) : 모서리가 둥근 사각형 도구 생성

ⓒ 타원 도구(Ellipse Tool) : 타원 도구 생성

ⓓ 다각형 도구(Polygon Tool) : 다각형 도구 생성

ⓔ 별 도구(Star Tool) : 별 도구 생성

⑪ 펜 도구

ⓐ 펜 도구(Pen Tool) : 펜으로 자유로운 모양으로 마스크와 셰이프 레이어를 생성

ⓑ 정점 추가 도구(Add Vertex Tool) : 조절점 추가

ⓒ 정점 삭제 도구(Delete Vertex Tool) : 조절점 삭제

ⓓ 정점 변환 도구(Convert Vertex Tool) : 조절점에 핸들을 생성 혹은 제거

ⓔ 마스크 페더 도구(Mask Feather Tool) : 마스크 영역의 가장자리를 부드럽게 조정

⑫ 문자 도구

ⓐ 가로 문자 도구(Horizontal Type Tool) : 가로 방향의 텍스트 입력

ⓑ 세로 문자 도구(Vertical Type Tool) : 세로 방향의 텍스트 입력

⑬ ✏ 브러시 도구(Brush Tool) : [Layer] 패널에서 직접 그림을 그리거나 수정합니다.

⑭ 🔨 복제 도장 도구(Clone Stamp Tool) : [Layer] 패널에서 원본 영역을 Alt 로 지정한 후 복사합니다.

⑮ ◆ 지우개 도구(Eraser Tool) : [Layer] 패널에서 내용을 삭제합니다.

⑯ 로토 브러시 도구

ⓐ 로토 브러시 도구(Roto Brush Tool) : 사람이나 특정 오브젝트를 배경과 분리하는 도구

ⓑ 가장자리 다듬기 도구(Refine Edge Tool) : 로토 브러시로 추출한 가장자리를 더욱 부드럽고 정교하게 다듬는 도구

⑰ 퍼펫 핀 도구

ⓐ 퍼펫 위치 핀 툴(Puppet Position Pin Tool) : 오브젝트에 움직임을 만들기 위해 핀을 고정하여 위치를 설정

ⓑ 퍼펫 스타치 핀 툴(Puppet Starch Pin Tool) : 오브젝트 움직임 고정

ⓒ 퍼펫 구부리기 핀 툴(Puppet Bend Pin Tool) : 핀에 회전 및 굽힘 기능 추가

ⓓ 퍼펫 고급 핀 툴(Puppet Advanced Pin Tool) : 회전과 크기값을 추가하여 제어

ⓔ 퍼펫 겹치기 핀 툴(Puppet Overlap Pin Tool) : 겹치는 영역 앞뒤에 위치 지정

단축키

- 선택 도구 : V
- 손바닥 도구 : H
- 돋보기 도구 : Z
- 회전 도구 : W
- 중심점 도구 : Y

- 도형 도구 : Q
- 펜 도구 : G
- 문자 도구 : Ctrl + T
- 브러시 도구, 스탬프 도구, 지우개 도구 : Ctrl + B

2. 프로젝트(Project) 패널

프로젝트 패널은 작업에 필요한 모든 미디어 파일을 불러오고 관리하는 공간입니다. 영상, 이미지, 오디오, 컴포지션 등 프로젝트에 사용되는 다양한 소스를 저장하는 일종의 미디어 라이브러리 역할을 합니다.

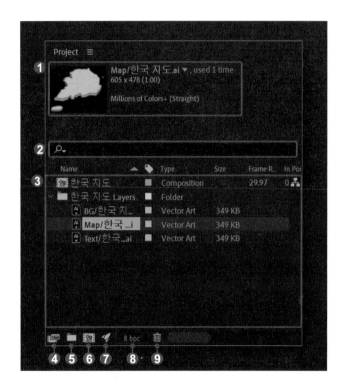

① 파일 정보(File Info) : 선택한 파일의 미리보기 이미지, 이름, 사용 횟수 등을 표시합니다.

② 검색(Search) : 검색을 통해 소스를 찾을 수 있습니다.

③ 파일 목록(File list) : 프로젝트에 포함된 컴포지션, 폴더, 미디어 파일들이 리스트로 정리되어 있습니다.

④ 푸티지 해석(Interpret Footage) : 파일의 속성을 재설정하거나 해석 방식을 조정합니다.

⑤ 새 폴더 만들기(Create New Folder) : 새 폴더를 생성하여 파일을 정리할 수 있습니다.

⑥ 새 컴포지션 만들기(Create New Composition) : 새로운 컴포지션을 생성합니다.

⑦ 프로젝트 설정과 프로젝트 랜더 설정 조정(Project Setting and Adjust Project Setting) : 프로젝트의 전반적인 기능을 설정하거나 렌더링 품질과 성능을 조정합니다.

⑧ 색상 깊이(Color Depth) : 픽셀이 표현할 수 있는 색상의 범위를 설정합니다.

⑨ 삭제(Delete selected project items) : 선택한 항목을 삭제합니다.

3. 컴포지션(Composition) 패널

컴포지션 패널은 타임라인(Timeline) 패널에 배치된 레이어와 효과들이 최종적으로 어떻게 보일지 실시간으로 확인하는 공간입니다. 컴포지션 패널 기능에 대해 알아보겠습니다.

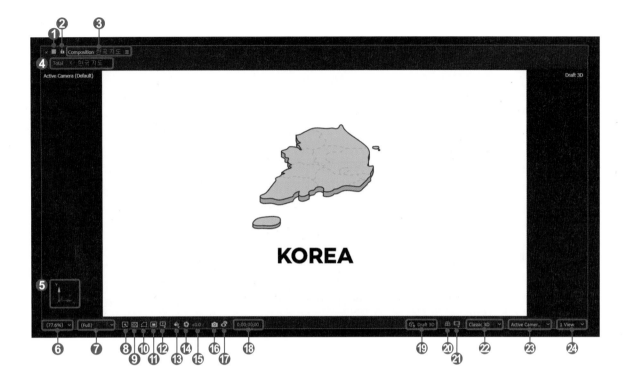

① ■ 레이블(Label) : 컴포지션 패널에서 사용자가 레이어나 컴포지션을 쉽게 구분하고 정리할 수 있도록 돕는 색상 태그입니다.

② 🔒 뷰어 잠금 전환(Toggle Viewer Lock) : 특정 컴포지션이나 레이어의 미리보기 화면을 고정하여 다른 컴포지션이나 레이어로 전환해도 해당 미리보기가 유지되도록 할 수 있습니다. 여러 뷰어를 비교하거나 동시에 작업할 때 유용한 기능입니다.

③ Composition 한국지도 ☰ 컴포지션 탭(Composition Tab) : 현재 활성화되어 있는 컴포지션의 이름을 보여줍니다. 파란색으로 표시된 컴포지션 이름을 클릭하거나 우측에 ☰ [패널 메뉴] 아이콘을 클릭하면 다양한 메뉴를 선택할 수 있습니다.

④ Total ◁ 한국지도 컴포지션 미니 흐름도(Composition Mini Flowchart) : 현재 컴포지션의 계층 구조를 표시하여 상위 컴포지션 또는 다른 컴포지션으로 쉽게 이동할 수 있습니다. 작업 중인 컴포지션의 위치를 파악하는 데 도움이 됩니다.

⑤ ⬛ 3D 참조 축(3D Reference Axes) : 해당 컴포지션에 3D 레이어가 활성화되었을 때 X, Y, Z 축의 방향을 시각적으로 안내합니다.

⑥ (77.6%) ∨ 확대 비율 팝업(Magnification Ratio Popup) : 컴포지션 패널의 미리보기 화면을 확대하거나 축소하는 데 사용됩니다. 드롭다운 메뉴를 통해 설정 가능한 다양한 확대 비율을 선택할 수 있습니다.

⑦ (Full) ⌄ 해상도/다운샘플링 요소 팝업(Resolution Down-Sample Factor Popup) : 컴포지션 패널의 미리보기 해상도를 설정합니다. 복잡한 컴포지션을 작업할 때 미리보기 해상도를 낮춰 속도를 높일 수 있습니다.

⑧ 빠른 미리 보기(Fast Previews) : 미리보기 속도를 향상시키기 위해 미리보기 품질을 조정하는 옵션을 제공합니다.
- 해제(Off) : 빠른 미리보기를 사용하지 않으며, 항상 최고 품질로 미리보기
- 적응 해상도(Adaptive Resolution) : 작업 중 자동으로 해상도를 낮춰 미리보기 속도 향상
- 초안 3D(Draft 3D) : 3D 미리보기를 간단한 품질로 보여줘서 빠르게 미리보기 가능
- 와이어프레임(Wireframe) : 오브젝트의 윤곽만 표시하여 가장 빠르게 미리보기 가능

⑨ 투명 격자 켜기/끄기(Toggle Transparency Grid) : 배경이 투명한 영역을 격자 패턴으로 표시할 수 있도록 전환합니다.

⑩ 마스크 및 모양 패스 가시성 켜기/끄기(Toggle Mask and Shape Path Visibility) : 마스크와 도형 경로의 가시성을 켜거나 끄는 기능입니다. 주로 마스크나 셰이프 도형의 경로가 필요할 때 활성화하고, 필요 없을 때는 비활성화하여 작업화면을 깔끔하게 정리할 수 있습니다.

⑪ 관심 지역(Region of Interest) : 특정 영역만 미리보기하거나 렌더링할 수 있도록 제한하는 데 사용됩니다. 또한 [메뉴바]>[Composition]>[Crop Comp to Region of Interest] 기능으로 지정해 놓은 관심 영역만큼 컴포지션 크기를 조정할 수 있습니다.

⑫ 격자 및 안내선 옵션 선택(Choose Grid and Guide Options) : 그리드와 안내선 표시 및 설정 옵션을 제공합니다. 정밀한 레이아웃 작업이나 구성 요소의 위치 조정에 유용하게 사용되며 드롭다운 메뉴를 통해 다양한 설정을 할 수 있습니다.
- 제목 작업 보호(Title/Action Safe) : 타이틀과 액션이 안전하게 보이는 영역을 안내
- 비례 격자(Proportional Grid) : 비율에 맞춘 그리드를 표시
- 격자(Grid), 안내선(Guides), 눈금자(Rulers) : 해당 기능을 활성화
- 3D 참조 축(3D Reference Axes) : 3D 작업 시 X, Y, Z축의 방향을 안내하는 기준 축을 화면에 표시

⑬ 채널 및 색상 관리 설정 표시(Show Channel and Color Management) : RGB 채널, 알파 채널 및 색상 관리 옵션을 설정하는 메뉴입니다. 드롭다운 메뉴를 통해 개별 채널이나 알파 채널만 표시할 수 있으며 색상 관리 설정을 조정할 수 있습니다.

⑭ 노출 재설정(Reset Exposure) : 미리보기 화면에 설정된 노출값을 초기화하거나 기본값으로 되돌립니다.

⑮ +0.0 노출 조정(Adjust Exposure) : 미리보기 화면의 노출 수준을 수동으로 조정합니다.
※ 노출값은 컴포지션 미리보기 화면에만 적용되며 최종 완성된 영상에는 영향을 주지 않습니다.

⑯ 스냅샷 만들기(Take Snapshot) : 현재 컴포지션의 미리보기 화면을 이미지로 캡처합니다.
※ 별도의 이미지 파일로 저장되지 않습니다.

⑰ 스냅샷 표시(Show Last Snapshot) : 가장 최근에 찍은 스냅샷을 화면에 표시해 줍니다. 이 기능을 통해 작업 중인 프레임과 스냅샷을 비교할 수 있습니다.

⑱ 0;00;00;00 미리보기 시간(Preview Time) : 현재 재생헤드 위치의 시간을 보여줍니다. [시간; 분; 초; 프레임] 형식으로 표시됩니다.

⑲ **빠른 3D 미리보기 켜기 또는 끄기(Draft 3D)** : 3D 작업 시 미리보기 성능을 높이기 위해 간소화된 3D 렌더링을 활성화합니다. 미리보기 화면이 품질이 아닌 작업 속도에 중점을 둔 빠른 렌더링을 제공합니다.

⑳ **3D 지표 평면(3D Ground Plane)** : 3D 공간에서 기준면을 표시합니다. 작업 공간에 가상의 바닥면이 나타나며, 3D 개체의 위치와 배치를 쉽게 이해할 수 있도록 돕습니다.

㉑ **확장된 뷰어(Extended Viewer)** : 확장 뷰어를 활성화하면 현재 작업 영역 밖의 내용을 볼 수 있습니다. 3D 공간이나 레이어의 위치를 파악하는 데 유용합니다.

㉒ **3D 렌더러(3D Renderer)** : 컴포지션에 사용할 3D 렌더링 엔진을 선택합니다. 드롭다운 메뉴를 통해 다양한 렌더러를 선택할 수 있습니다.

㉓ **3D 보기 팝업(3D View Popup)** : 컴포지션에서 볼 수 있는 3D 카메라 각도를 선택합니다. 3D 레이어와 오브젝트의 위치와 움직임을 파악하기 위해 Top, Bottom, Left, Right 등을 활용합니다.

㉔ **뷰 레이아웃 선택(Select View Layout)** : 드롭다운 메뉴를 통해 1~4개의 뷰까지 동시에 사용할 수 있습니다. 다양한 각도에서 3D 공간을 동시에 확인하기 위해 다양한 각도를 동시에 확인할 수 있습니다.

4. 타임라인(Timeline) 패널

타임라인 패널은 애프터 이펙트에서 레이어의 시간 축을 관리하고 애니메이션을 구성하는 핵심 공간입니다. 키 프레임을 추가하여 애니메이션을 설정하며, 레이어별 효과 및 속성을 변경할 수 있습니다.

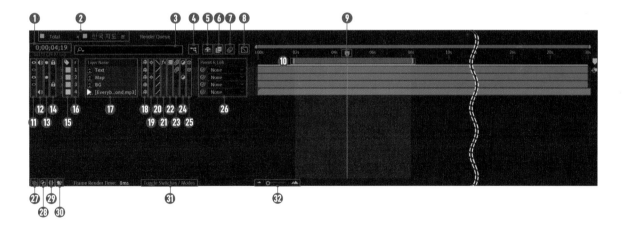

① **컴포지션 탭** : 현재 열려 있는 컴포지션의 이름과 색상 레이블을 보여주며, 여러 컴포지션을 동시에 열어 작업할 때 각 컴포지션으로 쉽게 전환할 수 있게 도와줍니다.

② **현재 시간(Current Time)** : 현재 컴포지션 타임라인에서 재생헤드(Indicator)가 위치한 시간 정보를 표시합니다. '타임코드'라고도 표현합니다.

③ **빠른 검색(Quick Search)** : 타임라인 패널에서 특정 레이어나 항목을 빠르게 찾을 수 있는 검색 기능을 제공합니다.

④ 🔲 컴포지션 미니 흐름도(Composition Mini Flowchart) : 드롭다운 메뉴를 통해 현재 컴포지션과 연결된 상위 및 하위 컴포지션을 구조적으로 확인할 수 있습니다.

⑤ 🔲 '감춤' 스위치가 설정된 레이어를 모두 숨김(Hides All Layers for Which the 'Shy' Switch Is Set) : 타임라인에서 '감춤(Shy)' 스위치가 활성화된 레이어들을 모두 숨깁니다. 복잡한 레이어를 정리할 때 사용합니다.

⑥ 🔲 프레임 혼합 스위치가 설정된 모든 레이어에 대해 프레임 혼합 사용(Enables Frame Blending for All Layers with the Frame Blend Switch Set) : '프레임 블렌딩' 스위치가 활성화된 모든 레이어에 대해 프레임 간의 부드러운 전환을 제공합니다.

⑦ 🔲 동작 흐림 스위치가 설정된 모든 레이어에 대해 동작 흐림 사용(Enables Motion Blur for All Layers with the Motion Blur Switch Set) : '모션 블러' 스위치가 켜져 있는 모든 레이어에 모션 블러 효과를 적용합니다.

⑧ 🔲 그래프 편집기(Graph Editor) : 키 프레임 애니메이션의 속도와 속성을 시각적으로 조정합니다.

⑨ 🔲 현재 시간 표시기(Current Time Indicator) : 현재 화면에 재생헤드가 위치한 시간을 나타냅니다. '인디케이터', '재생헤드'라고도 표현합니다.

⑩ 작업 영역(Work Area) : 미리 보기 및 렌더링 영역을 설정합니다.

⑪ 🔲 비디오(Video) : 특정 레이어의 비디오 표시 여부를 전환합니다.

⑫ 🔲 오디오(Audio) : 특정 레이어의 오디오 출력 여부를 전환합니다.

⑬ 🔲 단독(Solo) : '단독' 버튼을 활성화하면 선택한 레이어만 화면에 표시됩니다.

⑭ 🔲 잠금(Lock) : '잠금' 버튼으로 해당 레이어의 변형을 금지합니다.

⑮ 🔲 레이블(Label) : 레이어별로 색상 태그를 추가하여 시각적으로 구분할 수 있도록 도와줍니다. 프로젝트 내 다양한 레이어를 색상으로 쉽게 분류하고 정리하는 데 유용합니다.

⑯ 🔲 레이어 번호(Layer Number) : 타임라인에서 각 레이어 번호를 표시합니다.

⑰ 🔲 레이어 이름, 소스 이름(Layer Name, Source Name) : 레이어의 이름이 표시되며 클릭하여 소스 이름으로 변경할 수 있습니다.

⑱ 🔲 감춤(Shy) : 레이어를 타임라인 화면에서 숨기고 싶을 때 사용합니다.

⑲ 🔲 변환 축소, 연속 래스터화(Collapse Transformations) : 프리컴포지션의 경우 내부의 레이어 속성을 상위 컴포지션에서 그대로 사용할 수 있도록 열어주고, 벡터 레이어의 경우 무한한 해상도로 렌더링되어 확대해도 픽셀이 깨지지 않게 만들어 줍니다. 고해상도 작업이나 특정한 레이어 상속이 필요할 때 유용합니다.

⑳ 🔲 품질 및 샘플링(Quality and Sampling) : 레이어의 렌더링 품질과 샘플링 속도를 설정합니다. 렌더링 품질을 낮춰 작업 속도를 높이기 위해 사용합니다.

㉑ 🔲 효과(Effect) : 레이어에 적용된 효과를 활성화하거나 비활성화합니다.

㉒ 🔲 프레임 혼합(Frame Blending) : 프레임 블렌딩 기능을 활성화하거나 비활성화합니다.

Tip 프레임 혼합(Frame Blending)

애니메이션 프레임 간에 부드러운 전환을 만들어주는 기능으로, 프레임 속도(Frame Rate)가 낮은 영상을 재생할 때 유용합니다.

㉓ 🔘 **동작 흐름(Motion Blur)** : 모션 블러 효과를 적용하거나 비활성화하는 데 사용됩니다.

> **Tip**   **모션 블러**   레이어의 움직임에 따라 자연스러운 흐림 효과를 추가해 실제 카메라로 촬영한 듯한 현실감을 더해줍니다.

㉔ 🔘 **조정 레이어(Adjustment Layer)** : 선택된 레이어를 조정 레이어로 설정합니다. 조정 레이어에 적용된 효과는 해당 레이어 아래에 있는 모든 레이어에 동일하게 적용됩니다.

㉕ 🔘 **3D 레이어(3D Layer)** : 해당 레이어를 3D 레이어로 변환하거나 해제합니다. 3D 레이어로 설정된 레이어는 X축, Y축, Z축 방향으로 이동 및 회전이 가능합니다.

㉖ Parent & Link **상위 및 링크(Parent&Link)** : 한 레이어를 다른 레이어의 상위(Parent)로 설정하여 계층적 관계를 형성하는 기능입니다. 자식(Child) 레이어는 상위(Parent) 레이어의 이동, 회전, 크기 조절 등의 변화를 따라가도록 설정할 수 있습니다. 이를 통해 여러 개의 레이어를 효율적으로 제어할 수 있으며, 복잡한 애니메이션 작업을 더욱 편리하게 진행할 수 있습니다.

㉗ 🔘 **레이어 스위치 창 확장 또는 축소(Expand or Collapse the Layer Switches Panel)** : 레이어의 다양한 옵션을 표시하거나 숨길 때 사용됩니다.

㉘ 🔘 **전송 컨트롤 창 확장 또는 축소(Expand or Collapse the Transfer Controls Pane)** : 전환 속성(Blending Mode, Track Matte 등)을 표시하거나 숨길 때 사용됩니다.

㉙ 🔘 **시작/종료/지속시간/스트레치 창 확장 또는 축소(Expand or Collapse the In/Out/Duration/Stretch Panes)** : 레이어의 입력, 출력, 지속 시간, 스트레치 값을 표시하거나 숨길 때 사용됩니다.

㉚ 🔘 **렌더링 시간 창 확장 또는 축소(Expand or Collapse the Render Time Pane)** : 렌더링 시간을 표시하거나 숨길 때 사용됩니다. 복잡한 효과나 다중 레이어가 있는 프로젝트에서 어떤 요소가 렌더링에 많은 시간을 소비하는지 확인할 수 있습니다.

> **단축키**
> 스위치/모드 전환 : F4

㉛ Toggle Switches / Modes **스위치/모드 전환(Toggle Switches Modes)** : 레이어 스위치 창과 전송 컨트롤 창을 전환합니다.

㉜ 🔘 **프레임 레벨 확대 축소(Zoom into frame level, or out to entire comp(in time)** : 타임라인 패널을 확대하거나 축소합니다.

㉝ 🔘 **컴포지션 마커 저장소(Comp marker bin)** : 타임라인에 특정 시점에 마커를 추가하여 주요 이벤트나 작업 지점을 표시합니다.

㉞ 🔘 **컴포지션 단추(Comp Button)** : 컴포지션 패널에서 [뷰어 잠금 전환]을 활용하면 여러 개의 컴포지션을 열어둔 상태에서도 해당 타임라인으로 빠르게 이동할 수 있습니다.

5. 속성(Properties) 패널

속성 패널은 애프터 이펙트 23.6버전 이상부터 도입된 기능으로, 기존에는 타임라인 패널에서만 수정할 수 있던 레이어의 세부 속성을 속성 패널 한곳에 모아 더 편리하게 수정할 수 있도록 개선되었습니다. 선택한 레이어 종류에 따라 표시되는 속성이 달라집니다.

(1) 일반 레이어

① 레이어 변형(Layer Transform) : 레이어 선택 시 기본적으로 표시되는 레이어 기본 속성입니다.

(2) 모양 레이어(Shape Layer)

기본적인 레이어 선택

① 레이어 내용(Layer Contents) : 선택된 레이어 내부의 구성 요소를 계층적으로 표시합니다.

② 모양 속성(Shape Properties) : 선택된 셰이프(Shape)의 속성을 상세히 조정합니다.

③ 모양 변형(Shape Transform) : 셰이프(Shape)의 위치와 변형 속성을 조정합니다.

(3) 텍스트 레이어(Text Layer)

① 텍스트(Text) : 텍스트의 폰트와 스타일, 크기, 색상 등을 설정합니다.

② 단락(Paragraph) : 텍스트의 정렬 방식과 단락 속성을 설정합니다.

③ 텍스트 애니메이션(Text Animation) : 텍스트 레이어에 다양한 애니메이션 효과를 추가합니다.

6. 정보(Info) 패널

현재 작업 중인 레이어, 오브젝트에 대한 다양한 정보를 실시간으로 제공합니다. 작업 중 선택된 요소나 커서 위치에 따른 색상 정보를 확인할 수 있습니다.

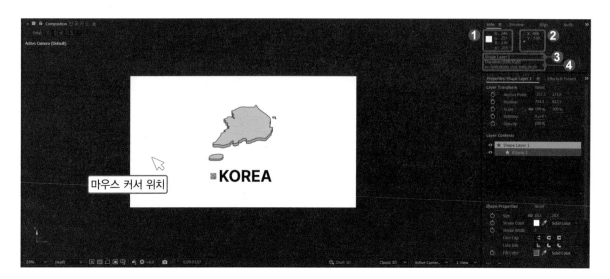

① **색상 값** : 마우스 커서가 위치한 픽셀의 색상 정보를 표시합니다.

② **커서 위치** : 컴포지션 패널에서 커서가 현재 위치한 X, Y좌표를 표시합니다.

③ **레이어 정보** : 선택된 레이어의 이름과 정보를 확인합니다.

④ **프레임 정보** : 타임코드 정보를 제공합니다.

7. 오디오(Audio) 패널

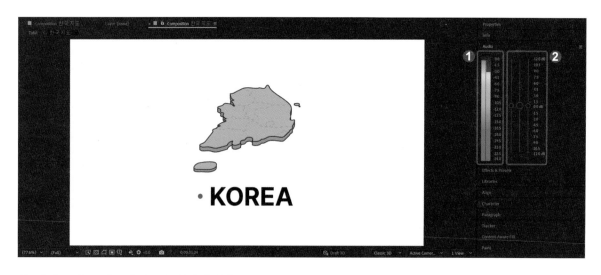

① 재생 중인 오디오의 볼륨을 확인합니다

② 선택된 오디오 레이어의 볼륨을 조정합니다.

8. 효과 및 사전 설정(Effect&Presets) 패널

다양한 비디오 효과 및 애니메이션을 검색하고 적용할 수 있는 공간입니다. 레이어를 선택한 후 효과를 더블
클릭하거나 컴포지션 패널로 바로 드래그하여 적용시킬 수 있습니다.

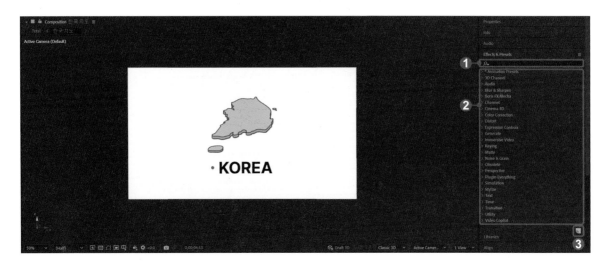

① **검색** : 이름 또는 키워드로 효과를 빠르게 검색합니다.

② **효과 카테고리** : 효과는 카테고리별로 정리되어 있으며, 토글 버튼을 클릭하여 세부 내용을 확인합니다.

③ **새 애니메이션 추가(Create New Animation Preset)** : 사용자가 만든 애니메이션 프리셋을 저장합니다.

9. 맞춤(Align) 패널

선택된 레이어를 컴포지션의 중심이나 다른 레이어 기준으로 정렬합니다. 그래픽 디자인, 텍스트 배치 등 객체
들을 정렬해야 하는 작업에서 필수적으로 사용됩니다.

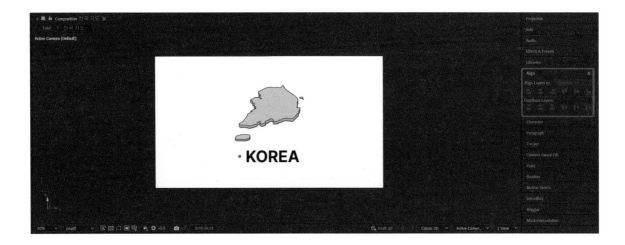

(1) 레이어 맞춤 대상(Align Layers to)

한 개 이상의 레이어를 선택했을 때 활성화되며 [Composition]과 [Selection] 중 선택하여 정렬할 수 있습니다.

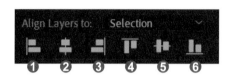

① ▣ **왼쪽 맞춤(Align Left)** : 컴포지션 또는 선택된 레이어들의 왼쪽 정렬을 수행합니다.

② ▣ **가로로 정렬(Align Horizontally)** : 선택한 레이어들의 가로 중앙 정렬을 수행합니다.

③ ▣ **오른쪽 맞춤(Align Right)** : 컴포지션 또는 선택된 레이어들의 오른쪽 정렬을 수행합니다.

④ ▣ **위쪽 맞춤(Align Top)** : 컴포지션 또는 선택된 레이어들의 상단 정렬을 수행합니다.

⑤ ▣ **세로로 정렬(Align Vertically)** : 선택한 레이어들의 세로 중앙 정렬을 수행합니다.

⑥ ▣ **아래쪽 맞춤(Align Bottom)** : 컴포지션 또는 선택된 레이어들의 하단 정렬을 수행합니다.

(2) 레이어 분포(Distribute Layer)

세 개 이상의 레이어를 선택했을 때 활성화되며 선택한 레이어들의 간격을 자동으로 균등하게 정렬합니다.

① ▣ **위쪽 분포(Distribute Top)** : 선택한 레이어들의 최상단 기준으로 간격을 균등하게 정렬합니다.

② ▣ **세로로 분포(Distribute Vertically)** : 선택한 레이어들의 세로 간격을 동일하게 정렬합니다.

③ ▣ **아래쪽 분포(Distribute Bottom)** : 선택한 레이어들의 최하단 기준으로 간격을 균등하게 정렬합니다.

④ ▣ **왼쪽 분포(Distribute Left)** : 선택한 레이어들의 최좌측 기준으로 간격을 균등하게 정렬합니다.

⑤ ▣ **가로로 분포(Distribute Horizontally)** : 선택한 레이어들의 가로 간격을 동일하게 정렬합니다.

⑥ ▣ **오른쪽 분포(Distribute Right)** : 선택한 레이어들의 최우측 기준으로 간격을 균등하게 정렬합니다.

10. 문자(Character) 패널

문자 패널은 텍스트의 글꼴, 크기, 색상 및 스타일을 설정하고 수정할 수 있는 기능을 제공합니다.

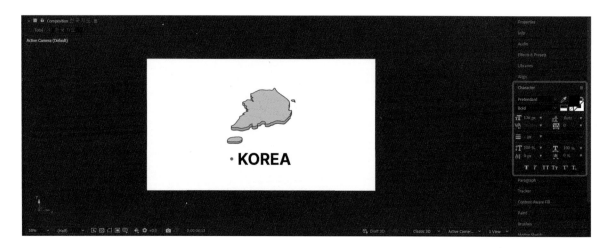

① 글꼴 설정 : 텍스트에 사용할 폰트와 스타일을 적용합니다.

② 색상 및 외곽선 : 텍스트의 내부 색상과 외곽선 색상을 설정합니다.

③ 크기 및 간격 : 텍스트 크기, 행간, 선택 문자의 자간 등을 설정합니다.

④ 외곽선 두께 및 스타일 : 외곽선의 두께와 스타일을 설정합니다.

⑤ 텍스트 변형 : 텍스트의 수평, 수직, 기준선 이동 등을 설정합니다.

⑥ 텍스트 옵션 : 텍스트를 대문자, 소문자 또는 기울기 등 다양한 스타일로 변경할 수 있습니다.

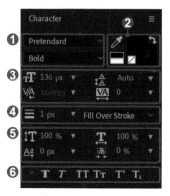

11. 단락(Paragraph) 패널

단락 패널은 텍스트의 정렬, 여백, 간격 등 단락에 관련된 세부 설정을 조정하는 기능 및 다양한 정렬 방식과 들여쓰기 옵션 등을 제공합니다.

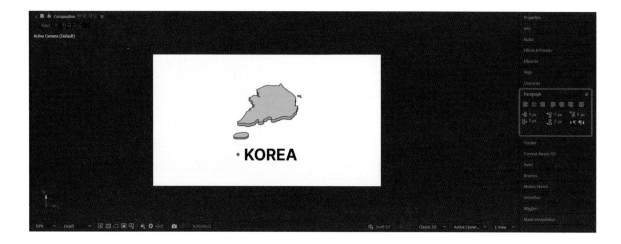

① 정렬 : 다양한 정렬 옵션을 제공합니다.

② 들여쓰기 및 줄 간격 : 왼쪽, 오른쪽 들여쓰기와 단락의 앞뒤 간격을 조
정합니다.

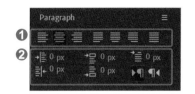

12. 효과 컨트롤(Effect Controls) 패널

효과 컨트롤 패널은 선택된 레이어에 적용된 효과와 해당 효과의 세부 설정을
관리할 수 있는 공간입니다. 이 패널을 통해 다양한 효과의 속성값 조정과
애니메이션 설정을 할 수 있습니다.

효과 컨트롤 패널은 보통 프로젝트 패널과 같은 탭에 위치합니다.

단축키

효과 컨트롤 패널 표시/숨기기
: 레이어 선택 후 F3

① 선택한 레이어의 이름을 표시합니다.

② 적용된 효과 목록을 확인합니다.

③ 적용된 효과의 세부 설정을 확인합니다.

13. 레이어(Layer) 패널

타임라인 패널에서 레이어를 더블 클릭하면 컴포지션 패널 탭 옆으로 레이어 패널이 생성됩니다. 레이어 패널에서는 브러시 도구를 사용하여 페인트 작업을 하거나 로토 브러시 또는 트래킹 등의 작업을 할 수 있습니다. 레이어 패널은 레이어 더블 클릭 시 컴포지션 패널 탭 옆으로 생성됩니다.

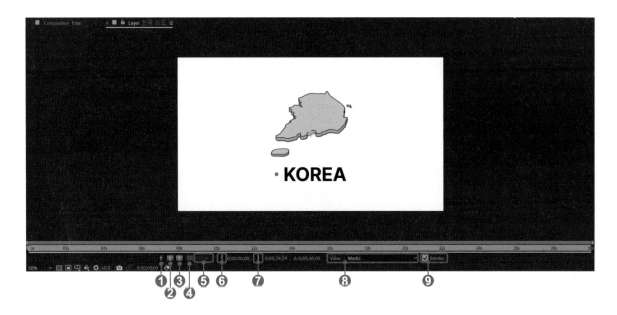

① 🚶 **알파 켜기/끄기(Toggle Alpha)** : 알파 채널 형식을 블랙&화이트 형식으로 보여줍니다.

② 🚶 **알파 경계 켜기/끄기(Toggle Alpha Boundary)** : 알파 채널의 경계를 시각적으로 강조하여 표시합니다.

③ 🚶 **알파 오버레이 켜기/끄기(Toggle Alpha Overlay)** : 알파 채널을 제외한 부분을 오버레이로 보여줍니다.

④ ⬛ **알파 경계/오버레이 색상(Alpha Boundary/Overlay Color)** : 알파 영역을 강조할 색상을 설정합니다.

⑤ 🔲 **알파 경계/오버레이 불투명도(Alpha Boundary/Overlay Opacity)** : 알파값을 투명도를 설정합니다.

⑥ 🔧 **시작 지점을 현재 시간으로 설정(Set IN point to current time)** : 작업의 시작 지점을 설정합니다.

⑦ 🔧 **종료 지점을 현재 시간으로 설정(Set OUT point to current time)** : 작업의 종료 지점을 설정합니다.

⑧ View: **보기(View)** : 편집할 효과 또는 레이어 컨트롤을 선택합니다.

⑨ ✔Render **렌더링(Render)** : 현재 보기에 대한 렌더링 결과를 표시합니다.

14. 미리보기(Preview) 패널

작업한 결과물을 컴포지션에 실시간으로 재생하여 확인할 수 있도록 도와줍니다. 미리보기에 대한 다양한 옵션을 설정할 수 있습니다.

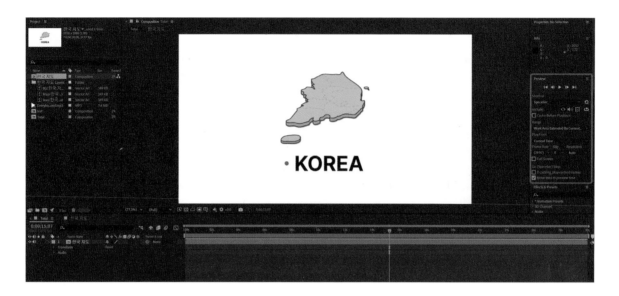

① ◀◀ 첫 번째 프레임(First Frame) : 컴포지션 첫 번째 프레임으로 이동합니다.

② ◀◁ 이전 프레임(Previous Frame) : 현재 시간에서 1프레임 앞으로 이동합니다.

③ ▶ 재생/중지(Play/Stop) : 미리보기를 재생하거나 중지합니다.

④ ▷▶ 다음 프레임(Next Frame) : 현재 시간에서 1프레임 뒤로 이동합니다.

⑤ ▶▶ 마지막 프레임(Last Frame) : 컴포지션의 마지막 프레임으로 이동합니다.

⑥ 단축키(Shortcut) : 재생 단축키를 설정합니다.

⑦ 다음 포함(Include) : 재생 항목을 선택합니다.

⑧ ⬆ 반복 옵션(Loop Option Play) : 반복 옵션을 설정합니다.

⑨ 재생 전에 캐시(Cache Before Playback) : 재생하기 전 메모리 캐시를 저장합니다.

⑩ 범위(Range) : 재생할 범위를 선택합니다.

⑪ 재생 시간(Play From) : 재생 시작 지점을 설정합니다.

⑫ 프레임 속도(Frame Rate) : 프레임 수를 설정합니다.

⑬ 건너뛰기(Skip) : 미리보기 시간을 단축시키기 위해 건너뛰기를 설정합니다.

⑭ 해상도(Resolution) : 미리보기 해상도를 설정합니다.

⑮ 전체 화면(Full Screen) : 해당 옵션을 활성화하면 전체 화면으로 미리보기가 실행됩니다.

⑯ (스페이스바) 중지 시[On (Space bar) Stop] : Space bar 를 눌러 재생을 멈출 때 옵션을 설정합니다.

15. 그래프 편집기(Graph Editor) 패널

그래프 편집기는 애니메이션의 속도와 타이밍을 시각적으로 편집할 수 있게 도와줍니다. 타임라인 패널 내에서 키 프레임의 속성 변화를 그래프 형태로 확인하고, 이를 조정하여 정교한 애니메이션 효과를 구현할 수 있습니다. 타임라인 패널에 있는  그래프 편집기 아이콘을 클릭하면, 타임라인에 표시된 레이어가 그래프 형태로 변경됩니다.

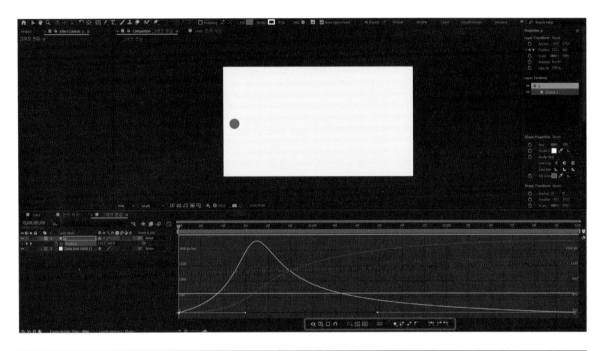

① 👁 그래프 편집기에 표시되는 속성 표시(Choose which properties are shown in the graph editor) : 드롭 메뉴를 통해 그래프 편집기에서 어떤 속성으로 보여줄 것인지 선택합니다.

② 📧 그래프 유형 및 옵션 선택(Choose graph type and options) : 드롭 메뉴를 통해 그래프 편집기에 특정 속성을 필터링하여 표시합니다.

③ ⊞ 여러 키가 선택된 경우 변형 상자 표시(Show Transform Box when multiple keys are selected) : 여러 개의 키 프레임을 선택했을 경우 박스 형태의 조정 핸들이 표시됩니다.

④ ∩ 스냅(Snap) : 키 프레임을 가까운 그리드나 다른 키 프레임에 맞춰 자동 정렬합니다.

⑤ ↕Q 그래프 높이 자동 확대/축소(Auto zoom graph height) : 그래프에 따라 높이가 자동으로 조정됩니다.

⑥ 🗔 선택 항목을 뷰에 맞춤(Fit selection to view) : 선택한 속성의 그래프가 패널 크기에 맞춰 자동 조정됩니다.

⑦ 🗔 모든 그래프를 뷰에 맞춤(Fit all graphs to view) : 그래프 편집기에 표시된 모든 그래프를 패널에 맞게 조정합니다.

⑧ 🔲 차원 분리(Separate Dimensions) : 선택한 키 프레임의 X, Y, Z 차원 값을 개별적으로 표시합니다.

⑨ 🔷 선택한 키 프레임 편집(Edit selected keyframes) : 선택한 키 프레임을 드롭 메뉴를 통해 변경합니다.

⑩ 🔳 선택한 키 프레임을 홀드로 변환(Convert selected keyframes to Hold) : 선택한 키 프레임을 정지된 상태로 유지하여 변화를 중단합니다.

⑪ 🔳 선택한 키 프레임을 선형으로 변환(Convert selected keyframes to Linear) : 선택한 키 프레임을 일정한 속도로 변환하도록 직선 형태로 조정합니다.

⑫ 🔳 선택한 키 프레임을 자동 베지어로 변환(Convert selected keyframes to Auto Bezier) : 선택한 키 프레임을 곡선 형태로 변환시킵니다.

⑬ 🔳 천천히 들어오기 및 나가기(Easy Ease) : 키 프레임의 시작과 끝을 부드럽게 가속 및 감속하도록 조정합니다.

⑭ 🔳 천천히 들어오기(Easy Ease In) : 들어오는 값만 자연스럽게 변환시킵니다.

⑮ 🔳 천천히 나가기(Easy Ease Out) : 나가는 값만 자연스럽게 변환시킵니다.

프로젝트 파일 다루기

애프터 이펙트에서 프로젝트 파일은 미디어 파일의 경로, 컴포지션 구성, 설정 정보 등의 전반적인 작업과정을 저장합니다. 이번 시간에는 프로젝트 파일을 생성, 저장, 불러오는 방법과 프로젝트 설정 방법에 대해 배워보겠습니다.

1. 프로젝트 파일 다루기

(1) 홈 화면에서 새로운 프로젝트 파일 생성

❶ [New project] 클릭

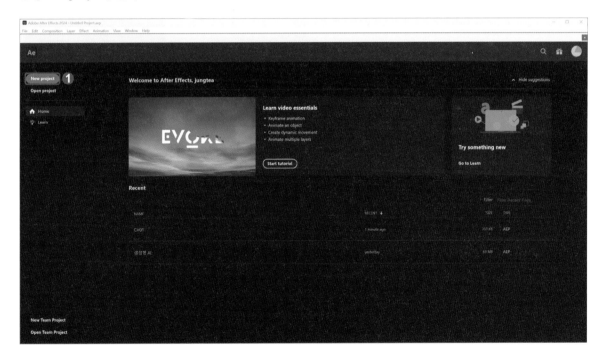

(2) 편집 화면에서 새로운 프로젝트 파일 생성

❶ 편집 화면에서 메뉴바>[File]>[New]>
[New Project] 클릭

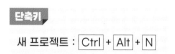

새 프로젝트 : Ctrl + Alt + N

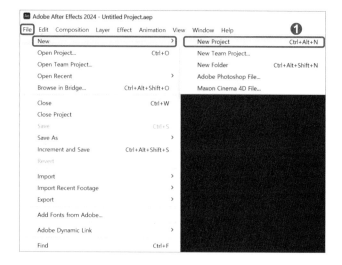

(3) 프로젝트 파일 저장

❶ 편집 화면에서 메뉴바>[File]>[Save] 클릭

저장 : Ctrl + S

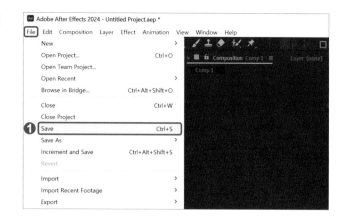

※ 프로젝트 파일을 처음 저장할 때는 파일명
과 경로를 지정해야 합니다.

(4) 홈 화면에서 프로젝트 파일 불러오기

❶ 홈 화면 > 최근 작업 중인 프로젝트 파일 선택

❷ [Open project] 클릭 > 원하는 경로에 있는 프로젝트 파일 선택

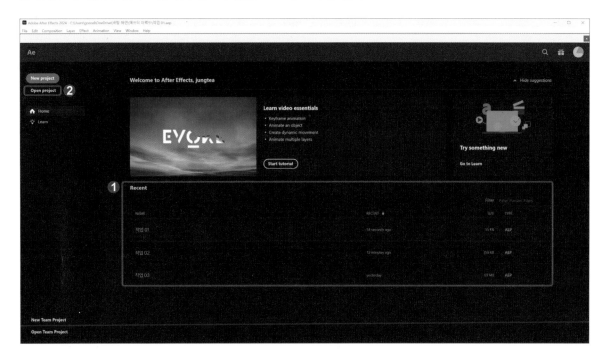

(5) 편집 화면에서 프로젝트 파일 불러오기

❶ 편집 화면에서 메뉴바 > [File] > [Open Project] 클릭

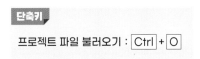

프로젝트 파일 불러오기 : Ctrl + O

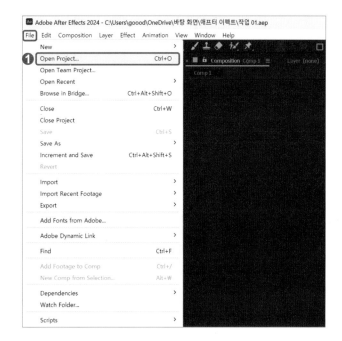

2. 프로젝트 설정 값 변경하기

프로젝트 설정은 애프터 이펙트에서 새로운 프로젝트를 시작하거나 기존 프로젝트를 관리할 때 전체 작업 환경과 기본 설정을 정의하는 중요한 단계입니다. 이 설정을 통해 프로젝트의 비디오 렌더링 방식, 시간 표시 형식, 색상 깊이, 오디오 샘플링 속도 그리고 표현식 사용 여부 등을 결정할 수 있습니다.

(1) 프로젝트 설정 창 열기

메뉴바>[File]>[Project Settings] 선택 혹은 [프로젝트 설정] 단축키 Ctrl + Alt + Shift + K 를 이용하여 프로젝트 설정 창을 열 수 있습니다.

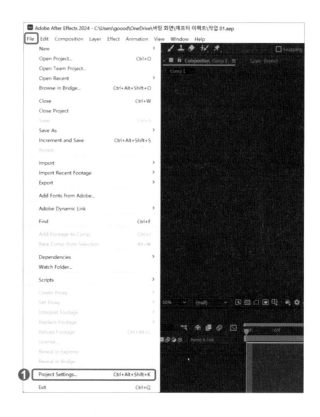

(2) 비디오 렌더링 및 효과(Video Rendering and Effects)

GPU와 CPU 렌더링 옵션을 선택합니다.

① Mercury GPU Acceleration(CUDA) : NVIDIA 그래픽 카드를 사용하는 경우 GPU 가속을 활용해 빠르고 효율적인 렌더링이 가능합니다.

② Mercury GPU Acceleration(OpenCL) : OpenCL 기반 GPU 가속 옵션입니다.

③ Mercury Software Only : GPU 없이 CPU만을 사용하여 렌더링을 수행합니다. 렌더링 시간이 상대적으로 길어질 수 있습니다.

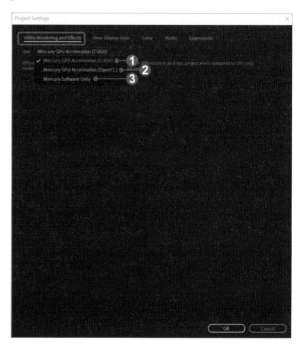

(3) 시간 표시 스타일(Time Display Style)

해당 프로젝트의 시간 표시를 시간 코드, 프레임으로 설정하고 항목별 세부설정을 합니다.

① **시간 코드(Timecode)** : 작업 시간이 (00:00:00:00) 형식으로 표시됩니다.

② **프레임(Frames)** : 작업 시간이 프레임 수로 표시됩니다.

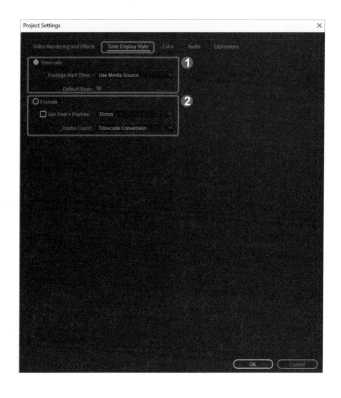

(4) 색상(Color)

색상 관련 설정을 변경할 수 있습니다. 일반적인 경우, 기본값을 그대로 사용해도 무방합니다.

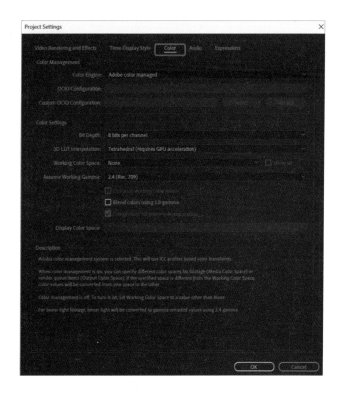

(5) 오디오(Audio)

프로젝트의 오디오 샘플링 속도를 선택합니다.
일반적으로 48kHz가 기본값으로 사용됩니다.

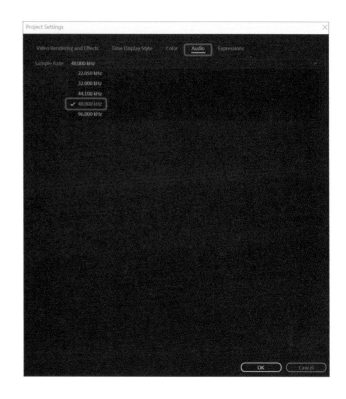

(6) 표현(Expressions)

애프터 이펙트의 표현식 엔진인 JavaScript
기반 Expressions를 활성화하거나 비활성화
합니다.

작업 환경(Preferences) 설정

작업 환경 설정은 소프트웨어의 기본 동작과 사용자 경험을 사용자가 원하는 방식으로 조정할 수 있도록 제공됩니다. 인터페이스, 메모리 및 성능, 미디어 및 캐시와 같은 다양한 옵션을 조정하여 최적화된 작업 환경을 구축할 수 있습니다.

1. 작업 환경 설정 창 열기

메뉴바>[Edit]>[Preferences] 선택 후 [Preferences] 하위 메뉴에서 항목을 선택하거나 [작업 환경 설정] 단축키 Ctrl + Alt + ;를 입력하여 작업 환경 설정 창을 열 수 있습니다.

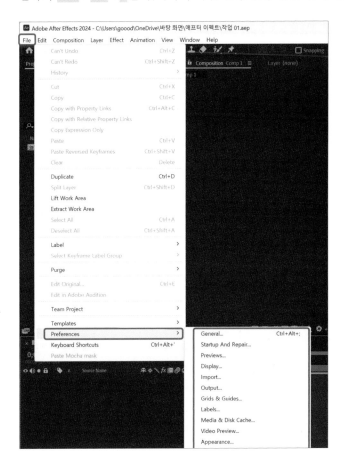

2. 작업 환경 알아보기

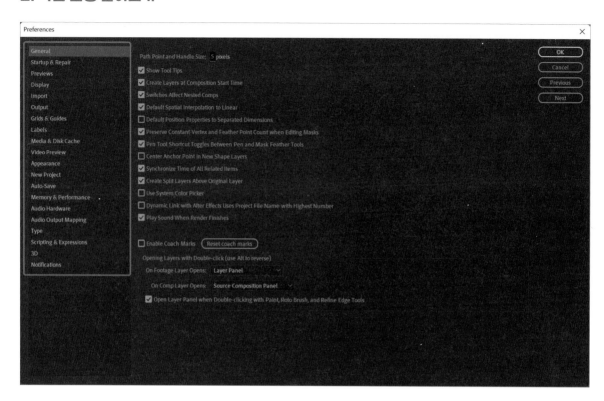

① **일반(General)** : 애프터 이펙트의 기본적인 설정을 조정합니다. 인터페이스 동작과 관련된 주요 옵션들을 설정합니다.

② **시작 및 복구(Startup&Repair)** : 소프트웨어 실행 시 초기 설정과 복구 옵션을 관리합니다.

③ **미리보기(Previews)** : 미리보기 품질과 캐싱 설정을 조정하여 작업 중 재생 성능을 최적화합니다.

④ **디스플레이(Display)** : UI의 표시 방식과 화면 관련 설정을 변경합니다.

⑤ **가져오기(Import)** : 파일을 프로젝트에 가져올 때의 기본 동작과 옵션을 설정합니다.

⑥ **출력(Output)** : 렌더링 결과물의 출력 설정을 정의합니다.

⑦ **격자 및 안내선(Grids&Guides)** : 작업화면에 표시되는 그리드와 안내선 관련 옵션을 조정합니다.

⑧ **레이블(Labels)** : 레이어와 파일에 적용되는 색상 레이블을 설정합니다.

⑨ **미디어 및 디스크 캐시(Media&Disk Cache)** : 캐시 위치와 용량을 관리하여 작업 성능을 향상시킵니다.

⑩ **비디오 미리 보기(Video Preview)** : 외부 모니터를 통해 비디오를 미리 볼 때의 설정을 조정합니다.

⑪ **모양(Appearance)** : 인터페이스 색상 등의 설정을 변경합니다.

⑫ **새 프로젝트(New Project)** : 새 프로젝트 생성 시 초기값 및 옵션을 설정합니다.

⑬ **자동 저장(Auto-Save)** : 작업 중 프로젝트를 자동으로 저장하는 간격과 위치를 설정합니다.

⑭ **메모리 및 성능(Memory&Performance)** : 사용 가능한 메모리와 GPU 성능 설정을 관리합니다.

⑮ **오디오 하드웨어(Audio Hardware)** : 소프트웨어가 사용하는 오디오 장치를 선택합니다.

⑯ **오디오 출력 매핑(Audio Output Mapping)** : 오디오 출력 채널을 설정합니다.

⑰ **유형(Type)** : 텍스트 관련 기본 설정을 조정합니다.

⑱ **스크립팅 및 표현식(Scripting&Expressions)** : 스크립트와 표현식 사용을 위한 환경 설정을 정의합니다.

⑲ **3D** : 카메라 내비게이션의 단축키 사용을 설정합니다.

⑳ **알림(Notifications)** : 작업 중 소프트웨어에서 제공되는 알림 메시지 설정을 조정합니다.

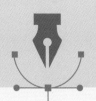

CHAPTER 02

영상을 만드는 과정은 요리를 준비하는 것과 많이 닮아 있습니다. 훌륭한 요리를 위해서는 신선한 재료를 잘 정리하고, 요리할 공간을 깨끗이 정돈하며 필요한 조리 도구를 갖추는 일이 중요합니다. 이번 챕터에서는 애프터 이펙트 작업의 첫 단계인 재료 준비(파일 불러오기), 작업 공간 구성(컴포지션 만들기), 그리고 타임라인 활용에 대해 배워보겠습니다.

제작 준비

SECTION 01

제작 준비 단계의 프로젝트(Project) 패널

프로젝트(Project) 패널은 작업을 시작할 때 필요한 모든 재료를 모아두는 곳입니다. 이번 시간에는 프로젝트 패널을 활용해 작업에 필요한 소스 파일을 불러오고 체계적으로 관리하는 방법을 배워보겠습니다.

1. 프로젝트(Project) 패널로 파일 불러오기

프로젝트 패널로 동영상, 이미지, 오디오와 같은 단일 미디어 파일을 불러오는 가장 기본적인 방법에 대해 배워보겠습니다.

(1) 메뉴바 이용

❶ 메뉴바 > [File] > [Import] > [File] 클릭

단축키

파일 가져오기 : Ctrl + I

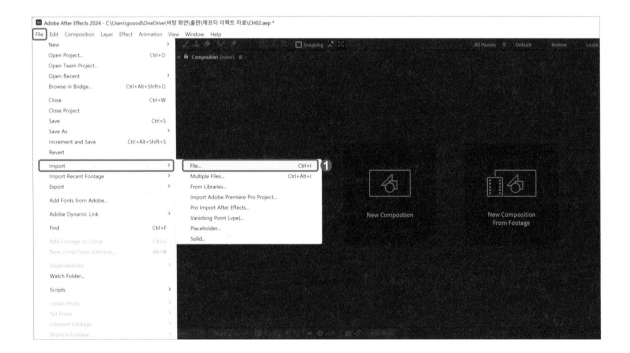

❷ [애프터 이펙트]>[자료] 폴더로 경로 이동>동영상 파일 선택

❸ [가져오기(Import)] 버튼 클릭

❹ 프로젝트 패널에서 새롭게 불러온 파일 확인

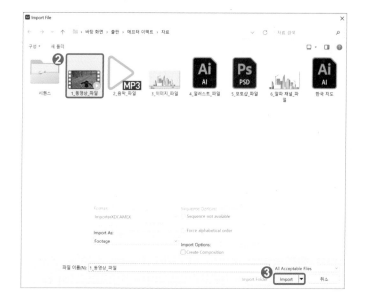

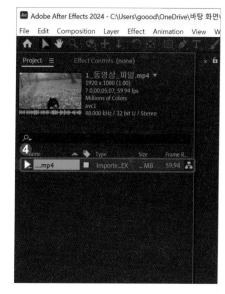

(2) 프로젝트 패널 이용

❶ 프로젝트 패널의 빈 공간을 더블 클릭

❷ [애프터 이펙트]>[자료] 폴더로 경로 이동>음악 파일 선택

❸ [가져오기(Import)] 버튼 클릭

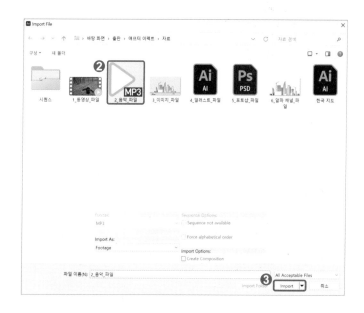

④ 프로젝트 패널에서 새롭게 불러온 파일 확인

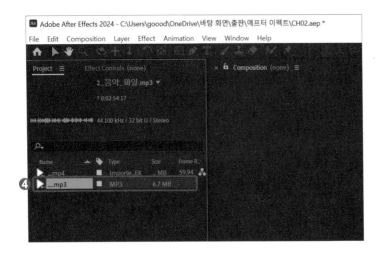

(3) 드래그 앤 드랍

❶ 윈도우 탐색기에서 [애프터 이펙트]>[자료] 폴더 열기>이미지 파일을 마우스로 클릭 후 프로젝트 패널로 드래그

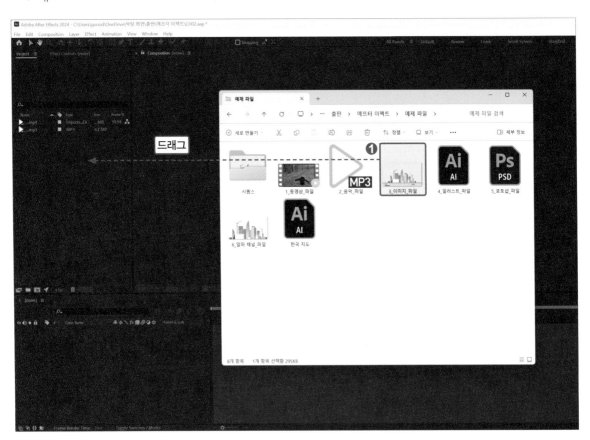

❷ 프로젝트 패널에서 새롭게 불러온 파일 확인

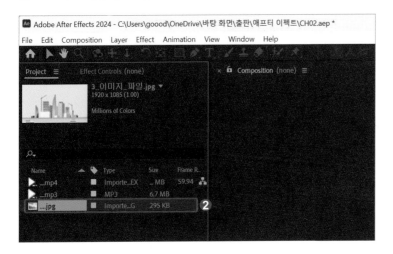

2. 프로젝트(Project) 패널로 포토샵, 일러스트레이터 파일 불러오기

애프터 이펙트로 레이어가 포함된 파일을 불러올 때 필요한 다양한 설정 방법에 대해 알아보겠습니다.

(1) 레이어가 포함된 파일 불러오기

❶ 파일 불러오기 단축키 Ctrl + I 를 눌러 불러오기 창 활성화

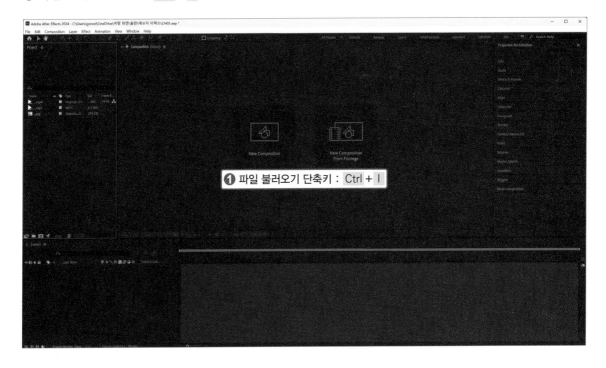

Tip 레이어가 포함된 파일 불러오기 세부 설정

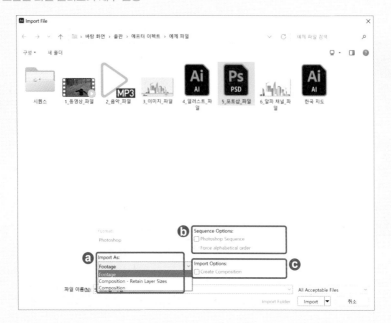

ⓐ **다른 형식으로 가져오기(Import As)** : 개별 파일로 불러오기(Footage), 레이어 구조 유지(Composition), 레이어 개별
크기 유지(Composition-Retain Layer Sizes) 중 하나를 선택할 수 있습니다.

ⓑ **시퀀스 옵션(Sequence Options)**
- 포토샵 시퀀스(Photoshop Sequence) : 여러 개의 파일을 연속적인 프레임으로 가져옵니다. 동영상처럼 재생되도록
  설정할 수 있습니다.
- 사전 순으로 강제 정렬(Force alphabetical order) : 파일 이름을 사전 순으로 정렬하여 가져옵니다.

ⓒ **가져오기 옵션(Import Options)**
- 컴포지션 만들기(Create Composition) : 가져온 파일을 기준으로 새로운 컴포지션을 자동으로 생성합니다.

❷ 포토샵 파일 선택

❸ [가져오기(Import)] 버튼 클릭 > [가져
오기 옵션] 활성화

※ 일러스트레이터 파일도 동일한 방법으로 가
져옵니다.

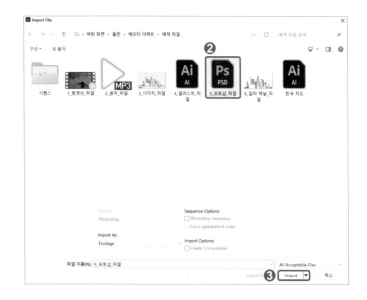

(2) [가져오기 옵션] 알아보기 - 포토샵 파일

① **푸티지(Footage)** : 포토샵 파일을 단일 이미지로 가져오거나 여러 레이어 이미지를 하나의 통합된 파일로 불러옵니다.

ⓐ **병합된 레이어(Merged Layers)** : 모든 레이어를 하나의 이미지로 병합하여 가져옵니다.

ⓑ **레이어 선택(Choose Layer)** : 선택한 특정 레이어만 개별적으로 가져옵니다.

ⓒ **레이어 스타일을 푸티지로 병합(Merge Layer Styles into Footage)** : 포토샵 레이어 스타일을 그대로 유지하면서 푸티지로 병합합니다.

ⓓ **레이어 스타일 무시(Ignore Layer Styles)** : 레이어 스타일을 제외하고 이미지를 가져옵니다.

ⓔ **레이어 크기(Layer Size)** : 각 레이어의 크기를 기준으로 가져옵니다.

ⓕ **문서 크기(Document Size)** : 포토샵 캔버스 크기를 기준으로 가져옵니다.

 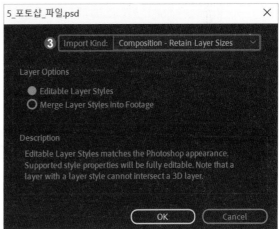

② **컴포지션(Composition)** : 포토샵 파일을 개별 레이어 단위로 유지하며, 각 레이어를 독립적으로 편집할 수 있는 상태로 가져옵니다.

ⓐ **편집 가능한 레이어 스타일(Editable Layer Styles)** : 포토샵에서 적용된 레이어 스타일을 그대로 유지하며, 애프터 이펙트에서 수정할 수 있도록 불러옵니다.

ⓑ **레이어 스타일을 푸티지로 병합(Merge Layer Styles into Footage)** : 포토샵 레이어 스타일을 병합하여 레이어 스타일을 하나의 이미지로 처리합니다. 수정이 불가합니다.

③ **컴포지션-레이어 크기 유지(Composition-Retain Layer Sizes)** : 각 레이어의 크기를 원본 그대로 유지하며 컴포지션으로 가져옵니다. 이렇듯 포토샵 파일을 불러올 때는 레이어 병합 유무, 레이어의 크기, 효과 수정 여부 등을 결정할 수 있습니다.

(3) [가져오기 옵션] 알아보기 – 일러스트레이터 파일

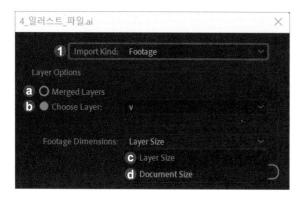 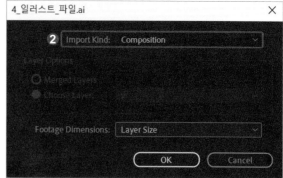

① 푸티지(Footage) : 일러스트레이터 파일을 단일 이미지로 가져오거나 여러 레이어 이미지를 하나의 통합된 파일로 불러옵니다.

ⓐ 병합된 레이어(Merged Layers) : 모든 레이어를 하나의 이미지로 병합하여 가져옵니다.

ⓑ 레이어 선택(Choose Layer) : 선택한 특정 레이어만 개별적으로 가져옵니다.

ⓒ 레이어 크기(Layer Size) : 각 레이어의 크기를 기준으로 가져옵니다.

ⓓ 문서 크기(Document Size) : 포토샵 캔버스 크기를 기준으로 가져옵니다.

② 컴포지션(Composition) : 일러스트레이터 파일을 개별 레이어 단위로 유지하며, 각 레이어를 독립적으로 편집할 수 있는 상태로 가져옵니다.

3. 프로젝트(Project) 패널로 시퀀스 파일 불러오기

시퀀스 파일은 여러 개의 이미지 파일을 연속적으로 불러와 하나의 동영상처럼 재생할 수 있도록 하는 방식입니다. 주로 프레임 단위의 정밀한 작업이 필요할 때 활용되며, 애니메이션 제작이나 스톱 모션 효과를 만들 때 유용하게 사용됩니다.

❶ 파일 불러오기 단축키 Ctrl + I 를 눌러 불러오기 창 활성화

❷ [애프터 이펙트] > [예제 파일] > [자료] > [시퀀스] 폴더 선택

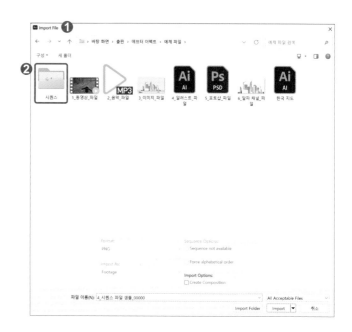

❸ 연속된 번호를 가진 이미지 파일 중 하나를 선택

❹ 시퀀스 옵션(Sequence Option)의 [PNG Sequence]를 선택

❺ [가져오기(Import)] 버튼 클릭

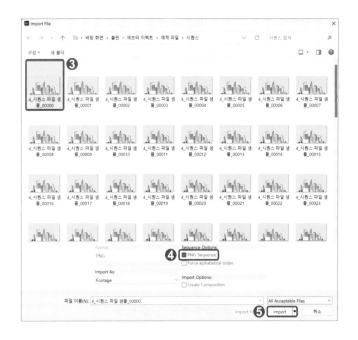

※ 시퀀스 파일은  모양 아이콘으로 표기됩니다.

❻ 파일 더블 클릭 > 푸티지(Footage) 패널 활성화

❼ 화면 재생 시 동영상과 동일하게 재생되는 것을 확인

4. 푸티지 해석(Interpret Footage) 알아보기

푸티지 해석은 애프터 이펙트에서 불러온 미디어 파일(Footage)의 속성을 수정하거나 재정의하는 기능입니다. 푸티지 파일의 알파 채널, 프레임 속도, 색상 프로파일 등을 설정할 수 있습니다.

> **Tip** 알파 채널은 투명도를 담고 있는 정보입니다. 쉽게 말해 이미지나 영상에서 보이는 부분과 투명한 부분을 결정하는 역할을 합니다.

(1) 푸티지 해석(Interpret Footage) 창 활성화

❶ 프로젝트 패널에서 앞 시간에서 불러온 시퀀스 파일 선택>마우스 우클릭

❷ [푸티지 해석(Interpret Footage)]>[기본(Main)]을 클릭하거나 [푸티지 해석] 단축키 **Ctrl + Alt + G** 를 눌러 창 활성화

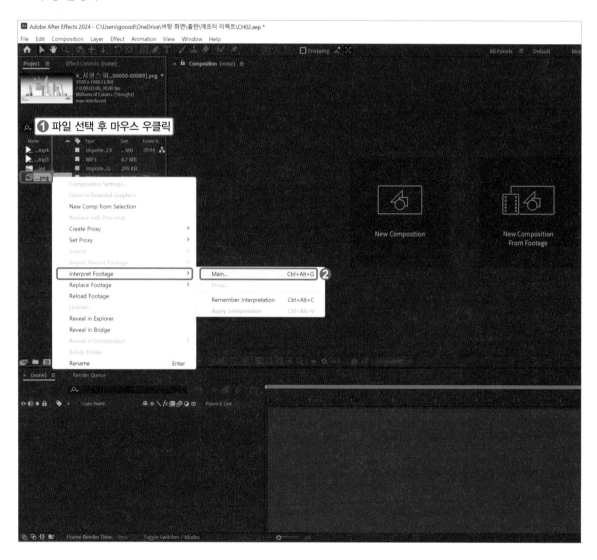

(2) 푸티지 해석(Interpret Footage) 알아보기 – 기본 옵션(Main Options)

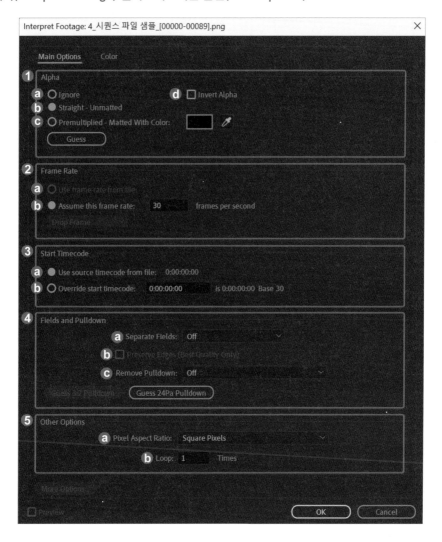

① 알파(Alpha) : 푸티지 파일의 투명도를 설정합니다.

 ⓐ 무시(Ignore) : 알파 채널을 무시하고 불투명한 상태로 불러옵니다.

 ⓑ 스트레이트-매트 해제(Straight-Unmatted) : 배경색과 혼합되지 않은 알파 채널을 적용합니다.

 ⓒ 미리 곱하기-색상으로 매트화(Premultiplied-Matted With Color) : 알파 채널이 배경색과 혼합됩니다. 필요에 따라 사용자가 배경색을 지정할 수 있습니다.

 ⓓ 알파 반전(Invert Alpha) : 알파 채널의 값을 반전시킵니다.

② 프레임 속도(Frame Rate) : 푸티지 파일의 재생 속도를 조정합니다.

 ⓐ 파일의 프레임 속도 사용(Use frame rate from file) : 파일에 설정된 원본 프레임 속도를 사용합니다.

 ⓑ 이 프레임 속도 가정(Assume this frame rate) : 사용자가 원하는 프레임 속도로 수정합니다.

③ 시작 시간 코드(Start Timecode) : 푸티지 시간 코드를 설정합니다.

 ⓐ 파일에서 소스 시간 코드 사용(Use source timecode from file) : 파일에 저장된 기본 시간 코드를 사용합니다.

 ⓑ 시작 시간 코드 재정의(Override start timecode) : 새로운 시간 코드를 지정합니다.

④ 필드 및 풀다운(Fields and Pulldown) : 파일의 필드를 처리합니다.

   ⓐ 필드 구분(Separate Fields) : 상하 필드를 구분하여 인터레이스 문제를 보정합니다.

   ⓑ 가장자리 유지(최고 품질 전용)[Preserve Edges(Best Quality Only)] : 가장자리를 선명하게 유지합니다.

   ⓒ 풀다운 제거(Remove Pulldown) : 인터레이스된 소스에서 필드 데이터를 제거하여 깔끔한 영상으로 변환합니다.

⑤ 기타 옵션(Other Options)

   ⓐ 픽셀 종횡비(Pixel Aspect Ratio) : 픽셀 비율을 설정하거나 변경합니다.

   ⓑ 반복(Loop) : 푸티지 반복 재생 횟수를 지정합니다.

SECTION 02

작업공간을 만드는 컴포지션(Composition) 패널

프로젝트 패널로 파일을 불러온 후에는 컴포지션(Composition)을 만들어야 합니다. 컴포지션 패널은 뷰어(Viewer)라 고도 불리며 텍스트 입력, 오브젝트 크기 조절, 회전, 도형 및 펜 도구 활용 등 주요 편집 작업이 이루어지는 공간입니다. 또한 애니메이션과 이펙트를 적용하고 결과를 미리보기(Preview) 할 수 있습니다.

1. 컴포지션(Composition)

(1) 컴포지션 만들기

❶ 메뉴바 > [Composition] > [New Composition] 클릭

❷ [확인(OK)] 버튼 클릭

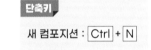

단축키

새 컴포지션 : Ctrl + N

※ 컴포지션 설정(Composition settings) 대화상자에서 컴포지션의 이름, 크기, 해상도 등 기본 옵션을 설정할 수 있습니다.

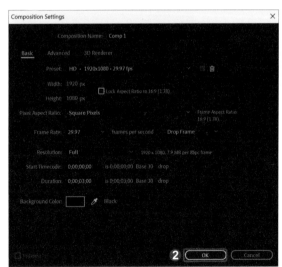

❸ 프로젝트 패널에 만들어진 아이콘 모양의 [Comp 1] 컴포지션 확인

❹ [Comp 1] 컴포지션의 타임라인이 생성된 것을 확인

(2) 컴포지션 설정 변경

❶ 프로젝트 패널에서 새롭게 생성된 [Comp 1] 위에서 마우스 우클릭

❷ 우클릭 메뉴창에서 [컴포지션 설정(Composition Settings)] 클릭

❸ [컴포지션 설정(Composition settings)] 대화상자에서 설정값을 변경

단축키

컴포지션 설정 : 컴포지션 선택 후
Ctrl + K

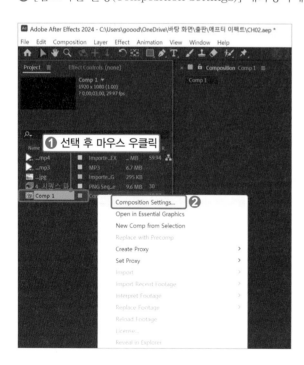

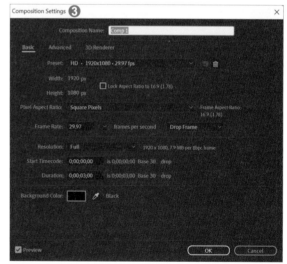

2. 컴포지션 설정(Composition Settings) 알아보기

(1) 기본(Basic)

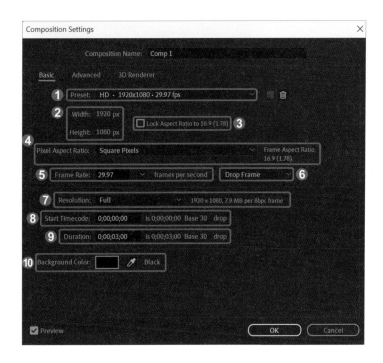

① **사전 설정(Preset)** : 미리 설정된 해상도와 프레임 속도를 선택합니다.

② **폭, 넓이(Width, Height)** : 컴포지션의 가로와 세로 크기를 설정합니다.

③ **종횡비 고정(Lock Aspect Ratio to)** : 가로와 세로의 비율을 고정하거나 자유롭게 설정합니다.

④ **픽셀 종횡비(Pixel Aspect Ratio)** : 픽셀 비율을 설정합니다. 일반적으로 정사각형 픽셀(Square Pixels)이 사용됩니다.

⑤ **프레임 속도(Frame Rate)** : 초당 표시되는 프레임 수를 설정합니다.

⑥ **타임코드 형식 설정(Timecode Format Setting)** : 드롭 프레임(Drop Frame)과 논 드롭 프레임(Non-Drop Frame) 중에서 선택합니다.

⑦ **해상도(Resolution)** : 컴포지션 패널의 미리보기 해상도를 설정합니다.

⑧ **시작 시간 코드(Start Timecode)** : 컴포지션의 시작 시간을 설정합니다.

⑨ **지속 시간(Duration)** : 컴포지션의 전체 길이를 설정합니다.

⑩ **배경색(Background Color)** : 최종 결과물에 반영되지 않는 작업용 배경색을 설정합니다.

(2) 고급(Advanced)

① 앵커(Anchor) : 컴포지션의 크기가 조정되거나 중첩(Pre-composed) 될 때 기준점을 설정합니다.

② 중첩 구성 또는 렌더링 대기열에서 프 레임 속도 유지(Preserve frame rate when nested or in render queue) : 중첩된 컴포지션이나 렌더링 시, 해당 컴포지션의 고유한 프레임 속 도를 유지합니다.

③ 중첩 구성에서 해상도 유지(Preserve resolution when nested) : 중첩된 컴포지션의 해상도를 상위 컴포지 션과 독립적으로 유지합니다.

④ 셔터 각도(Shutter Angle) : 모션 블러 (Motion Blur) 효과의 강도를 설정 합니다.

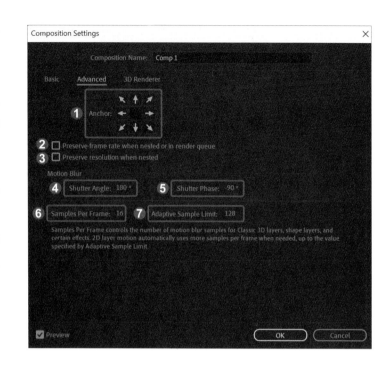

⑤ 셔터 위상(Shutter Phase) : 셔터 각도의 시작 위치를 설정합니다.

⑥ 프레임당 샘플(Samples Per Frame) : 모션 블러나 기타 이펙트에서 프레임당 샘플링 횟수를 설정합니다.

⑦ 자동 선택 샘플 제한(Adaptive Sample Limit) : 모션 블러 및 이펙트에 사용되는 샘플의 최대치를 자동으로 제 한합니다. 대부분의 작업환경에서는 기본값을 유지합니다.

(3) 3D 렌더러(3D Renderer)

① 렌더러(Renderer) : 3D 렌더링 방식 을 선택합니다.

② 옵션(Options...) : 선택된 렌더러의 세부 옵션을 설정합니다.

③ 정보(About...) : 선택된 렌더러에 대 한 상세 정보를 확인할 수 있습니다.

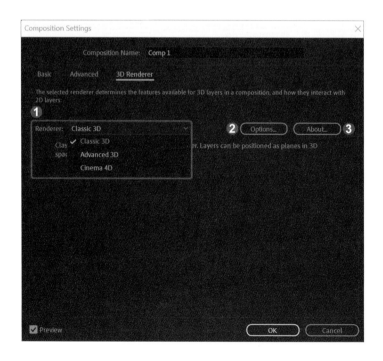

3. 컴포지션(Composition)과 프리 컴프(Pre-compose)의 이해

컴포지션과 프리 컴프의 이해는 애프터 이펙트의 작업 원리를 익히는 데 필수적입니다. 이번 시간에는 예제를 활용하여 프리 컴프를 생성하고 작업 구조를 이해해 보겠습니다.

Tip 컴포지션(Composition)과 프리 컴프(Pre-compose)의 차이점

컴포지션(Composition)	프리 컴프(Pre-compose)
• 애프터 이펙트에서 작업의 기본 단위 • 텍스트, 이미지, 동영상 등 다양한 요소를 추가하고, 애니메이션이나 이펙트를 적용할 수 있는 독립적인 작업 공간	• 하나 이상의 레이어를 새로운 컴포지션으로 그룹화하는 기능 • 기존 컴포지션 내부에서 프리 컴프를 생성하여 작업을 정리하고 그룹화하는 데 활용 • 생성된 프리 컴프는 독립적인 컴포지션으로 관리

예제 파일	예제 파일 / Chapter 02 컴포지션과 프리 컴프의 이해.aep

유튜브 동영상 강의

컴포지션과 프리 컴프의 이해

(1) 프리 컴프(Pre-compose) 만들기

❶ 다운로드한 'Chapter 02 컴포지션과 프리 컴프의 이해.aep' 파일 열기

❷ [comp 1] 타임라인 패널에서 1번 레이어 클릭 > Shift 를 누른 상태에서 6번 레이어까지 선택

❸ 메뉴바 > [Layer] > [Pre-compose] 클릭

❹ 사전 설정(Pre-compose) 창 확인. ❺ [확인(OK)] 버튼 클릭

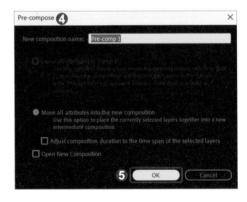

단축키

사전 설정(Pre-compose)

: Ctrl + Shift + C

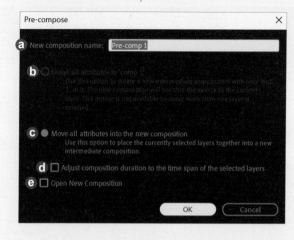

ⓐ **새 컴포지션 이름(New composition name)** : 생성할 프리 컴포지션의 이름을 설정합니다.

ⓑ **모든 특성 유지(Leave all attributes in 'comp')** : 기존 컴포지션에 레이어 속성을 유지한 채로 프리 컴프를 생성합니다.

ⓒ **새 컴포지션으로 모든 특성 이동(Move all attributes into the new composition)** : 레이어의 모든 속성을 프리 컴포지션으로 이동합니다.

ⓓ **컴포지션 지속 시간을 선택한 레이어의 시간 범위에 적용(Adjust composition duration to the time span of the selected layers)** : 새롭게 생성된 프리 컴포지션의 지속시간을 선택한 레이어의 길이에 맞춥니다.

ⓔ **새 컴포지션 열기(Open New Composition)** : 프리 컴프를 생성한 후 새로 생성된 컴포지션을 즉시 열어 편집할 수 있습니다.

❻ 프로젝트 패널에 새롭게 생성된 컴포지션 확인

❼ 선택한 1~6번 레이어가 하나의 새로운 컴포지션으로 그룹화된 것을 확인

❽ 타임라인 패널에서 새로운 컴포지션 더블 클릭

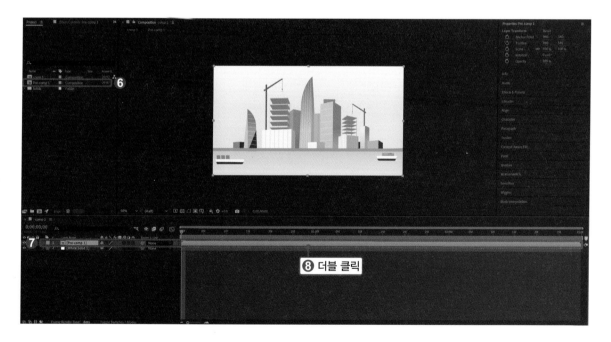

❾ 새롭게 만들어진 컴포지션에서 기존에 있던 1~6번 레이어를 확인

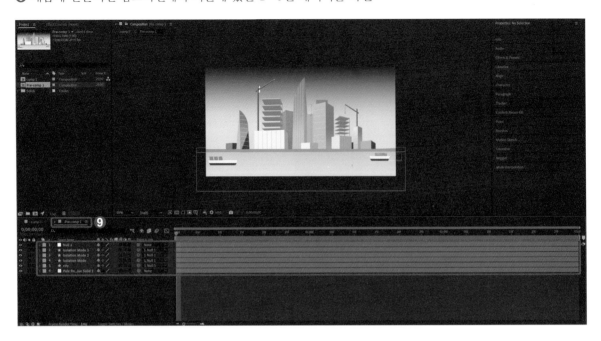

SECTION 03

편집의 핵심,
타임라인(Timeline) 패널

타임라인(Timeline) 패널은 애프터 이펙트에서 레이어의 시간적 배치와 애니메이션을 조정하는 핵심 영역입니다. 일반적으로 영상 편집 소프트웨어에서 타임라인은 시간 축을 따라 클립을 배치하는 공간을 의미하며, 애프터 이펙트에서는 여기에 키 프레임 애니메이션, 효과, 트랜지션 등을 추가할 수 있습니다. 이 패널을 통해 레이어의 시작 및 종료 시점을 조정하고 키 프레임을 배치하며, 모션 그래픽의 흐름을 제어할 수 있습니다. 즉, 영상의 시간적 구성을 설계하는 공간으로 애프터 이펙트의 작업 흐름에서 가장 중요한 역할을 합니다.

1. 타임라인 패널 알아보기

유튜브 동영상 강의

타임라인 패널 알아보기

예제 파일	예제 파일 / Chapter 02 타임라인 패널 살펴보기.aep

(1) 소스 파일 배치

❶ 프로젝트 패널에서 [city02] 파일을 드래그하여 [Comp 01] 타임라인의 첫 번째 레이어로 이동

단축키

컴포지션에 푸티지 항목 추가 : Ctrl + /

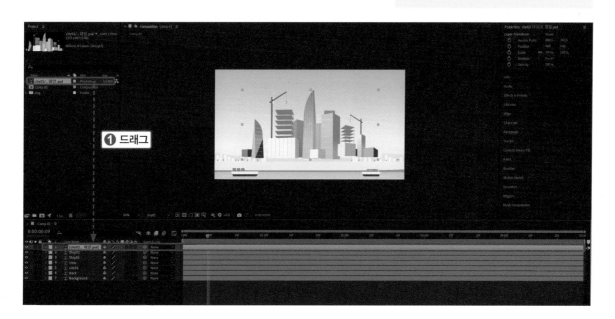

❶ 드래그

❷ 1번 레이어에 위치한 [city02] 선택. ❸ 컴포지션 패널에서 드래그하여 적당한 위치로 이동

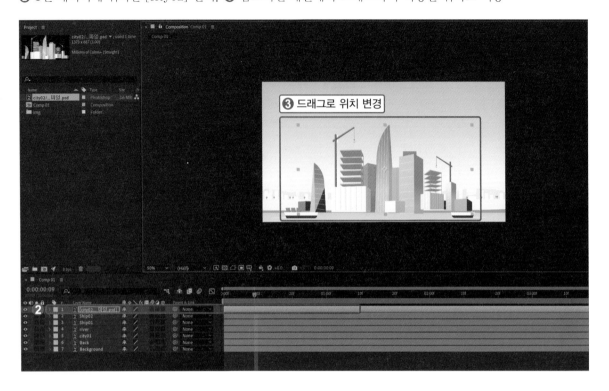

❹ [city02] 레이어가 다른 레이어를 가리므로 레이어 순서를 조정하여 4번 레이어로 이동

❺ [city02] 레이어에 가려져 있던 다른 오브젝트들이 정상적으로 보이는 것을 확인

※ 애프터 이펙트는 가장 상단에 위치한 레이어가 화면에서 앞쪽으로 보이게 됩니다.

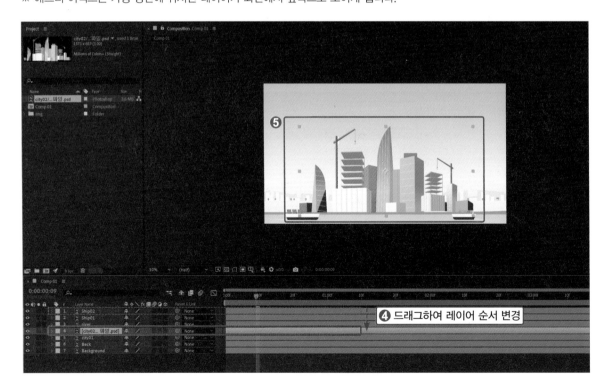

(2) 디스플레이 스타일 변경

※ 기본적으로 디스플레이 스타일은 타임코드 형식[시간:분:초:프레임]으로 되어 있습니다.

❶ 타임코드를 Ctrl 과 함께 클릭 > 디스플레이 스타일이 시간에서 프레임으로 변경 > 다시 Ctrl 과 함께 클릭하여 프레임에서 시간으로 변경

(3) 패널 조작

❶ 해당 영역을 클릭하거나 드래그하여 재생헤드 이동 가능
❷ 해당 영역을 클릭하여 타임라인의 시간대 확대 또는 축소 가능
❸ 마우스 휠을 사용하여 타임라인 패널에서 레이어 목록을 위, 아래로 이동 가능

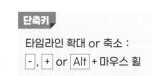

단축키

타임라인 확대 or 축소 :
- , + or Alt + 마우스 휠

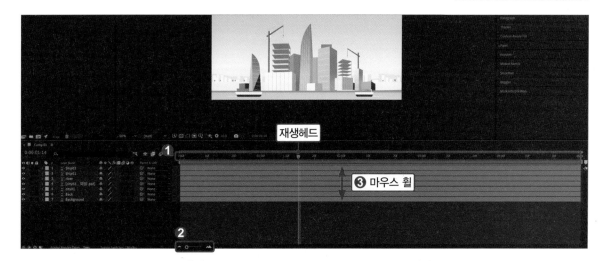

(4) 작업 영역 설정

작업 영역 설정은 미리보기 구간과 렌더링 구간을 정할 때 사용됩니다.

❶ 시작점과 끝점을 마우스로 드래그하여 구간 설정

단축키

• 작업 영역 시작점 설정 : B
• 작업 영역 끝점 설정 : N

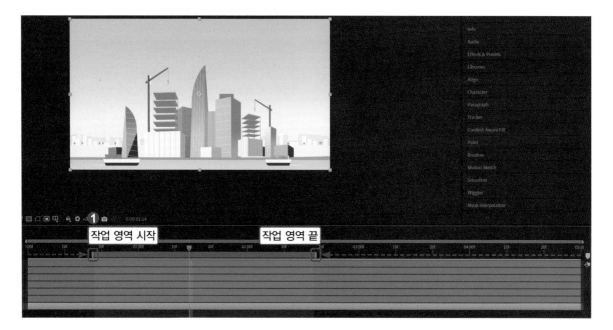

(5) 마커 생성

애프터 이펙트에서의 마커는 메모를 남기거나 음악의 리듬을 표시하는 등 매우 다양하게 사용됩니다.

단축키

레이어 마커 추가 : 숫자 키패드 *

❶ 타임라인 패널에 인디케이터를 위치시킨 후 마커 저장소 버튼 클릭

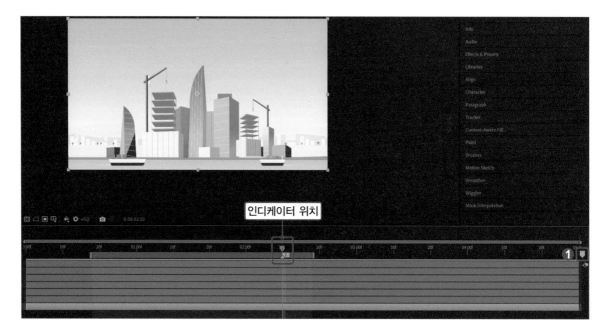

❷ 생성된 마커를 더블 클릭하여 이름, 주석, 색상 등의 속성 변경

2. 패널 확장 모드 사용

타임라인에 있는 다양한 패널 확장에 대해 배워보겠습니다.

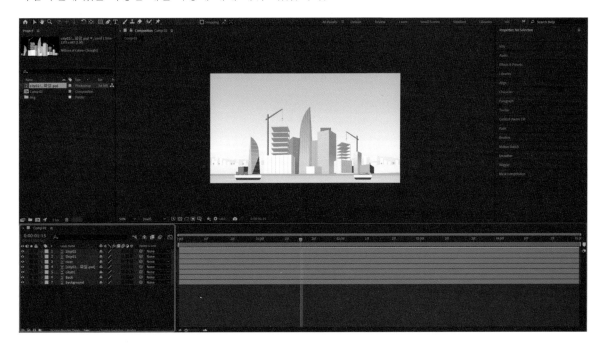

① 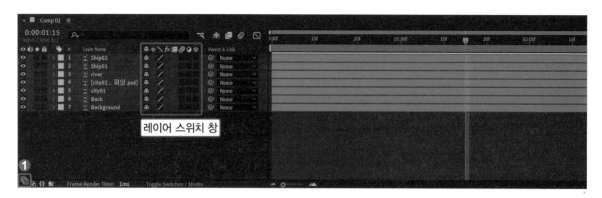 레이어 스위치 창(Expand or Collapse the Layer Switches pane) : 레이어의 다양한 속성을 설정하거나 조작할 수 있는 스위치 옵션을 표시하거나 숨깁니다.

②  전송 컨트롤 창(Expand or Collapse the Transfer Controls pane) : 레이어의 블렌드 모드, 불투명도, 트랙 매트 등을 설정할 수 있는 패널입니다. 레이어 간 혼합 방식과 투명도 조정이 필요할 때 사용됩니다.

③ 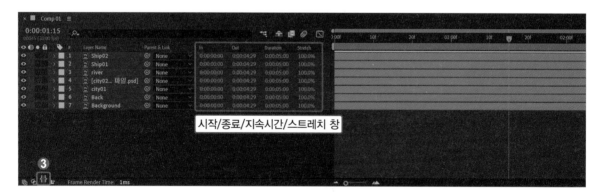 시작/종료/지속시간/스트레치 창(Expand or Collapse the In/Out/Duration/Stretch pane) : 레이어의 시작 시간, 종료 시간, 지속 시간, 속도 조정 관련 정보를 표시하거나 숨깁니다.

④  렌더링 시간 창(Expand or Collapse the Render Time pane) : 레이어의 렌더링 소요시간 정보를 확인하거나 숨길 수 있습니다. 복잡한 작업이나 애니메이션의 렌더링 시간을 확인하여 최적화하는 데 도움을 줍니다.

렌더링 시간 창

④

⑤ Toggle Switches / Modes 스위치/모드 전환(Toggle Switches/Modes) : 자주 사용되는 레이어 스위치 창과 전송 컨트롤 창을 전환할 수 있습니다.

❺ 스위치/모드 전환

단축키

· 스위치/모드 열 켜기/끄기 : F4
· 상위 및 링크 켜기/끄기 : Shift + F4

⑥ 열(Columns) : 레이어 이름 부분을 마우스 우클릭한 후 메뉴에서 열(Columns)을 활성화할 수 있습니다. 열(Columns) 메뉴를 이용하여 세부 항목을 활성화하거나 숨길 수 있습니다.

마우스 우클릭

⑥

⑦ 이 항목 숨기기(Hide this) : 숨기고자 하는 항목을 마우스 우클릭한 후 메뉴에서 '이 항목 숨기기(Hide This)'를 선택하면 해당 항목이 숨겨집니다.

숨기고자 하는 항목에 마우스 우클릭

⑦

CHAPTER 03

이번 챕터에서는 애프터 이펙트를 활용해 영상 제작에 필요한 핵심 기능을 익힙니다. 레이어의 종류와 활용 방법, 키 프레임을 활용한 애니메이션 설정, 그리고 다양한 기본 기능을 배우며 본격적인 제작 과정을 시작합니다. 이를 통해 실제 프로젝트에 바로 적용할 수 있는 기술과 응용 방법을 체계적으로 배워보겠습니다.

영상 제작

SECTION 01

레이어의 모든 것

이번 시간에는 애프터 이펙트 작업의 기본 단위인 레이어의 개념과 조작 방법에 대해 배워보겠습니다. 레이어의 시작점과 끝점 조정, 비디오 레이어의 속도 조절 등 다양한 편집 방법을 익힐 수 있습니다.

1. 레이어 개념

애프터 이펙트에서 레이어는 영상, 이미지, 텍스트, 도형 등 작업의 각 요소를 개별적으로 관리하는 기본 단위입니다. 레이어는 투명한 필름지처럼 겹겹이 쌓이는 구조로 상위 레이어가 하위 레이어를 덮는 방식으로 구성됩니다. 레이어의 순서에 따라 상위 레이어가 먼저 표시되며, 하위 레이어는 필요에 따라 상위 레이어에 가려질 수 있습니다.

2. 레이어 조작

예제 파일	예제 파일/Chapter 03 레이어의 모든 것.aep

유튜브 동영상 강의

레이어 조작

(1) 레이어 순서 변경

❶ [실습_레이어 순서 변경] 컴포지션 타임라인에서 '농촌 배경' 레이어 선택

❷ '농촌 배경' 레이어 위치를 하단으로 드래그

❸ '농촌 배경' 레이어를 가장 하단으로 이동>아래 이미지와 같이 가려져 있던 하위 레이어들 확인 가능

(2) 레이어 시작점 끝점 조정

❶ [실습_레이어 시작점 끝점 조정] 컴포지션 타임라인 활성화

❷ 레이어의 길이를 조정하기 위해 '시작점'과 '끝점' 확인

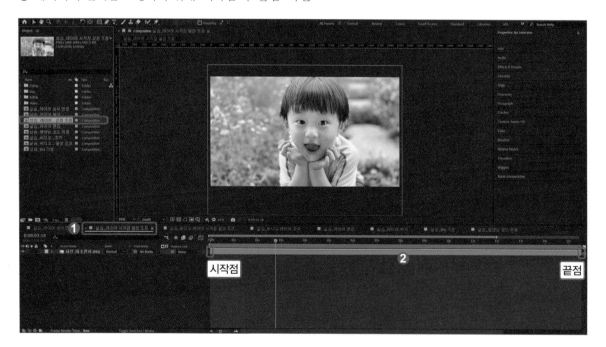

❸ 타임코드 클릭 > "2.0" 입력 > 인디케이터를 [0:00:02:00]으로 이동

인디케이터 이동

❹ '시작점'을 인디케이터까지 드래그

※ 이때 Shift 를 누른 상태에서 드래그하면 스냅 기능을 활용할 수 있습니다.

❹ Shift 누르고 시작점 드래그

단축키

• 현재 시간으로 레이어 시작 지점 자르기 : Alt + [

• 현재 시간으로 레이어 종료 지점 자르기 : Alt +]

❺ 타임코드 클릭 > "7.0" 입력 > 인디케이터를 [0:00:07:00]으로 이동

❻ '끝점'을 인디케이터까지 드래그하여 편집

(3) 레이어 이동

❶ '(2) 레이어 시작점 끝점 조정'에서 편집된 레이어 선택

❷ 마우스로 레이어를 좌우로 드래그하면서 이동

※ 이처럼 레이어를 이동할 경우 레이어의 시작점과 끝점은 유지된 채 이동됩니다.

단축키

· 레이어를 1프레임 앞, 뒤로 이동 :

[Alt] + [Page Up] or [Page Down]

· 레이어를 10프레임 앞, 뒤로 이동 :

[Alt] + [Shift] + [Page Up] or [Page Down]

❷ 좌우로 드래그

(4) 시간 속성 레이어의 시작점 끝점 조정

❶ [실습_비디오 레이어 시작점 끝점 조정] 컴포지션 타임라인 열기

❷ 시간 속성이 있는 오디오나 비디오 레이어는 ▨ 아이콘을 통해 '시작점'과 '끝점' 확인

※ 시간 속성이 있는 레이어의 경우 해당 아이콘 이상으로는 길이 조정을 할 수 없습니다.

❸ 타임코드 클릭 > "4.0" 입력 > 인디케이터를 [0:00:04:00]으로 이동

❹ 레이어 선택>단축키 Alt + [를 눌러 레이어의 시작점 변경

❺ 타임코드 클릭>"15.0" 입력>인디케이터를 [0:00:15:00]으로 이동

❻ 레이어 선택>단축키 Alt +] 를 눌러 레이어의 끝점 변경

❼ 인디케이터를 이동하면서 비디오 레이어의 전체 길이 중 편집된 부분만 컴포지션 화면에 보이는 것을 확인
❽ 시간 속성이 있는 레이어의 경우 잘린 부분을 드래그하여 편집된 구간의 시간대 변경 가능

(5) 비디오 레이어 속도 조절

❶ [실습_비디오 레이어 조작] 컴포지션의 타임라인 열기

❷ [뛰기2.mp4] 동영상 레이어에서 마우스 우클릭>우클릭 메뉴 중 [시간(Time)]>[시간 스트레치(Time Stretch)] 클릭

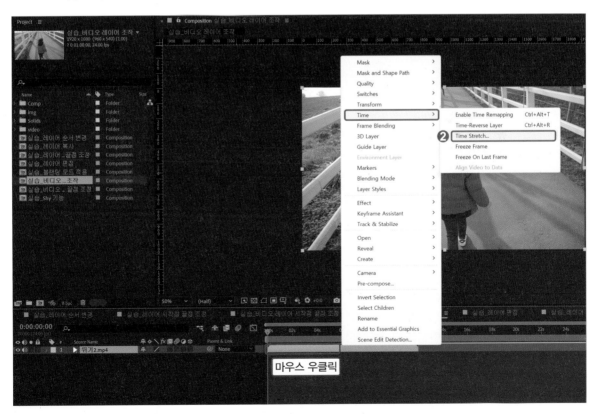

Tip 시간 스트레치(Time Stretch) 설정

ⓐ **원래 지속 시간(Original Duration)** : 선택된 레이어의 시간을 나타냅니다.

ⓑ **스트레치 비율(Stretch Factor)** : 레이어의 재생 속도를 백분율로 설정합니다. 100%는 원래 속도를 의미하며, 수치가 낮아질수록 느려지고 높아질수록 빨라집니다.

ⓒ **새 지속 시간(New Duration)** : 시간을 기준으로 속도를 조절합니다.

ⓓ **적용 시점(Hold in Place)** : 레이어의 시작점, 인디케이터 위치, 레이어의 끝점을 기준으로 시간 스트레치를 적용합니다.

❸ 스트레치 비율(Stretch Factor)을 "50%" 입력 > [확인(OK)] 버튼 클릭

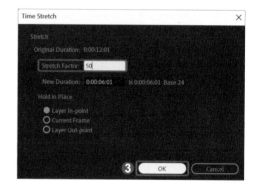

❹ 레이어 길이가 50% 줄어들면서 동영상 속도가 빨라진 것을 확인

❺ 타임라인 패널 하단에 [스트레치 창 확장 또는 축소] 버튼 클릭

※ 스트레치 창을 확장하면 지속시간과 스트레치 수치를 조정하여 레이어의 재생 속도를 조절할 수 있습니다.

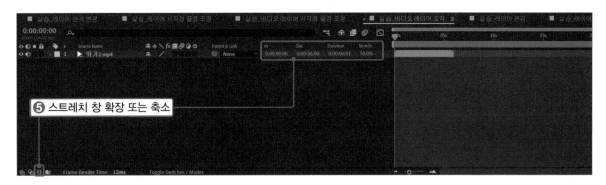

❻ Alt 를 누른 상태에서 마우스로 레이어 끝점을 대략 [0:00:20:00] 위치까지 드래그

❼ 레이어 길이가 늘어나면서 속도에도 변화가 생긴 것을 확인

(6) 비디오 레이어 역재생

❶ 동영상 레이어에서 마우스 우클릭>우클릭 메뉴창에서 [시간(Time)]
>[역시간 레이어(Time-Reverse Layer)] 클릭

단축키

역시간 레이어 : Ctrl + Alt + R

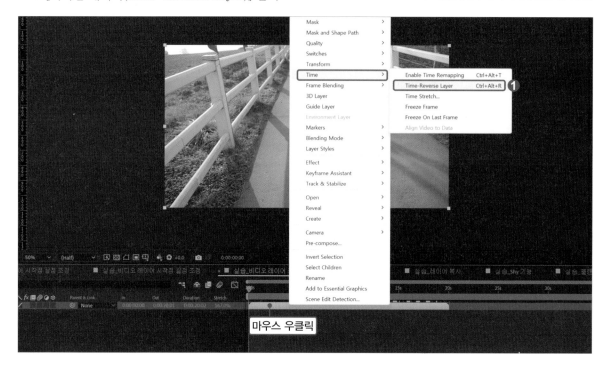

❷ 역시간 레이어가 실행되면서 레이어 하단에 표시되는 파란색 빗금 확인
❸ 스트레치 창 확장 화면에서 지속 시간과 스트레치 수치가 음수(−)로 표시되는지 확인

(7) 비디오 레이어 프레임 고정

❶ Ctrl + Z 로 동영상 레이어를 원래 상태로 되돌리기>스트레치 창 확장 비활성화>타임코드에 "6.0" 입력>
인디케이터를 [0:00:06:00]으로 이동

❷ 동영상 레이어에서 마우스 우클릭>우클릭 메뉴창에서 [시간(Time)]>[프레임 고정(Freeze Frame)] 클릭

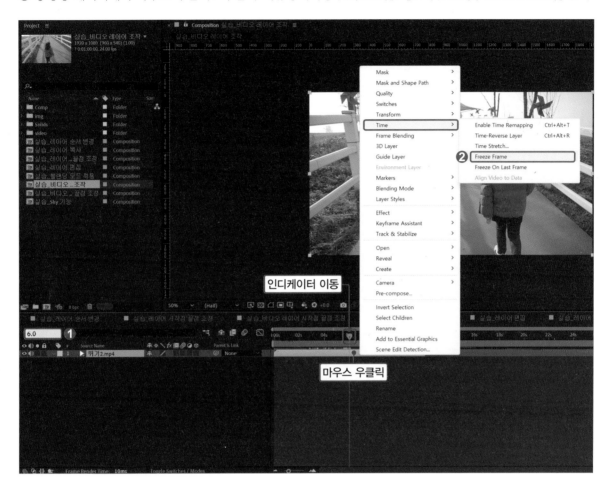

❸ 레이어 선택>U 를 누른 상태에서 시간 다시 매핑(Time Remap) 기능에 생성된 고정 프레임 및 동영상이
고정된 것을 확인

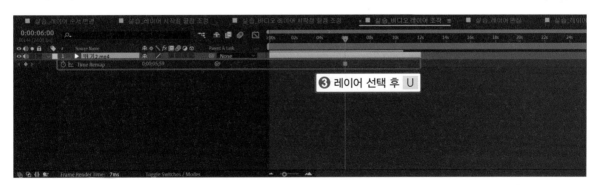

(8) 비디오 레이어 시간 다시 매핑(Time Remap) 사용

❶ Ctrl + Z 로 원래 상태로 되돌리기>동영상 레이어에서 마우스 우클릭>우클릭 메뉴창에서 [시간(Time)]>[시간 다시 매핑 사용 (Enable Time Remapping)] 클릭

단축키

시간 다시 매핑 사용 : Ctrl + Alt + T

※ 시간 다시 매핑 사용(Enable Time Remapping)을 활성화하면 동영상의 시간을 자유롭게 조정할 수 있습니다.

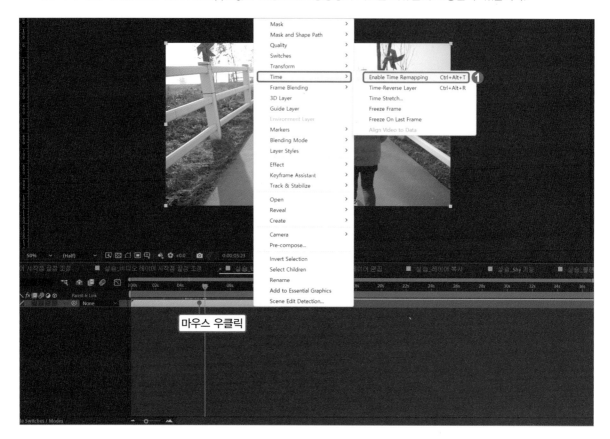

마우스 우클릭

❷ 해당 레이어에 시간 다시 매핑(Time Remap) 기능 활성화>시작점과 끝점에 키 프레임이 생성되는 것을 확인

시작점 키 프레임   끝점 키 프레임

❸ 끝점 키 프레임을 좌우로 드래그하여 시간대를 변경>동영상의 재생 속도가 빠르게 혹은 느리게 변경되는 것을 확인

❹ 시간 다시 매핑 기능을 해제하기 위해서는 우클릭 메뉴창에서 시간 다시 매핑 사용을 끄거나 단축키 Ctrl + Alt + T 를 사용

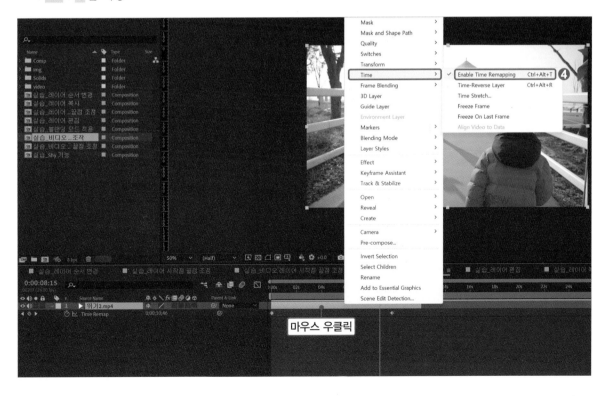

(9) 레이어 분할

❶ [실습_레이어 분할] 컴포지션의 타임라인 활성화

❷ 타임코드에 "5.0" 입력 > 인디케이터를 [0:00:05:00]으로 이동

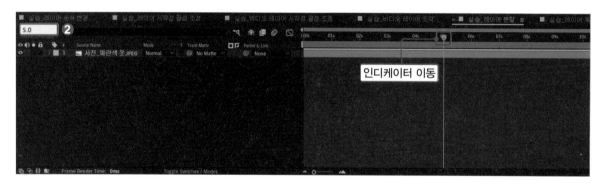

인디케이터 이동

❸ 메뉴바 > [편집(Edit)] > [레이어 분할(Split Layer)] 클릭

레이어 분할 : Ctrl + Shift + D

❹ 인디케이터를 기준으로 분할된 레이어 확인

※ 필요 없는 부분은 레이어 선택 후 Delete 로 삭제할 수 있습니다.

(10) 이미지 교체

❶ '(9) 레이어 분할'에서 편집한 1번 레이어 선택

❷ 프로젝트 패널에서 [img] 폴더 안에 있는 [사진_바닷가에서.jpeg] 선택

❸ Alt 를 누른 상태로 컴포지션 패널에 드래그

❹ 1번 레이어의 사진이 교체된 것을 확인

❺ ▶ 레이어 토글 버튼 클릭 > [Transform] > 위치(Position)와 비율(Scale)을 조절해 사진의 크기와 위치 조정

(11) 레이어 복사/붙여넣기

❶ [실습_레이어 복사] 컴포지션의 타임라인 활성화

❷ 3번 레이어 선택. **❸** 메뉴바 > [편집(Edit)] 선택. **❹** [복사(Copy)] 클릭

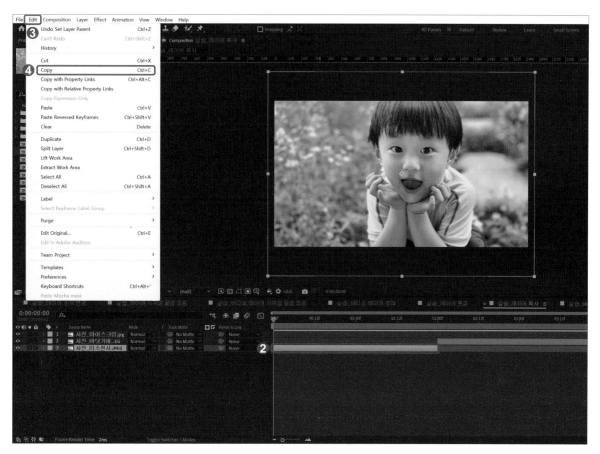

복사 : Ctrl + C

❺ 타임코드에 "4.0" 입력 > 인디케이터를 [0:00:04:00]으로 이동

❻ 1번 레이어 선택. **❼** 메뉴바>[편집(Edit)] 선택. **❽** [붙여넣기(Paste)] 클릭

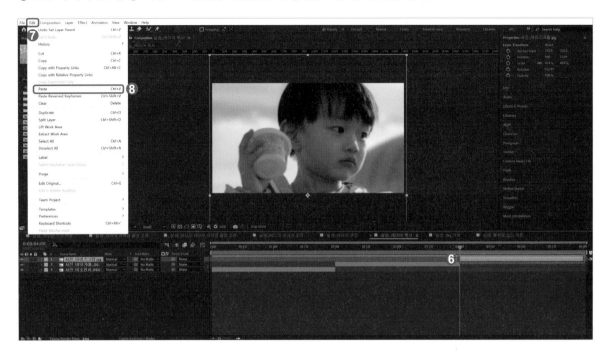

단축키

붙여넣기 : Ctrl + V

❾ 일반적인 복사 후 붙여넣기 방식의 경우, 선택된 레이어 위로 복사된 레이어가 붙여넣어지는 것을 확인

❿ Ctrl + Alt + V를 눌러 붙여넣기 실행>현재 인디케이터가 위치한 지점을 시작점으로 하여 붙여넣기가 실행되는 것을 확인

※ 복사/붙여넣기는 사용자가 원하는 레이어 위치와 시간대에 붙여넣을 수 있다는 장점이 있습니다.

⓫ 3번 레이어 선택. ⓬ [편집(Edit)] 선택. ⓭ [복제(Duplicate)] 클릭

복제 : Ctrl + D

⓮ 3번 레이어 위에 동일한 레이어가 복제되는 것을 확인

※ 복제 방식은 원하는 시간대에 붙여넣기를 할 수 없지만 빠르게 동일 레이어를 만들 때 사용합니다.

(12) 감춤(Shy) 기능

※ 감춤 기능은 애프터 이펙트에서 레이어를 숨겨 작업 공간을 더 깔끔하게 정리할 수 있도록 도와줍니다.

❶ [실습_Shy기능] 컴포지션의 타임라인 열기

❷ 해당 컴포지션의 타임라인에는  ['감춤' 스위치가 설정된 모든 레이어 숨김] 기능이 활성화되어 있는 것을 확인>['감춤' 스위치가 설정된 모든 레이어 숨김] 스위치를 클릭하여 Off로 변경

❷ ['감춤' 스위치가 설정된 모든 레이어 숨김] 버튼

❸ 기존에 안 보이던 '감춤(Shy)' 기능이 활성화된 레이어들이 타임라인에 표시되는 것을 확인

❹ 각 레이어별로 있는 '감춤(Shy)' 기능 활성화>타임라인 정리 가능

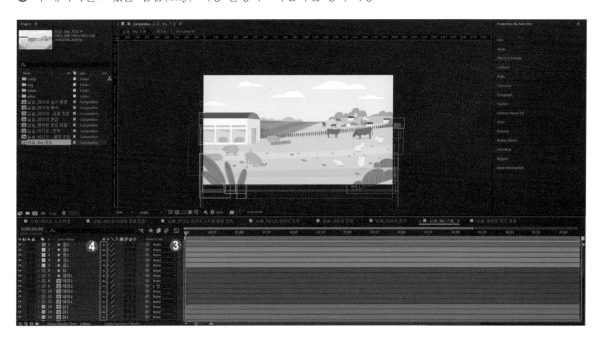

(13) 블랜딩 모드 적용

※ 블랜딩 모드 적용을 통해 애프터 이펙트에서 레이어들이 서로 겹칠 때 어떻게 합성될지를 결정할 수 있습니다.

❶ [실습_블랜딩 모드 적용] 컴포지션 타임라인 열기

❷ 블랜딩 모드를 적용하기 위해서 🗗 [전송 컨트롤 확장 또는 축소] 버튼을 클릭하여 활성화

❷ 전송 컨트롤 확장 또는 축소

❸ 1번 레이어의 모드 클릭>블랜딩 모드 메뉴에서 스크린(Screen) 선택

※ 다양한 블랜딩 모드를 살펴보기 위해서는 1번 레이어를 선택 후 레이어 혼합 모드 단축키를 활용하면 편리합니다.

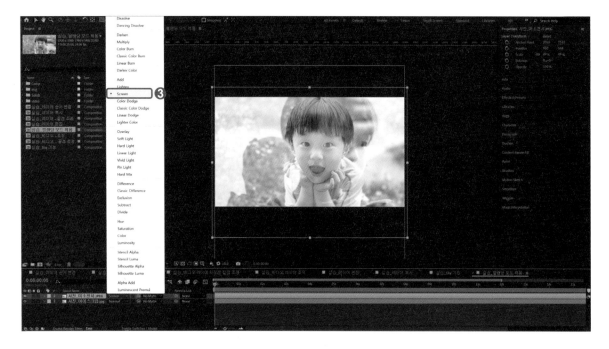

단축키

• 이전 레이어 혼합 모드 : Shift + -   • 다음 레이어 혼합 모드 : Shift + =

❹ ＞ 레이어 토글 버튼 클릭

❺ 변형(Transform)>자연스러운 합성을 위해 1번 레이어의 불투명도(Opacity)를 75%로 설정

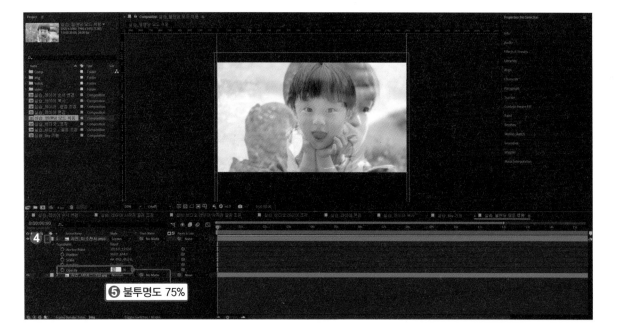

ⓐ **기본 모드**
- 표준(Normal) : 레이어를 별도의 합성 없이 그대로 보여줍니다.
- 디졸브(Dissolve) : 픽셀을 무작위로 제거하여 점진적인 사라짐 효과를 만듭니다.
- 댄싱 디졸브(Dancing Dissolve) : 디졸브를 움직이는 듯한 느낌으로 변형합니다.

ⓑ **어둡게 만들기**
- 어둡기(Darken) : 두 레이어 중 어두운 픽셀을 선택합니다.
- 곱하기(Multiply) : 두 색상을 곱하여 어두운 효과를 생성합니다.
- 색상 번(Color Burn) : 배경 색상을 태우는 듯한 어두운 효과를 만듭니다.
- 클래식 색상 번(Classic Color Burn) : 이전 버전의 색상 번 효과를 적용합니다.
- 선형 번(Linear Burn) : 색상 번보다 더 부드럽게 어두워지는 효과를 적용합니다.
- 어두운 색상(Darker Color) : 가장 어두운 색상만 남깁니다.

ⓒ **밝게 만들기**
- 추가(Add) : 색상을 더하여 밝은 효과를 만듭니다.
- 밝게(Lighten) : 두·레이어 중 밝은 픽셀을 선택합니다.
- 스크린(Screen) : 곱하기의 반대로 밝은 효과를 만듭니다.
- 색상 닷지(Color Dodge) : 밝은 영역을 더욱 강조합니다.
- 클래식 색상 닷지(Classic Color Dodge) : 이전 버전의 색상 닷지 효과를 적용합니다.
- 선형 닷지(Linear Dodge) : 더 부드럽고 자연스러운 밝기를 생성합니다.
- 밝은 색상(Lighter Color) : 가장 밝은 색상만 남깁니다.

ⓓ **대비 조정**
- 오버레이(Overlay) : 어두운 부분은 더 어둡게, 밝은 부분은 더 밝게 만듭니다.
- 소프트 라이트(Soft Light) : 부드러운 조명을 비춘 효과를 만듭니다.
- 하드 라이트(Hard Light) : 강한 조명을 비춘 효과를 만듭니다.
- 선형 라이트(Linear Light) : 선형적으로 밝기와 어둠을 조정합니다.
- 선명한 라이트(Vivid Light) : 대비가 매우 강한 효과를 적용합니다.
- 핀 라이트(Pin Light) : 밝고 어두운 부분만 강조합니다.
- 하드 혼합(Hard Mix) : 색상을 0 또는 255로 제한해 강한 대비를 만듭니다.

ⓔ **차이와 배제**
- 차이(Difference) : 두 레이어의 색상을 빼서 차이를 표시합니다.
- 클래식 차이(Classic Difference) : 이전 버전의 차이 효과를 적용합니다.
- 제외(Exclusion) : 차이를 부드럽게 만듭니다.
- 빼기(Subtract) : 하위 레이어에서 상위 레이어의 색상을 뺍니다.
- 나누기(Divide) : 하위 레이어를 상위 레이어로 나눕니다.

ⓕ **색상 조정**
- 색조(Hue) : 상위 레이어의 색상만 적용합니다.
- 채도(Saturation) : 상위 레이어의 채도만 적용합니다.
- 색상(Color) : 상위 레이어의 색상과 채도를 적용합니다.
- 광도(Luminosity) : 상위 레이어의 밝기만 적용합니다.

ⓖ **특수 모드**
- 스텐실 알파(Stencil Alpha) : 상위 레이어의 알파 채널로 마스크를 만듭니다.
- 스텐실 루마(Stencil Luma) : 상위 레이어의 밝기로 마스크를 만듭니다.
- 실루엣 알파(Silhouette Alpha) : 하위 레이어에서 상위 레이어의 알파 채널을 제거합니다.
- 실루엣 루마(Silhouette Luma) : 하위 레이어에서 상위 레이어의 밝기를 제거합니다.
- 알파 더하기(Alpha Add) : 알파 채널을 합산합니다.
- 광도 미리 곱하기(Luminescent Premul) : 광도를 알파 채널에 곱해 부드러운 효과를 만듭니다.

레이어 종류

애프터 이펙트에는 다양한 속성을 가진 레이어들이 존재하며, 작업의 목적에 따라 생성해야 할 레이어의 종류도 달라집니다. 이번 시간에는 필수적인 레이어를 직접 만들어 보고, 각 레이어의 특성과 활용 방법에 대해 배워보도록 하겠습니다.

1. 텍스트 레이어 만들기

(1) 메뉴바를 활용한 텍스트 레이어 만들기

❶ 컴포지션 생성 후 메뉴바>새로 만들기(New)>텍스트(Text) 선택

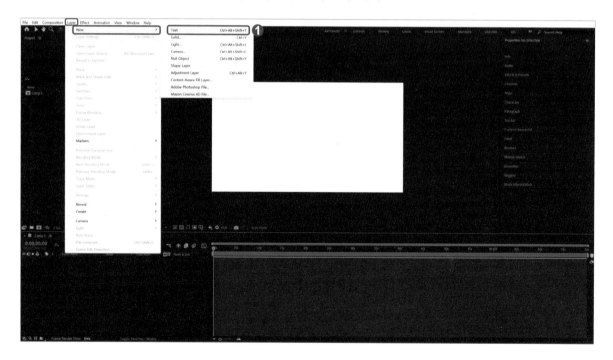

단축키

새 텍스트 레이어 : Ctrl + Alt + Shift + T

❷ 타임라인에 생성된 빈 텍스트 레이어(〈empty text layer〉) 확인

❸ 컴포지션 패널에 텍스트 입력 커서가 활성화

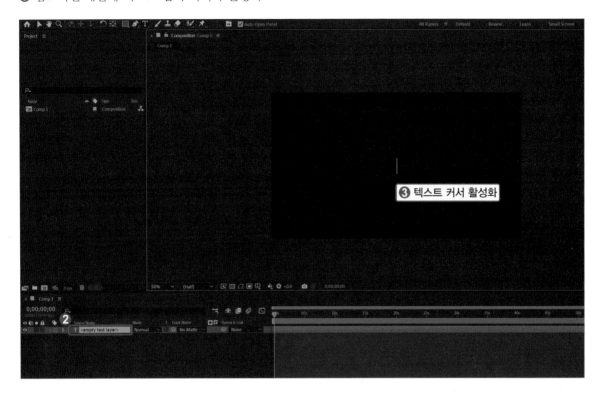

❹ 'After effects'라는 텍스트를 입력 후 숫자 키패드의 Enter 입력

❺ 레이어의 이름이 자동으로 'After effects'로 수정됨

❻ 속성(Properties) 패널에서 선택된 텍스트 레이어의 속성 확인

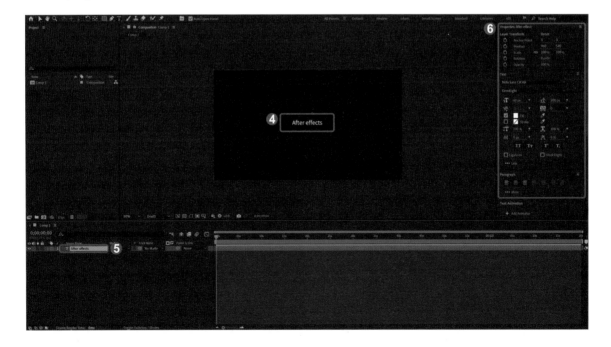

(2) 문자 도구를 활용한 테스트 레이어 만들기

❶ 도구 패널에서 가로 문자 도구 선택

❷ 마우스 커서가  문자 입력 상태 아이콘으로 바뀌는 것을 확인>문자 입력을 원하는 위치에 클릭

단축키

텍스트 : Ctrl + T

❸ '애프터 이펙트' 타이핑 후 텍스트 변경사항을 숫자 키패드 Enter 로 입력하여 완성

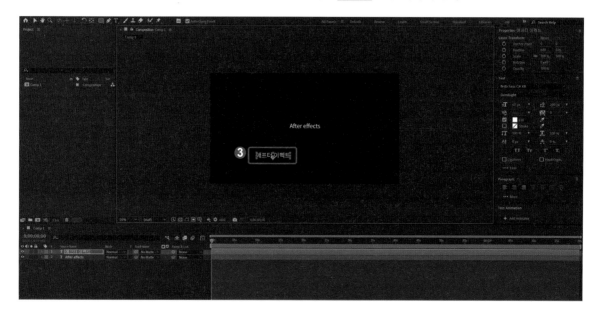

2. Animate 속성 애니메이션 만들기

애프터 이펙트의 텍스트 Animate 속성은 간단하면서도 독창적인 애니메이션 효과를 손쉽게 적용할 수 있는 기능입니다. 이번 시간에는 Animate 속성을 활용해 텍스트에 다양한 모션을 추가하는 방법을 배워보겠습니다.

예제 파일	예제 파일/Chapter 03 텍스트 애니메이트.aep

유튜브 동영상 강의

애니메이트 속성 애니메이션 만들기

❶ 1번 텍스트 레이어의 ▶ 토글 버튼을 클릭
❷ 애니메이트(Animate) 클릭 > 텍스트 애니메이트 메뉴 활성화

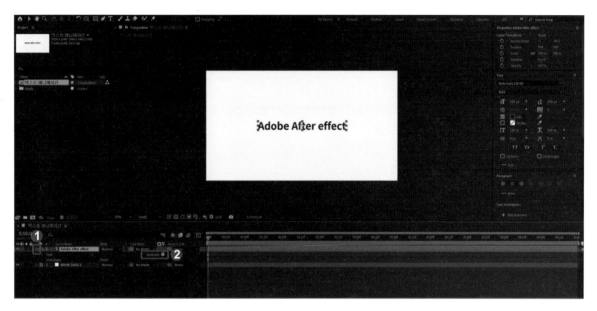

❸ 불투명도(Opacity) 선택

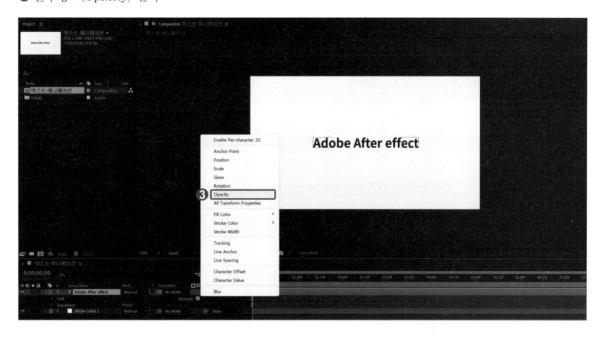

ⓐ **문자별로 3D 사용(Enable Per-character 3D)** : 텍스트의 각 문자를 개별적으로 3D 공간에서 조작할 수 있도록 활성화합니다.

ⓑ **기준점(Anchor Point)** : 텍스트 문자 각각의 기준점 위치를 조정합니다.

ⓒ **위치(Position)** : 텍스트 문자 각각의 위치를 조정합니다.

ⓓ **비율(Scale)** : 텍스트 문자 각각의 크기를 조정합니다.

ⓔ **기울이기(Skew)** : 텍스트 문자를 지정한 각도로 기울입니다.

ⓕ **회전(Rotation)** : 텍스트 문자를 지정한 각도로 회전시킵니다.

ⓖ **불투명도(Opacity)** : 텍스트 문자의 투명도를 조정합니다.

ⓗ **모든 변형 속성(All Transform Properties)** : 위의 모든 변형 속성을 한번에 제어합니다.

ⓘ **칠 색상(Fill Color)** : 텍스트의 채우기 색상을 변경합니다.

ⓙ **선 색상(Stroke Color)** : 텍스트의 외곽선 색상을 변경합니다.

ⓚ **선 폭(Stroke Width)** : 텍스트 외곽선의 두께를 조정합니다.

ⓛ **자간(Tracking)** : 텍스트 문자 간의 간격을 조정합니다.

ⓜ **선 기준(Line Anchor)** : 텍스트 선의 기준점을 조정합니다.

ⓝ **줄 간격(Line Spacing)** : 텍스트 줄 간의 간격을 조정합니다.

ⓞ **문자 오프셋(Character Offset)** : 텍스트 문자의 ASCII 값을 조정해 다른 문자를 표시합니다.

ⓟ **문자 값(Character Value)** : 텍스트 문자의 값을 변경합니다.

ⓠ **흐림(Blur)** : 텍스트에 흐림 효과를 추가합니다.

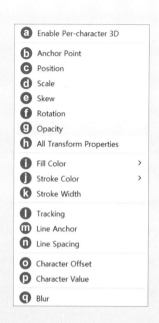

❹ 불투명도(Opacity) "0%" 입력. ❺ 범위 선택기 1(Range Seletor 1) 토글 버튼 클릭

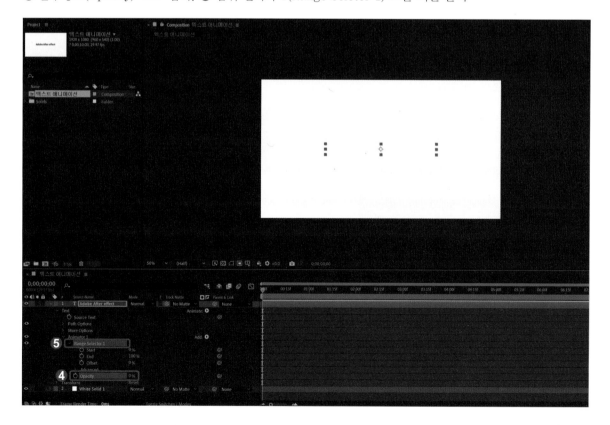

❻ 인디케이터를 [0:00:00:00]으로 이동. ❼ 오프셋(Offset) 값을 "0%" 입력

❽ ⏱ [초시계] 버튼을 클릭>새로운 키 프레임 생성

※ '초시계 생성'의 정확한 한글 명칭은 '시간 변경 가능 초시계' 입니다.

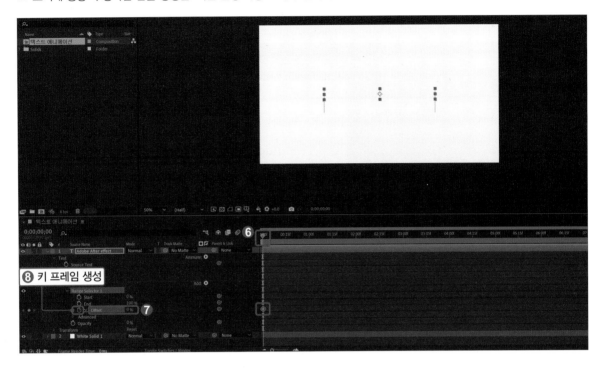

❾ 인디케이터를 [0:00:03:00]으로 이동. ❿ 오프셋(Offset) 값을 "100%" 입력

※ 이미 오프셋 키 프레임이 생성되었기 때문에 수치가 변동되면서 새로운 키 프레임이 자동으로 생성됩니다.

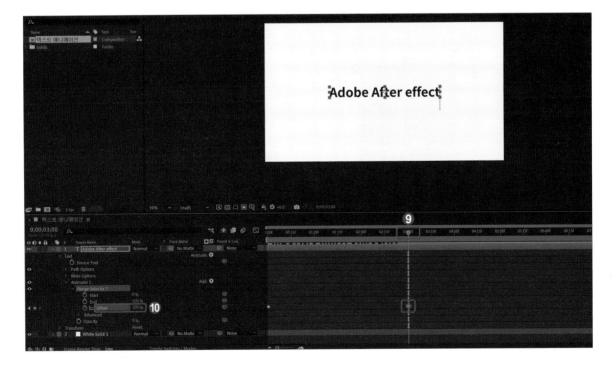

⓫ 인디케이터를 이동하여 텍스트들이 순서대로 나타나는 것을 확인

⓬ 고급(Advanced) 토글 버튼 클릭. ⓭ 순서 임의화(Randomize Order)를 on으로 변경

※ 순서 임의화를 활성화하면 순서대로 나오던 텍스트가 랜덤으로 나타나게 됩니다.

⓮ 다른 속성값도 추가하여 다양한 효과를 연출 > 애니메이터 우측에 있는 추가(Add) 버튼 클릭

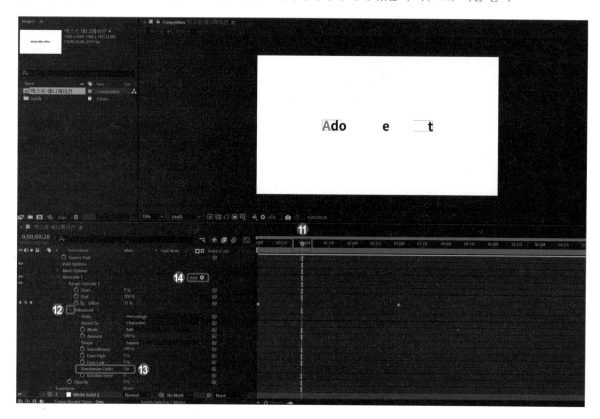

⓯ 속성(Property) > 위치(Position) 선택

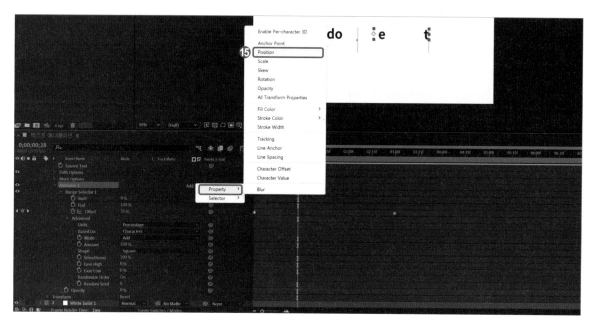

⑯ 범위 선택기 1(Range Selector 1)에 새로운 위치(Position) 값이 추가된 것을 확인 > 위치값을 "0, 50" 입력

⑰ 인디케이터를 이동하면 텍스트의 위치값과 불투명도 값이 랜덤한 순서대로 나타나는 효과를 확인

3. 솔리드 레이어(Solid Layer)

솔리드 레이어는 애프터 이펙트에서 기본 배경, 색상 블록 또는 이펙트 적용을 위한 레이어로 주로 사용됩니다. 주로 모션 그래픽이나 시각적 효과 작업에서 기초 작업의 바탕으로 활용됩니다.

(1) 솔리드 레이어 메뉴바에서 만들기

❶ 우측 이미지를 참고하여 새로운 컴포지션 생성

❷ 메뉴바 > 레이어(Layer) > 새로 만
  들기(New) > 단색(Solid) 선택

단축키

새 단색 레이어 : Ctrl + Y

❸ 단색 설정(Solid Setting)을 우측 이미지와 같이 조정
❹ [확인(OK)] 버튼 클릭

Tip 단색 설정(Solid Setting)

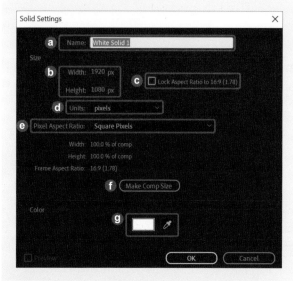

ⓐ **이름(Name)** : 생성할 레이어의 이름을 정합니다.

ⓑ **폭(Width)/높이(Height)** : 솔리드 레이어의 가로
  및 세로 크기를 설정합니다

ⓒ **종횡비를 16:9 잠금(Lock Aspect Ratio to 16:9)**
  : 가로·세로 비율을 고정합니다.

ⓓ **단위(Units)** : 크기의 단위를 설정합니다.

ⓔ **픽셀 종횡비(Pixel Aspect Ratio)** : 픽셀의 비율을
  설정합니다.

ⓕ **최대 컴포지션 크기(Make Comp Size)** : 솔리드
  레이어의 크기를 현재 컴포지션의 크기와 동일하게
  설정합니다.

ⓖ **색상(Color)** : 솔리드 레이어의 색상을 설정합니다.

❺ 타임라인에 새롭게 생성된 White Solod 1 확인

(2) 솔리드 레이어 타임라인(Timeline) 패널에서 만들기

❶ 타임라인 빈 공간에서 마우스 우클릭
❷ 우클릭 메뉴창에서 새로 만들기(New)>단색(Solid) 선택

❸ 단색 설정 창에서 색상 선택 클릭

❹ 색상 코드 "FFC600" 입력. ❺ [확인(OK)] 버튼 클릭

❻ 새롭게 생성된 노란색 솔리드 레이어 확인

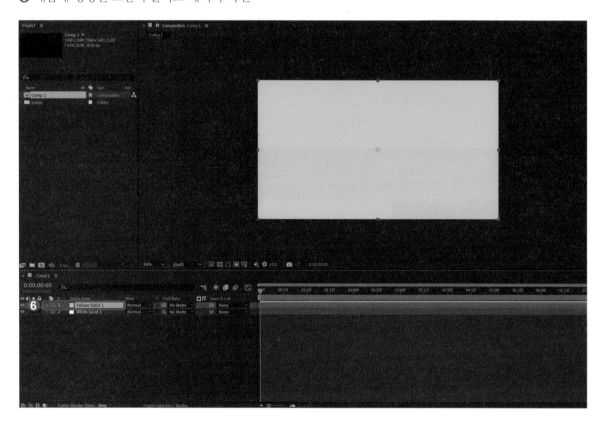

(3) 솔리드 레이어 속성 변경

❶ 1번 노란색 솔리드 선택. ❷ 메뉴바＞레이어(Layer)＞단색 설정(Solid Settings) 클릭

※ 솔리드를 처음 생성할 때와 유사한 화면을 확인할 수 있습니다.

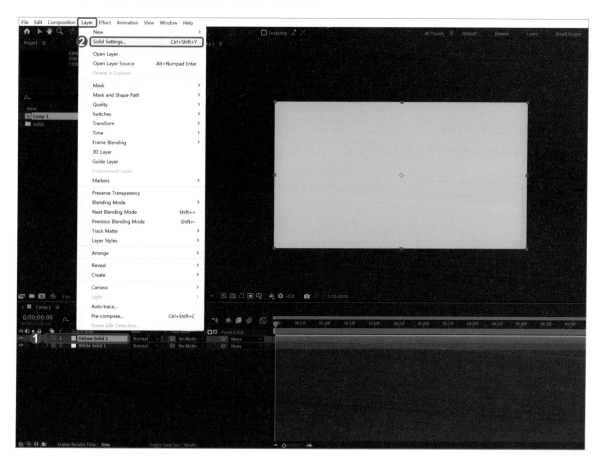

❸ 폭(Width)과 높이(Height)를 500px로 변경. ❹ [확인(OK)] 버튼 클릭

❺ 솔리드의 폭과 높이가 화면과 같이 변경된 것을 확인

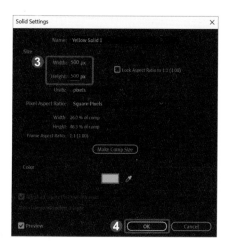

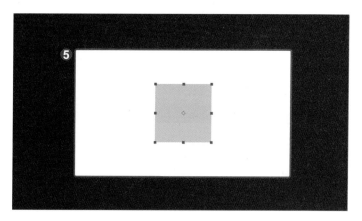

4. 널 개체(Null Object)

널 개체는 눈에 보이지 않는 레이어로 화면에 직접적인 요소를 표시하지 않지만 다른 레이어들을 제어할 때 유용하게 사용됩니다. 이번 시간에는 널 오브젝트의 생성 방법과 간단한 활용 방법을 배워보겠습니다.

예제 파일	예제 파일/Chapter 03 널 개체.aep

유튜브 동영상 강의
널 개체

(1) Null 개체 메뉴바 생성

❶ [Comp 1] 컴포지션 선택

❷ 메뉴바 > 레이어(Layer) > 새로 만들기(New) > Null 개체(Null Object) 클릭

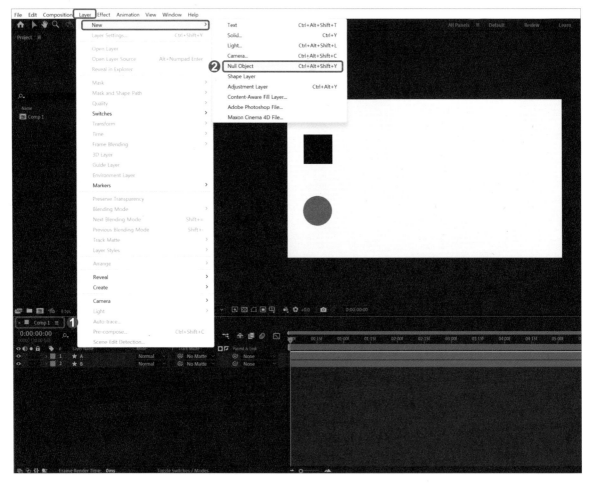

새 Null 개체 : Ctrl + Alt + Shift + Y

❸ 타임라인에 새로운 Null 개체 레이어가 생성되었지만, 컴포지션 화면에서는 Null 개체의 가이드만 표시될 뿐 실질적인 요소는 표현되지 않는 것을 확인

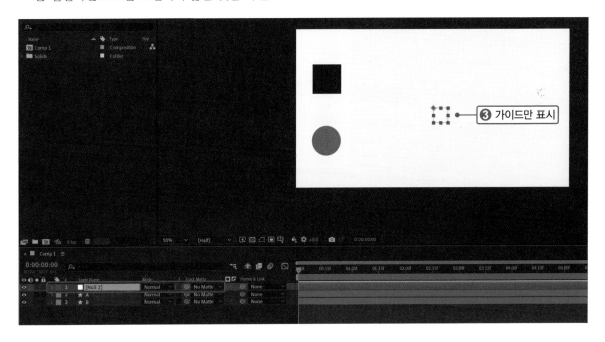

(2) Null 개체 타임라인(Timeline) 패널에서 만들기

❶ Ctrl + Z 로 처음 상태로 되돌리기>타임라인 패널 빈 공간에서 마우스 우클릭
❷ 우클릭 메뉴창>새로 만들기(New)>Null 개체(Null Object)를 클릭

(3) Null 개체 활용 상위 및 링크(Partent&Link)

❶ 인디케이터를 타임코드 [0:00:00:00]으로 이동

❷ Null 개체의 ▶ 레이어 토글 버튼 클릭. ❸ 변형>위치(Position) 값에 "0, 540.0" 입력

❹ ⏱ 초시계를 클릭>[0:00:00:00]에 키 프레임 생성

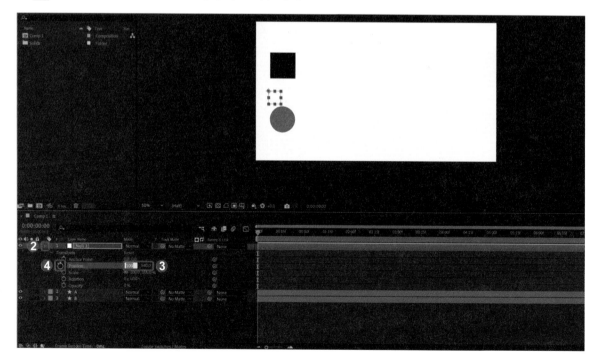

❺ 인디케이터를 [0:00:05:00]으로 이동. ❻ 위치(Position) 값을 [1800.0, 540.0]으로 변경

❼ 위치값이 적용되면서 [0:00:05:00]에 새로운 키 프레임이 생성되는 것을 확인

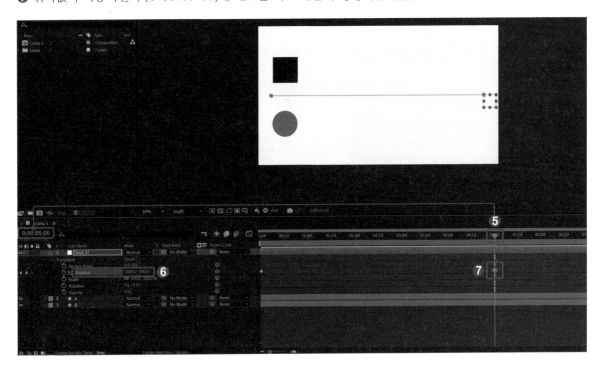

❽ 인디케이터를 움직여 위치 키 프레임에 의해 Null 개체가 움직이는 것을 확인>인디케이터를 [0:00:00:00]
으로 이동

❾ Shift 를 누른 상태로 2~3번 레이어 중복 선택

❿ ◎ 부모 선택 툴(Parent pick whip)을 1번 레이어로 드래그

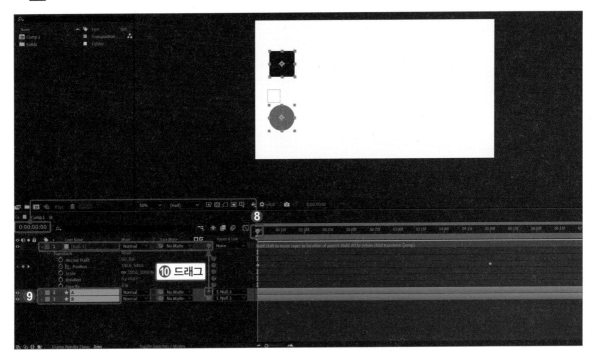

⓫ 정상적으로 링크가 적용되었다면 상위 및 링크 부분이 [1.Null]로 변경됨

⓬ 인디케이터를 움직여 2~3번 레이어가 Null 개체의 움직임과 동일하게 움직이는 것을 확인

※ Null 개체 레이어는 상위 및 링크 기능을 통해 여러 개의 레이어의 움직임을 제어하거나 통제하는 데 많이 사용됩니다.

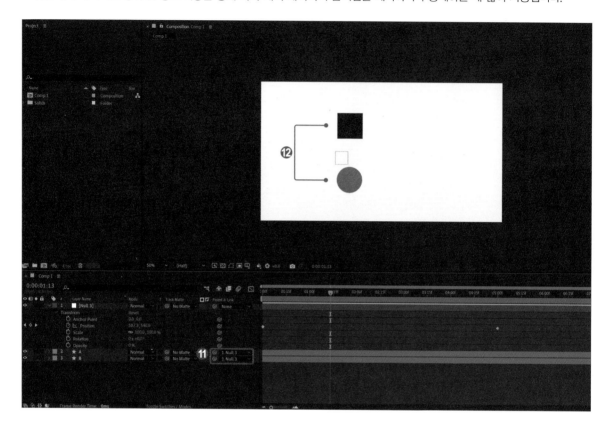

5. 셰이프 레이어(Shape Layer)

셰이프 레이어는 애프터 이펙트에서 도형, 선 또는 커스텀 벡터 그래픽을 생성하고 편집할 수 있는 레이어입니다. 별도의 외부 파일 없이도 프로젝트 내에서 그래픽 요소를 빠르게 만들고 수정할 수 있으며, 다양한 효과를 추가할 수 있습니다.

(1) 셰이프 레이어의 칠(Fill)과 선(Stroke) 알아보기

❶ 도구바에 있는 사각형 도구(Rectangle Tool) 선택

❷ 칠(Fill) 클릭 > 칠 옵션(Fill Options) 활성화. ❸ 색상 설정 가능

※ 선 옵션(Stroke Options)도 동일합니다.

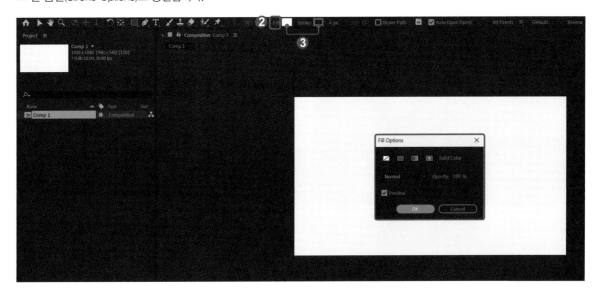

Tip 사각형 도구(Rectangle Tool)

ⓐ **칠(Fill)** : 도형 내부의 색상을 설정합니다.

ⓑ **선(Stroke)** : 도형의 외곽선을 설정합니다.

ⓒ **선 폭(Stroke Width)** : 선의 두께를 조절합니다.

칠 옵션(Fill Options)

ⓐ **없음(None)** : 도형 내부에 색상을 적용하지 않습니다.

ⓑ **단색(Solid Color)** : 도형 내부를 단일 색상으로 채웁니다.

ⓒ **선형 그라디언트(Linear Gradient)** : 도형 내부를 두 가지 이상의 색상이 선형으로 점진적으로 변합니다.

ⓓ **방사형 그라디언트(Radial Gradient)** : 도형 내부를 두 가지 이상의 색상으로 중심점에서 바깥으로 색상이 점진적으로 변화합니다.

ⓔ **혼합 모드(Blend Mode)** : 다른 레이어와의 색상 혼합 방식을 설정합니다.

ⓕ **불투명도(Opacity)** : 도형의 내부 색상의 투명도를 설정합니다.

(2) 도형 도구를 이용한 셰이프 레이어 만들기

❶ 도구바에서 사각형 도형 선택

❷ 칠 색상과 선 색상 설정

 ⓐ 칠 색상 코드 : #FCF600

 ⓑ 선 색상 코드 : #000000

 ⓒ 선 폭 : 10px

❸ 컴포지션 패널에 마우스로 드래그하여 사각형 도형 생성

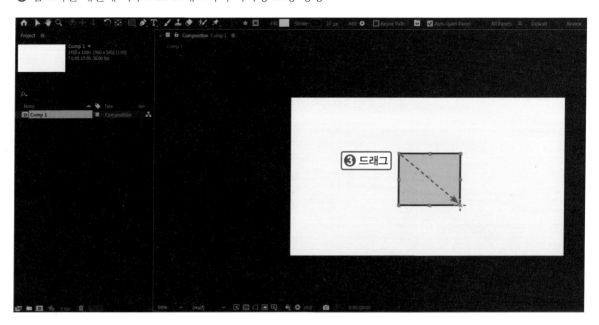

❹ 도형 레이어 선택＞마우스 우클릭

❺ 우클릭 메뉴창에서 변형(Transform)＞레이어 내용 중심에 기준점 정렬(Center Anchor Point in Layer Content) 선택＞기준점을 레이어 중앙으로 이동

❻ 이어서 가운데 표시(Center in View) 선택＞선택된 레이어의 중심점을 기준으로 컴포지션 가운데로 이동

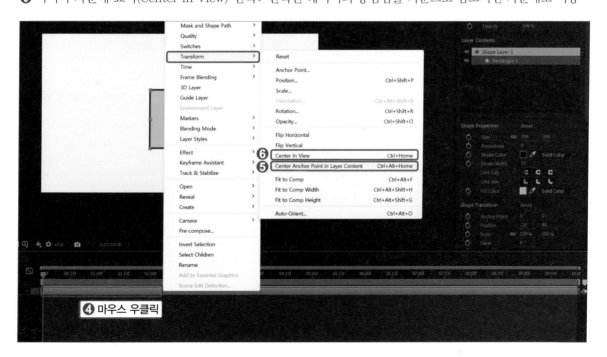

• 레이어 내용의 가운데 기준점 : Ctrl + Alt + Home   • 보기에서 가운데 표시 : Ctrl + Home

❼ 셰이프 레이어의 토글 버튼을 Ctrl 을 누른 상태로 클릭 > 셰이프 레이어의 모든 속성 확인 가능

※ 패널 최대화 단축키를 통해 타임라인 패널을 하단 이미지와 같이 가득 채울 수 있습니다.

단축키

패널 최대화 : 패널 선택 후 `

(3) 펜 도구를 이용한 셰이프 레이어 만들기

❶ 펜 도구 선택. ❷ 칠과 선 옵션 설정

  ⓐ 칠 색상 : 없음. ⓑ 선 색상 코드 : #000000. ⓒ 선 폭 : 10px

단축키

펜 툴 : G

❸ 펜 툴로 임의 지점 클릭

❹ Shift 를 누른 상태로 다른 지점 클릭 > 직선 생성

※ Shift +클릭으로 45도 단위로 직선을 만들 수 있습니다.

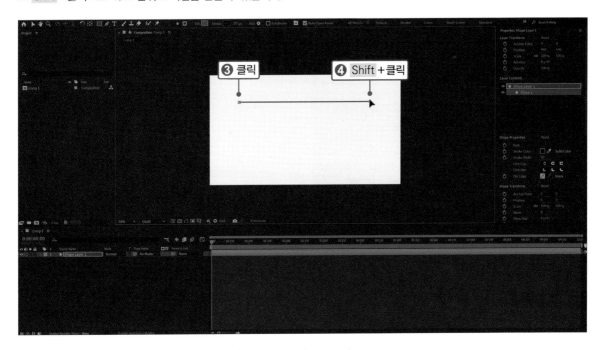

❺ F2 를 눌러 모든 레이어를 선택 해제>펜 툴로 임의 지점 클릭

❻ 두 번째 지점 클릭 후 드래그>베지어 핸들 생성. ❼ 세 번째 지점 클릭>모양 완성

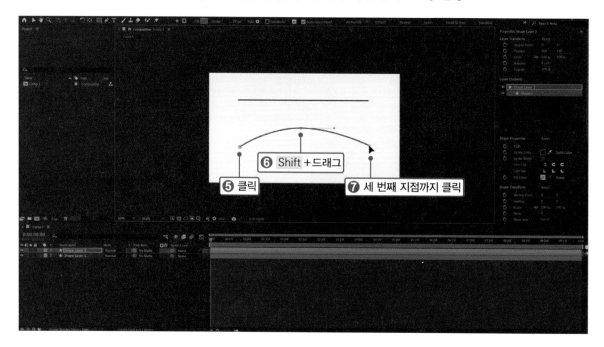

❽ 도구바에서 펜 도구를 길게 클릭>하위 메뉴 활성화

❾ 정점 변환 도구(Convert Vertex Tool) 선택

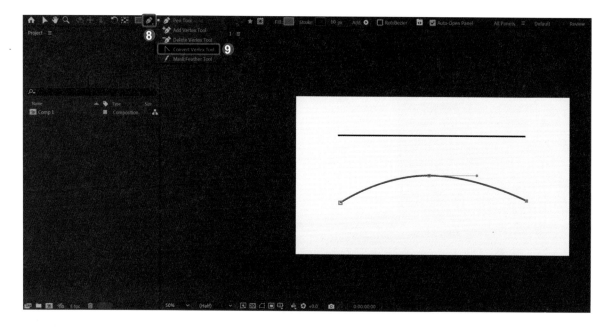

⑩ 정점 변환 도구로 직선을 곡선으로 전환하거나 베지어 핸들을 조작 가능

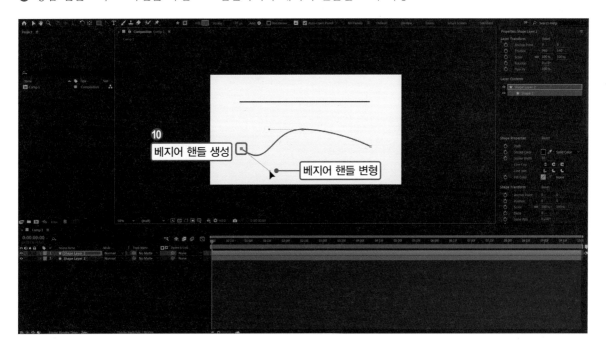

(4) 선(Stroke) 속성

❶ 펜 툴을 이용하여 새로운 선 생성

❷ 선 색상과 두께 설정

　ⓐ 선 색상 코드 : #000000.　ⓑ 선 폭 : 30px

❸ 셰이프 레이어의 ＞ 토글 버튼을 Ctrl 을 누른 상태로 클릭하여 속성 열기

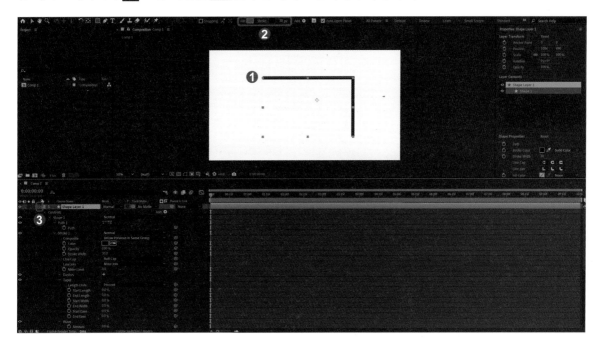

❹ 선 끝 모양(Line Cap) > 원형(Round Cap) 선택. ❺ 선 끝 모양이 변경됨

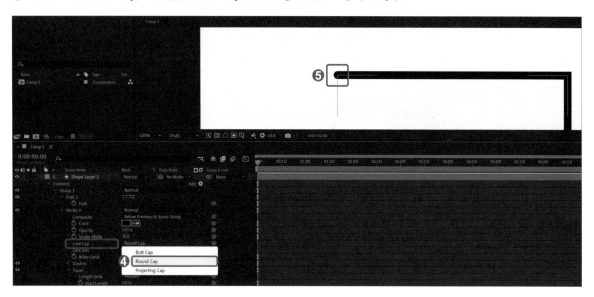

❻ 선 연결(Line Join) > 원형 연결(Round Join) 선택. ❼ 선 연결 부위가 변경되는 것을 확인

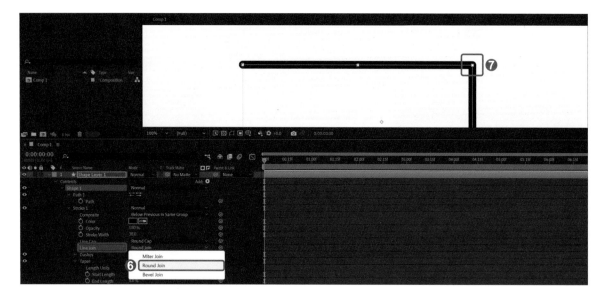

❽ 대시(Dashes) 항목 옆 ➕ 버튼 클릭. ❾ 대시(Dashes) 수치를 "50.0" 입력

❿ 선 모양이 점선으로 변경되는 것을 확인

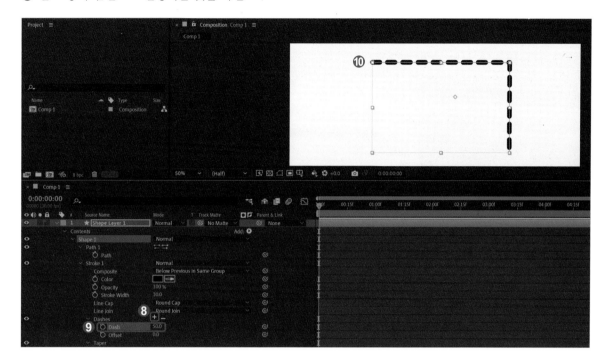

⓫ ➕ 버튼을 추가로 클릭 > 간격(Gap)이 새로 추가되는 것을 확인

⓬ 대시(Dashes) 수치를 "0.0" 입력. ⓭ 간격(Gap) 수치를 "40.0" 입력

※ 대시와 간격 조절로 점선의 모양을 다양하게 변경할 수 있습니다.

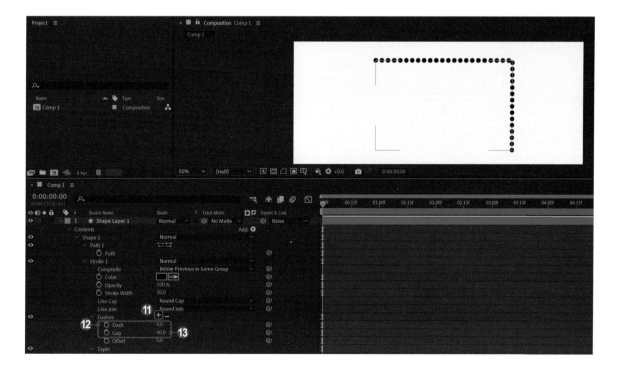

(5) 뾰족한 끝(Taper)

※ 뾰족한 끝 옵션은 선의 시작과 끝 부분의 폭과 형태를 세부적으로 조정할 수 있는 기능입니다.

❶ 폭이 100px인 선 생성. ❷ 셰이프 레이어의 ▶ 토글 버튼을 Ctrl 을 누른 상태로 클릭하여 속성 열기

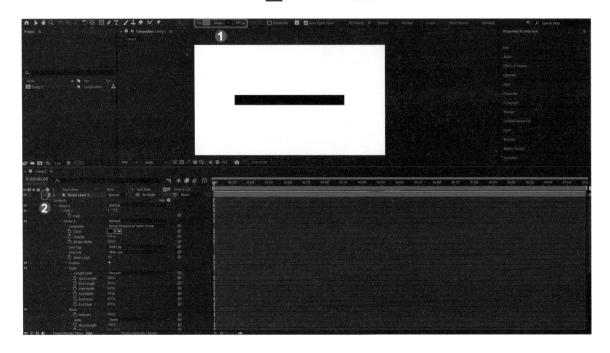

❸ 뾰족한 끝(Taper)의 시작 길이(Start Length) 수치를 "40.0%" 입력

❹ 완화 시작(Start Ease) 수치를 "30.0%" 입력. ❺ 선의 끝 모양이 점점 가늘어지게 변경되는 것을 확인

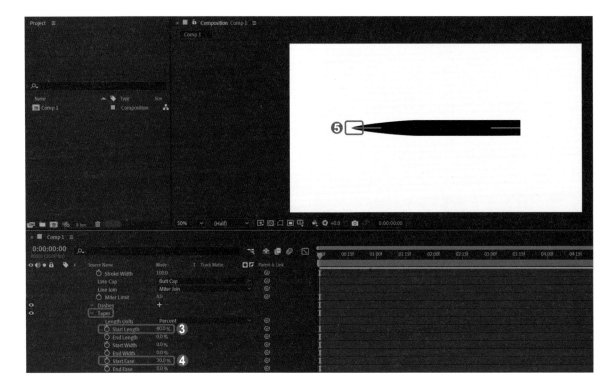

(6) 형태(Wave)

※ 형태(Wave)는 선이나 도형에 물결 형태의 변형 효과를 적용할 수 있는 기능입니다.

❶ 폭이 100px인 선 생성

❷ Ctrl 을 누른 상태로 ▶ 레이어 속성 열기 버튼 클릭

❸ 양(Amount) 수치를 "30.0%" 입력. ❹ 형태길이(Wavelength) 수치를 "200.0" 입력
❺ 선의 형태가 변경되는 것을 확인

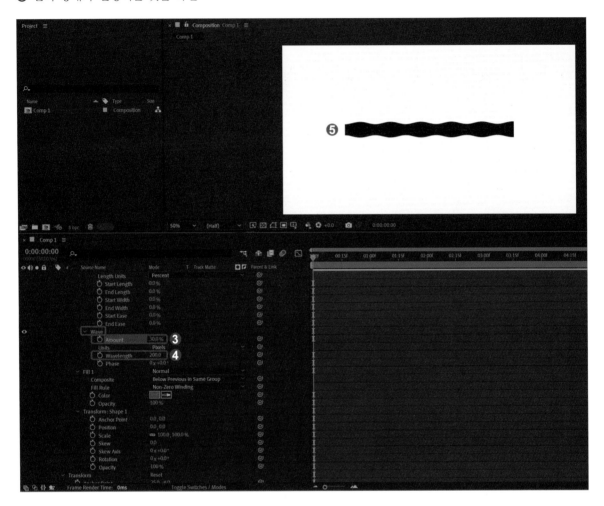

• 양(Amount) : 물결 효과의 크기를 설정합니다.
• 단위(Units) : 물결 효과의 측정 단위를 설정합니다.
• 형태길이(Wavelength) : 물결 효과 반복되는 길이를 조정합니다.
• 위상(Phase) : 물결의 시작 각도를 설정합니다.

6. 셰이프 레이어의 추가(Add) 기능

셰이프 레이어의 추가(Add) 기능은 기본 도형 외에 다양한 속성과 변형 옵션을 추가하여 셰이프를 더욱 풍부하고 유연하게 조작할 수 있도록 도와줍니다. 실습을 통해 간단한 활용법에 대해 배워보겠습니다.

예제 파일	예제 파일 / Chapter 03 셰이프 레이어 추가 기능.aep

유튜브 동영상 강의

셰이프 레이어의 추가 기능

(1) 병합(Merge Paths)

❶ 1번 연기 레이어의 토글 버튼 클릭＞세부항목 확장

❷ 하나의 레이어에 두 개의 사각형 셰이프 레이어 확인

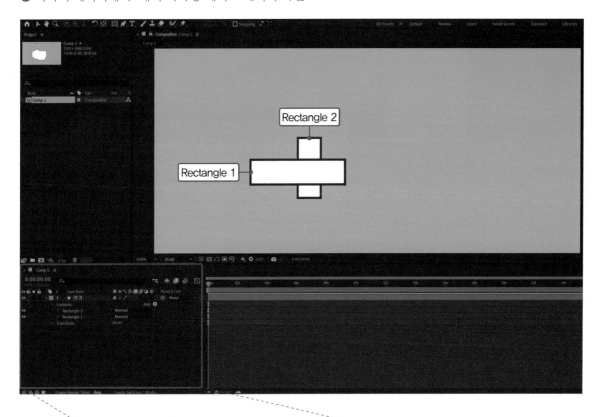

❸ 콘텐츠(Contents) 선택. ❹ 추가(Add) 클릭. ❺ 우클릭 메뉴창에서 패스 병합(Merge Paths) 클릭

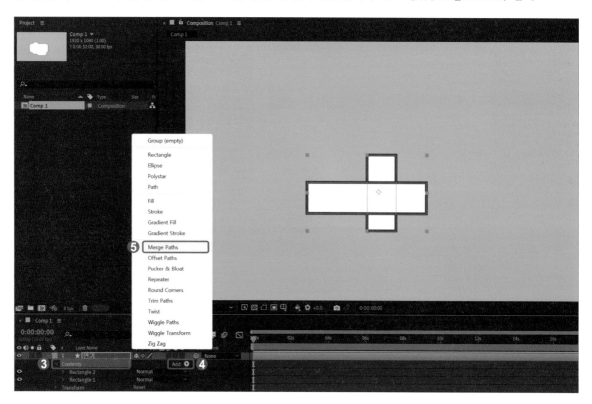

❻ 두 개의 사각형 셰이프가 패스 병합으로 인하여 하나의 면으로 합쳐진 것을 확인

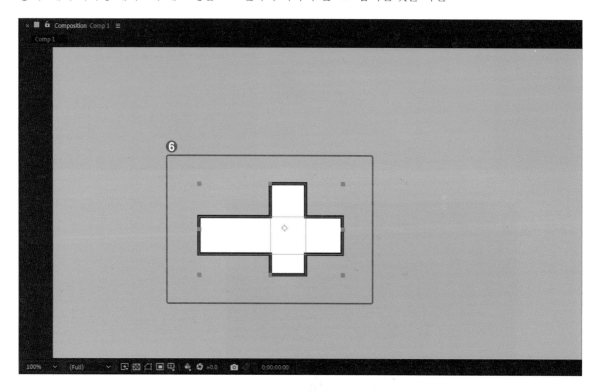

(2) 둥근 모퉁이(Round Corners)

❶ 콘텐츠(Contents) 선택. ❷ 추가(Add) 클릭. ❸ 우클릭 메뉴창에서 패스 둥근 모퉁이(Round Corners) 클릭

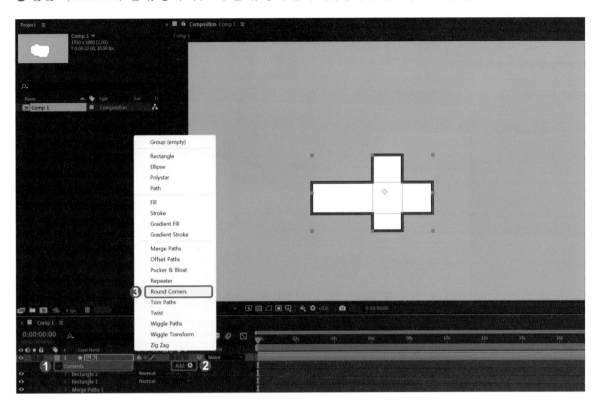

❹ 둥근 모퉁이(Round Corners)의 토글 버튼 클릭 > 세부항목 확장 > 반경(Radius) 값을 "60.0" 입력
❺ 사각형 셰이프의 모퉁이들이 둥글게 변경된 것을 확인

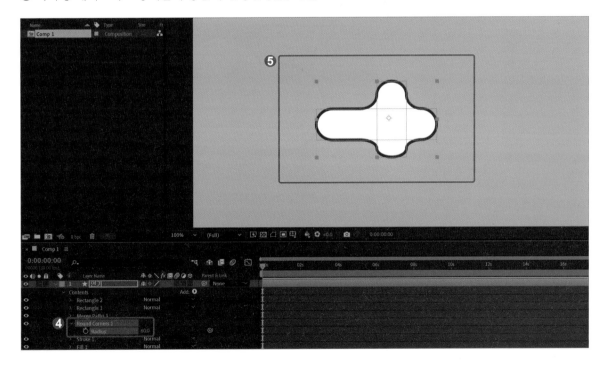

(3) 패스 오프셋(Offset Paths)

❶ 콘텐츠(Contents) 선택. ❷ 추가(Add) 클릭. ❸ 우클릭 메뉴창에서 패스 오프셋(Offset Paths) 클릭

❹ 패스 오프셋(Offset Paths)의 토글 버튼 클릭＞세부항목 확장＞양(Amount) 값을 "100.0" 입력
❺ 셰이프의 모양이 확장된 것을 확인

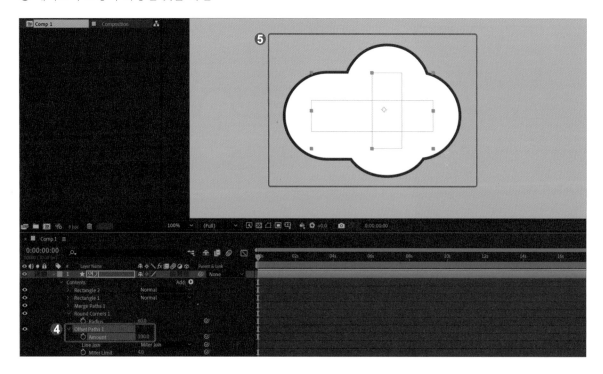

(4) 반복(Repeater)

❶ 콘텐츠(Contents) 선택. ❷ 추가(Add) 클릭. ❸ 우클릭 메뉴창에서 반복(Repeater) 클릭

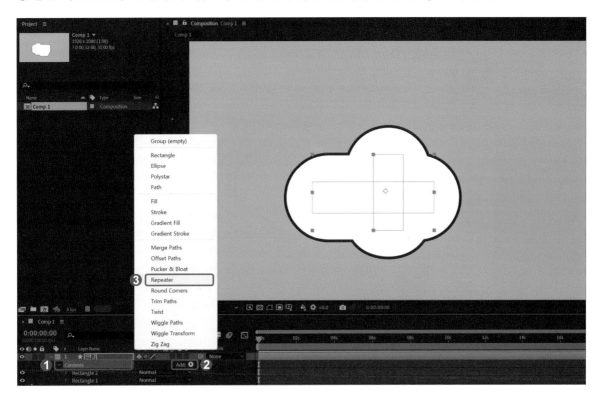

❹ 반복(Repeater)의 세부항목 확장 > 복사(Copies) 값을 "10" 입력. ❺ 10개의 세이프가 복사된 것을 확인

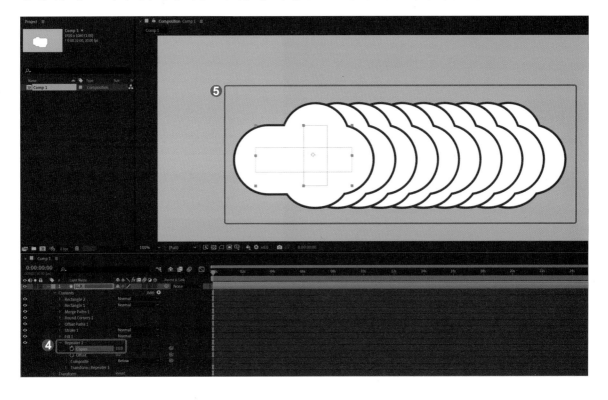

(5) 흔들기 변형(Wiggle Transform)

❶ 콘텐츠(Contents) 선택. ❷ 추가(Add) 클릭

❸ 우클릭 메뉴창에서 흔들기 변형(Wiggle Transform) 클릭

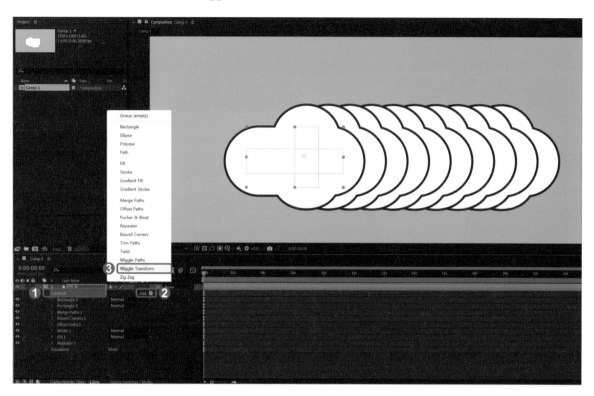

❹ 흔들기 변형(Wiggle Transform)을 드래그하여 반복(Repeater) 아래로 순서 변경

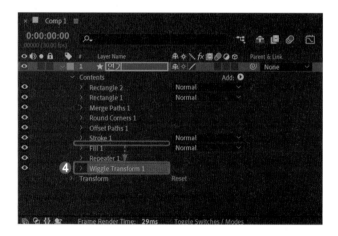

❺ 흔들기 변형(Wiggle Transform)의 토글 버튼 클릭>세부항목 확장>다음과 같이 수치 입력

ⓐ Wiggles/Second : 0   ⓑ Correlation : 50%

ⓒ Temporal Phase : 0x+0.0˚   ⓓ Spatial Phase : 0x+0.0˚

ⓔ Random Seed : 0   ⓕ Transform>Anchor Point : 0, 0

ⓖ Transform>Position : 3000, 900   ⓗ Transform>Scale : −30, −30%

ⓘ Transform>Rotation : 0x+0.0˚

❻ 컴포지션 패널 화면을 확인하면서 자연스러운 수치 입력

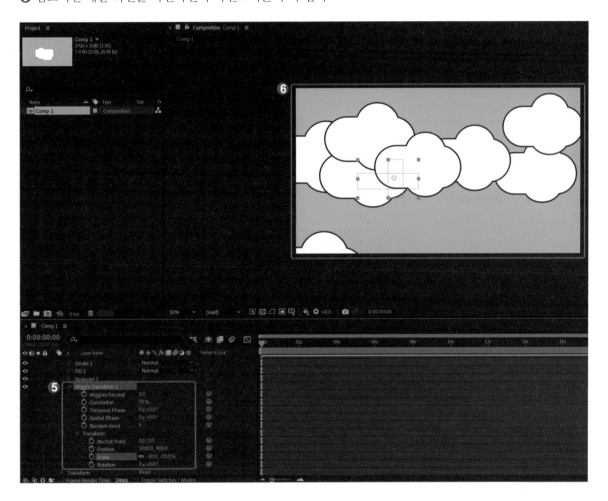

SECTION

03

키 프레임 알아보기

애프터 이펙트에서 대부분의 애니메이션은 키 프레임(Key frame)을 통해 만들어집니다. 키 프레임을 설정하면 오브젝트의 위치, 크기, 불투명도 등의 속성을 시간에 따라 변화시킬 수 있어 자연스럽고 다채로운 애니메이션을 제작할 수 있습니다. 이번 시간에는 키 프레임의 기본 원리와 작동 방식을 익혀보도록 하겠습니다.

1. 포지션 키 프레임 직선

시간의 흐름에 따라 오브젝트의 위치를 변화시키는 기본적인 애니메이션을 만들어보겠습니다.

예제 파일	예제 파일/Chapter 03 키 프레임 살펴보기.aep

유튜브 동영상 강의

1. 포지션 키 프레임 직선~8.기준점 이해

❶ [실습_키 프레임 직선] 컴포지션 타임라인 활성화

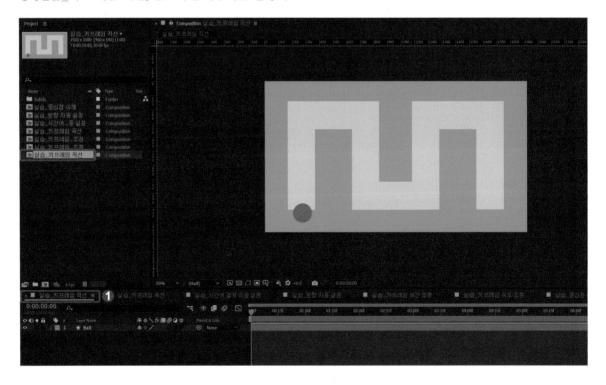

❷ 인디케이터를 [0:00:00:00]으로 이동. ❸ [Ball] 셰이프 레이어의 [>] 토글 버튼 클릭>레이어 속성 활성화

❹ [변형(Transform)]>[위치(Position)]의 ⏱ 초시계 클릭. ❺ [0:00:00:00]에 생성된 위치 키 프레임 확인

단축키

현재 시간에서 위치 키 프레임 추가/삭제 : Alt + Shift + P

❻ 인디케이터를 [0:00:01:00]으로 이동

❼ 컴포지션 패널에서 [Ball] 레이어 선택>가이드에 따라 드래그하여 위치 이동

※ Shift 를 누르고 드래그하면 직선으로 이동할 수 있습니다.

❽ [Ball] 레이어의 위치가 변경되면서 자동으로 [0:00:01:00]에 위치 키 프레임이 생성되는 것을 확인

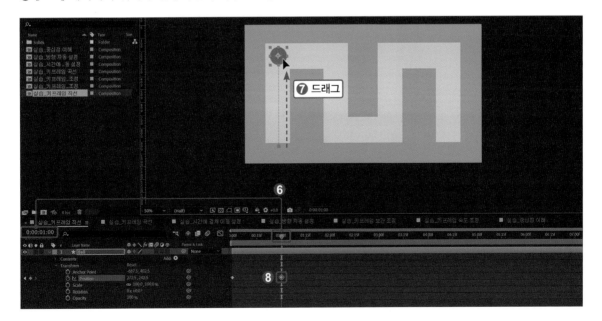

❾ 인디케이터를 [0:00:02:00]으로 이동

❿ 컴포지션 패널에서 [Ball] 레이어 선택>가이드에 따라 드래그하여 위치 이동

⓫ [Ball] 레이어의 위치가 변경되면서 자동으로 [0:00:02:00]에 위치 키 프레임이 생성되는 것을 확인

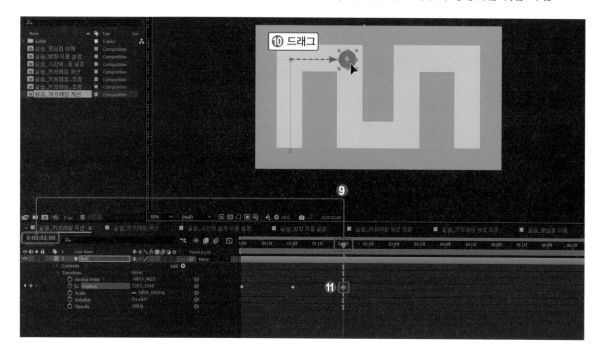

⓬ 동일한 방법으로 인디케이터를 1초씩 뒤로 이동하며 [Ball] 레이어의 위치를 ⓐ~ⓔ로 이동> Space bar 를
눌러 프리뷰 진행>[Ball] 오브젝트가 시간에 따라 위치값이 변경되는 것을 확인

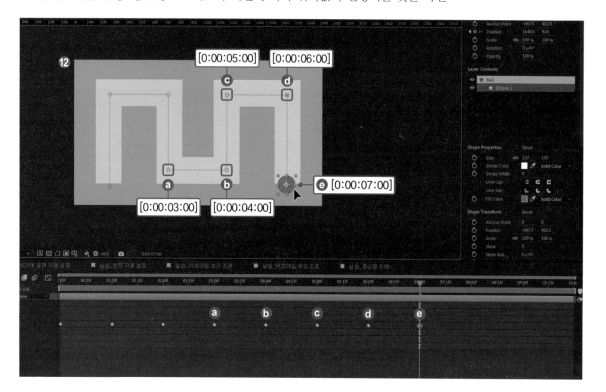

2. 포지션 키 프레임 모션 패스 수정

모션 패스를 수정하여 곡선으로 움직이는 포지션을 만들어보겠습니다.

예제 파일	예제 파일/Chapter 03 키 프레임 살펴보기.aep

❶ [실습_키 프레임 곡선] 컴포지션 타임라인 활성화

❷ 인디케이터를 [0:00:00:00]으로 이동. ❸ [Ball] 셰이프 레이어의 ▶ 토글 버튼 클릭>레이어 속성 활성화
❹ [변형(Transform)]>[위치(Position)]의 ⏱ 초시계 클릭>키 프레임 생성

❺ 인디케이터를 [0:00:01:00]으로 이동. ❻ [Ball] 오브젝트를 하단 이미지와 같이 이동

❼ 인디케이터를 [0:00:02:00]으로 이동. ❽ [Ball] 오브젝트를 하단 이미지와 같이 이동

❾ 인디케이터를 [0:00:03:00]으로 이동. **❿** [Ball] 오브젝트를 하단 이미지와 같이 이동

⓫ 인디케이터를 [0:00:04:00]으로 이동. **⓬** [Ball] 오브젝트를 하단 이미지와 같이 이동

⑬ 도구바에서 펜 툴을 길게 누른 후 [정점
변환 도구(Convert Vertex Tool)] 선택

⑭ 포지션 키 프레임이 생성된 지점을 정점 도구로 클릭>모션 패스를 베지어 형태로 변경

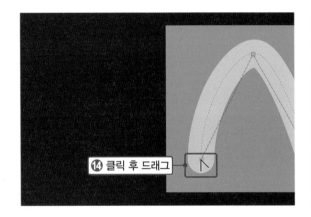

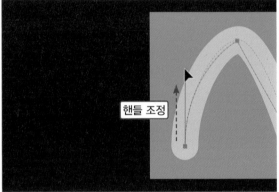

⑮ 다른 포지션 키 프레임 지점들도 정점 도구를 통해 베지어 형태로 만든 후 핸들을 조정하여 모션 패스 수정
> Space bar 를 눌러 프리뷰 진행>[Ball] 오브젝트가 곡선을 그리며 움직이는 것을 확인

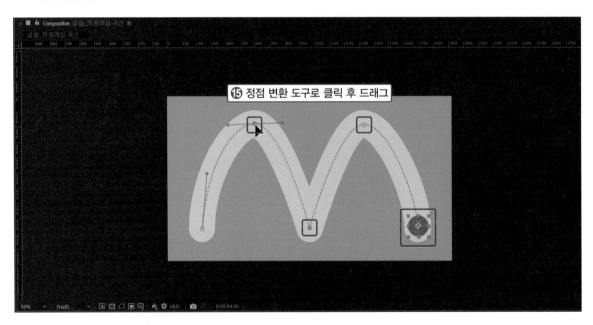

Tip   핸들 조작 시 Alt 를 누르면 반대쪽 핸들은 고정한 채 한쪽 핸들만 수정할 수 있습니다.

3. 시간에 걸쳐 이동(Rove Across Time) 설정

시간에 걸쳐 이동(Rove Across Time)은 애프터 이펙트에서 키 프레임을 시간 축에 고정하지 않고, 자동으로 균등하게 분배해 주는 기능입니다. 이 설정으로 애니메이션의 경로를 매끄럽게 만들고, 프레임 간의 속도 변화를 최소화할 수 있습니다.

예제 파일	예제 파일/Chapter 03 키 프레임 살펴보기.aep

❶ [실습_시간에 걸쳐 이동 설정] 컴포지션 타임라인 활성화>해당 컴포지션 프리뷰 진행>종이비행기의 속도가 불규칙적으로 움직이는 것을 확인

❷ 1번 종이비행기 레이어 선택 후 U 입력

❸ 키 프레임이 적용된 속성만 표시

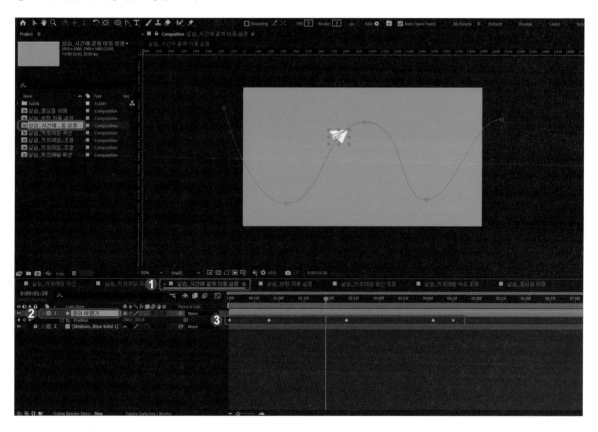

❹ 위치(Position) 속성 이름 클릭>키 프레임 전체 선택. ❺ 선택된 키 프레임 위에서 마우스 우클릭
❻ 우클릭 메뉴창에서 [시간에 걸쳐 이동(Rove Across Time)] 선택

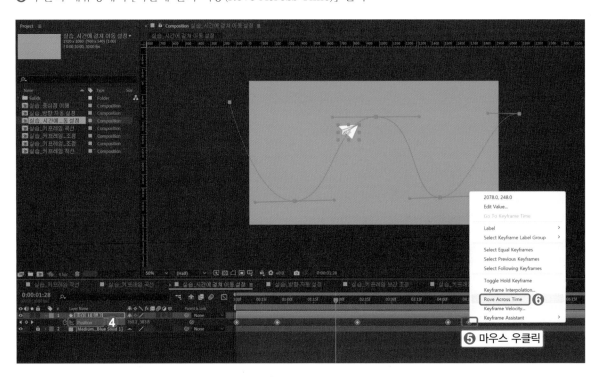

❼ 시작 프레임과 끝 프레임을 기준으로 가운데 키 프레임들의 시간이 배분되는 것을 확인>프리뷰 진행>종이비행기가 일정한 속도로 움직이는 것을 확인

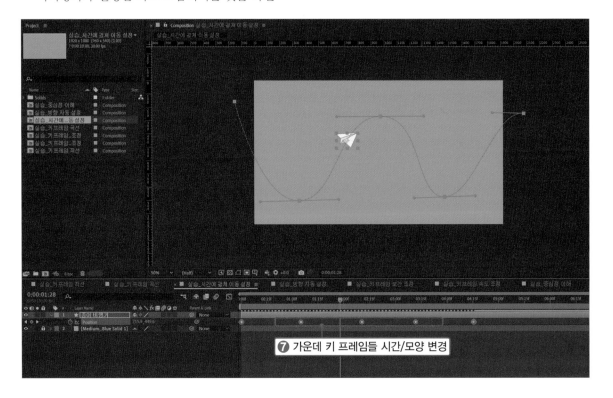

4. 경로를 따라 방향 지정(Auto-Orient) 설정

방향 자동 설정은 애프터 이펙트에서 오브젝트가 이동경로를 따라 자동으로 방향을 조정하도록 설정하는 기능입니다. 이를 통해 오브젝트가 자연스럽게 회전하거나 정렬되도록 만들 수 있습니다.

예제 파일	예제 파일/Chapter 03 키 프레임 살펴보기.aep

❶ [실습_방향 자동 설정] 컴포지션 타임라인 활성화>해당 컴포지션 프리뷰 진행>종이비행기의 방향이 고정되어 있는 것을 확인

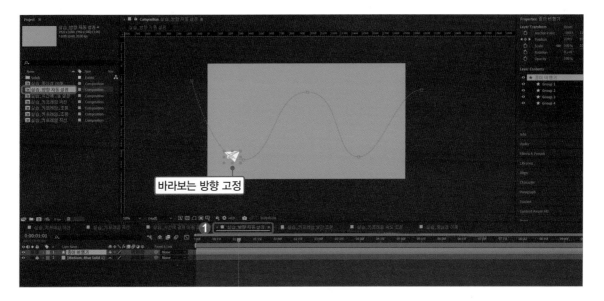

❷ 레이어 선택 후 U 입력>키 프레임이 적용된 속성 표시
❸ 위치(Position) 속성 이름 클릭>키 프레임 전체 선택

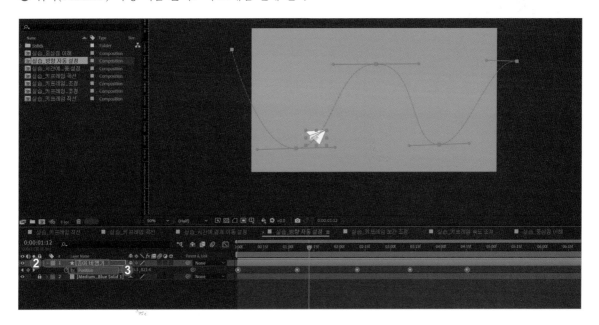

❹ 메뉴바 > [레이어(Layer)] > [변형(Transform)] > [방향 자동 설정 (Auto-Orient)] 선택

❺ [경로를 따라 방향 지정(Orient Along Path)] 선택

❻ [확인(OK)] 버튼 클릭

단축키

방향 자동 설정 : Ctrl + Alt + O

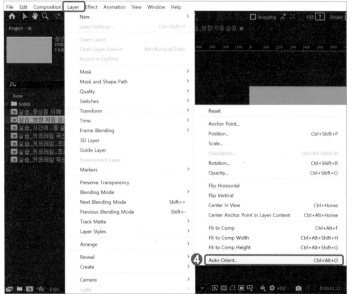

❼ 종이비행기의 회전값을 조절하기 위해 레이어 선택 후 R 입력 > 회전(Rotation) 속성값 표시

❽ 회전값 수치를 "37" 입력 > 인디케이터를 움직여 종이비행기가 나가는 방향으로 바라보는 것을 확인

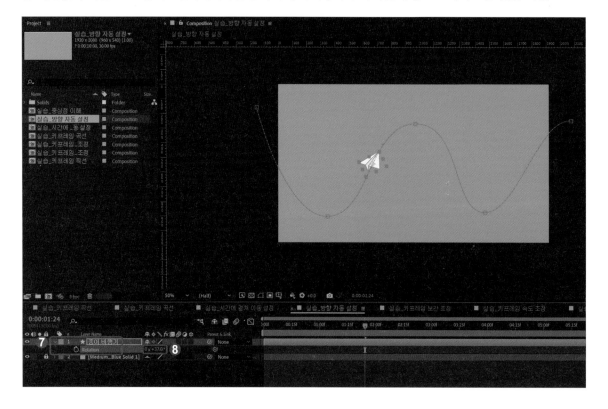

5. 키 프레임 보간 조정

애프터 이펙트에서 키 프레임 간의 움직임을 어떻게 계산할지 설정합니다. 이를 통해 애니메이션의 속도를 세밀하게 조정할 수 있습니다.

예제 파일	예제 파일/Chapter 03 키 프레임 살펴보기.aep

❶ [실습_키 프레임 보간 조정] 컴포지션 타임라인 활성화>해당 컴포지션 프리뷰 진행>두 개의 오브젝트가 동일하게 움직이는 것을 확인

❷ 레이어가 선택되어 있지 않은 상태에서 U 입력>전체 레이어의 키 프레임이 적용된 속성 표시

❸ 1번 레이어의 키 프레임을 전체 선택하기 위해 위치(Position) 속성 이름 클릭

❹ 키 프레임 위에서 마우스 우클릭 > 우클릭 메뉴창 활성화

❺ [키 프레임 도우미(Keyframe Assistant)] > [천천히 들어오기 및 나가기(Easy Ease)] 클릭

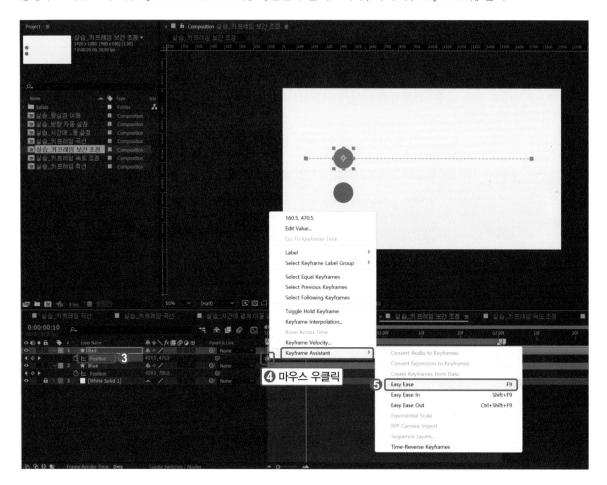

단축키

- 천천히 들어오기 및 나가기(Easy Ease) : F9
- 천천히 들어오기(Easy Ease In) : Shift + F9
- 천천히 나가기(Easy Ease Out) : Ctrl + Shift + F9

Tip
- 천천히 들어오기 및 나가기(Easy Ease) : 키 프레임 시작과 끝 모두에서 감속 적용합니다.
- 천천히 들어오기(Easy Ease In) : 키 프레임이 시작하는 부분이 부드럽게 처리되어 감속 적용합니다.
- 천천히 나가기(Easy Ease Out) : 키 프레임이 끝나는 부분이 부드럽게 처리되어 천천히 가속 적용합니다.

❻ 천천히 들어오기 및 나가기(Easy Ease)가 적용>변경된 키 프레임 모양 확인( →)

※ 프리뷰하면 [Red] 오브젝트는 천천히 나가고 천천히 들어오는 것을 확인할 수 있습니다.

❼ 첫 번째 키 프레임에서 마우스 우클릭>우클릭 메뉴 활성화

❽ [키 프레임 보간(Keyframe Interpolation)] 클릭

❾ 시간 보간(Temporal Interpolation)을 [베지어(Bezier)]에서 [선형(Linear)]으로 설정

❿ [확인(OK)] 버튼 클릭

Tip 키 프레임 보간(Keyframe Interpolation)

- **시간 보간(Temporal Interpolation)** : 키 프레임 간의 속도 변화를 설정합니다.
  - 현재 설정(Current Settings) : 현재 설정된 보간 방식을 유지합니다.
  - 선형(Linear) : 키 프레임 간 속도를 일정하게 유지합니다.
  - 베지어(Bezier) : 곡선을 사용하여 키 프레임 간 속도를 부드럽게 조정합니다.
  - 연속 베지어(Continuous Bezier) : 키 프레임 간의 속도를 자연스럽게 연결합니다.
  - 자동 베지어(Auto Bezier) : 자동으로 부드러운 곡선을 생성합니다.
  - 고정(Hold) : 다음 키 프레임까지 값을 고정합니다.

- **공간 보간(Spatial Interpolation)** : 키 프레임 간의 위치 경로를 설정합니다.
  - 현재 설정(Current Settings) : 현재 설정된 공간 보간 방식을 유지합니다.
  - 선형(Linear) : 키 프레임간 경로를 직선으로 유지합니다.
  - 베지어(Bezier) : 곡선을 사용하여 이동 경로를 부드럽게 조정합니다.
  - 연속 베지어(Continuous Bezier) : 모든 키 프레임이 연결된 곡선을 따라 움직입니다.
  - 자동 베지어(Auto Bezier) : 자동으로 매끄러운 곡선 경로를 생성합니다.
  - 고정(Hold) : 다음 키 프레임까지 값을 고정합니다.

- **이동(Roving)** : 키 프레임 간의 시간 간격과 위치 간격을 제어합니다.
  - 현재 설정(Current Settings) : 현재 설정된 이동 방식을 유지합니다.
  - 시간에 걸쳐 이동(Rove Across Time) : 키 프레임을 시간 축에 고정하지 않고 매끄럽게 분배합니다.
  - 시간으로 잠금(Lock To Time) : 키 프레임을 특정 시간에 고정합니다.

---

⑪ ▣ 베지어(Bezier) 키 프레임이 ◆ 선형(Linear) 키 프레임으로 적용되면서 [Red] 오브젝트가 빠르게 나가고 천천히 들어오는 것을 확인

⑪ 선형(Linear) 키 프레임 적용

6. 키 프레임 그래프(Graph Editor) 편집기 조정

키 프레임 그래프 편집기는 애니메이션의 속도와 값을 시각적으로 제어할 수 있도록 도와주는 도구입니다. 키 프레임 간의 움직임과 속도를 그래프로 표시해 더 세밀한 조정이 가능합니다.

예제 파일	예제 파일/Chapter 03 키 프레임 살펴보기.aep

❶ [실습_키 프레임 그래프 편집기] 컴포지션 타임라인 활성화

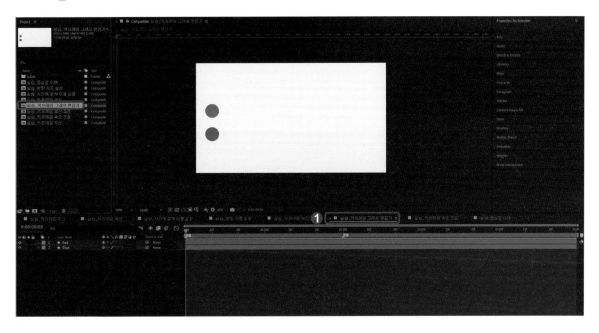

❷ 키 프레임 속성 표시 단축키 U 입력 > 위치(Position) 속성 표시
❸ 1번 레이어의 마지막 키 프레임 선택 > 천천히 들어오기 및 나가기 단축키 F9 입력

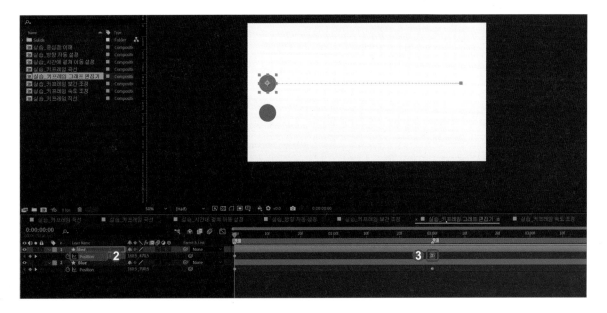

❹ ▦ [그래프 편집기(Graph Editor)] 클릭 > 그래프 편집기 창 활성화

  ⓐ 빨간색 그래프 : X값. ⓑ 초록색 그래프 : Y값. ⓒ 흰색 그래프 : 속도

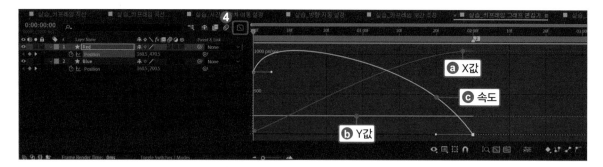

❺ ▦ [그래프 유형 및 옵션 선택(Choose graph type and options)] 클릭

❻ 속도 그래프가 안 보일 경우 [속력 그래프 편집(Edit Speed Graph)] 체크

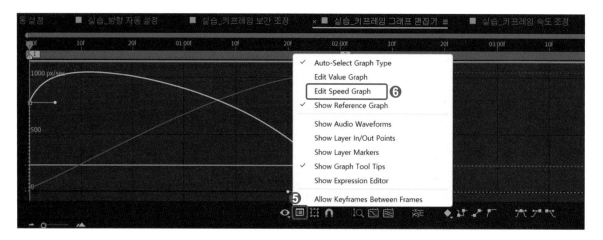

Tip 그래프 유형 및 옵션 선택(Choose graph type and options)

- **그래프 유형 자동 선택(Auto-Select Graph Type)** : 속성에 따라 적합한 그래프 유형을 자동으로 선택합니다.
- **값 그래프 편집(Edit Value Graph)** : 키 프레임 간 속성 값의 변화를 보여줍니다.
- **속력 그래프 편집(Edit Speed Graph)** : 키 프레임 간 속도의 변화를 보여줍니다.
- **참조 그래프 표시(Show Reference Graph)** : 현재 선택된 그래프 외에 참조용 그래프를 추가로 표시합니다.
- **오디오 파형 표시(Show Audio Waveforms)** : 타임라인에서 오디오 파형을 그래프 위에 표시합니다.
- **레이어 인/아웃 시점 표시(Show Layer In/Out Points)** : 그래프상에 레이어의 시작과 끝 지점을 표시합니다.
- **레이어 마커 표시(Show Layer Markers)** : 타임라인에 설정된 레이어 마커를 그래프상에 표시합니다.
- **그래프 도구 설명 표시(Show Graph Tool Tips)** : 그래프 위에 마우스를 올리면 도구 설명이 나타납니다.
- **표현식 편집기 표시(Show Expression Editor)** : 그래프 편집기와 함께 표현식 코드를 편집할 수 있는 창을 표시합니다.
- **프레임 간 키 프레임 허용(Allow Keyframes Between Frames)** : 정수형 프레임 간에도 키 프레임을 설정할 수 있도록 허용합니다.

❼ 속도 그래프의 끝 지점을 마우스로 클릭＞핸들이 표시되는 것을 확인. ❽ 핸들을 좌측으로 드래그

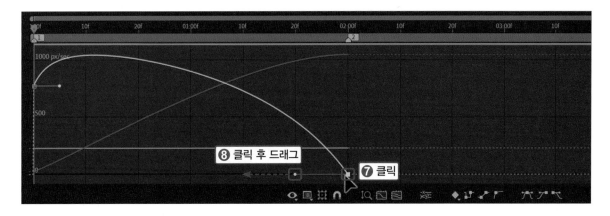

❾ 속도 그래프를 하단 이미지와 같이 조정. ❿ 🗒 [그래프 편집기(Graph Editor)]를 클릭하여 그래프 화면 닫기

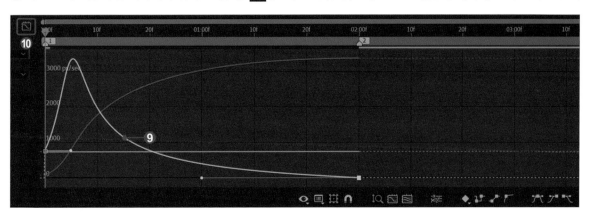

⓫ 컴포지션 프리뷰 진행＞[Red] 오브젝트의 움직임이 극적으로 변한 것을 확인

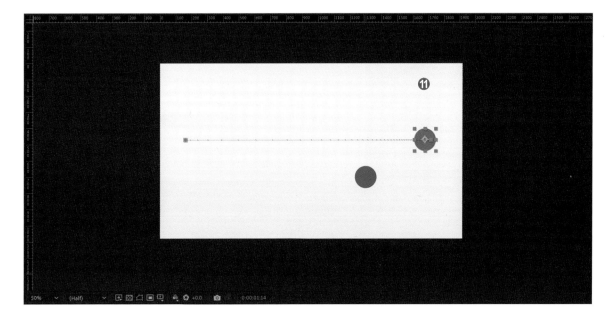

7. 키 프레임 속도(Keyframe Velocity) 설정 창 활용

키 프레임 속도 설정 창을 이용하면 애니메이션의 움직임을 수치로 조절할 수 있습니다.

예제 파일	예제 파일/Chapter 03 키 프레임 살펴보기.aep

❶ [실습_키 프레임 속도 조정] 컴포지션 타임라인 활성화

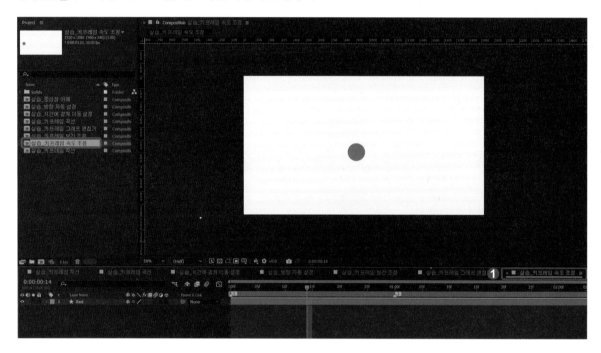

❷ 키 프레임 속성 표시 단축키 U 입력 > 위치(Position) 속성 표시

❸ 1번 레이어의 마지막 키 프레임 선택 > 천천히 들어오기 및 나가기 단축키 F9 입력

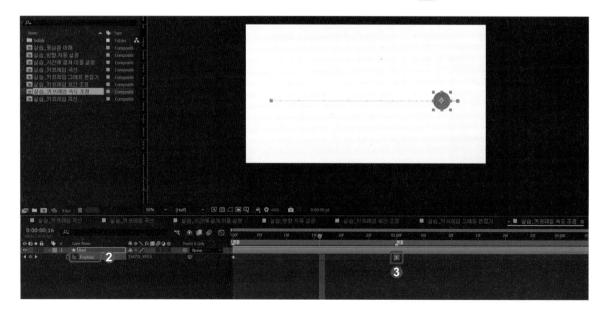

❹ 마지막 키 프레임 위에서 마우스 우클릭

❺ 우클릭 메뉴창에서 [키 프레임 속도(Key-
frame Velocity)] 클릭

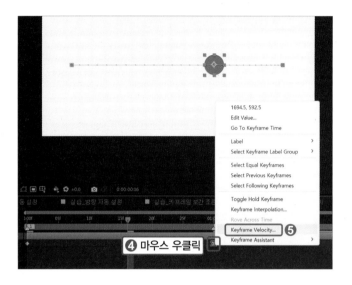

❻ 들어오는 속도(Incoming Velocity)
의 영향(Influence) 값에 수치를 "100"
입력

❼ [확인(OK)] 버튼 클릭

Tip   키 프레임 속도(Keyframe Velocity)

- **들어오는 속도(Incoming Velocity)** : 키 프레임에 접근하는 동안의 속도와 영향입니다.
- **나가는 속도(Outgoing Velocity)** : 키 프레임을 벗어난 후의 속도와 영향입니다.
- **속력(Speed)** : 키 프레임 애니메이션의 이동 속도입니다.
- **영향(Influence)** : 가속도가 적용되는 정도를 백분율로 설정합니다.
- **연속(Continuous)** : 들어오는 속도와 나가는 속도를 동일하게 설정합니다.

❽ ▣ [그래프 편집기(Graph Editor)] 클릭

❾ 속도 그래프 확인 > 기존에 핸들을 조절한 효과와 동일하게 그래프의 모양이 변경된 것을 확인

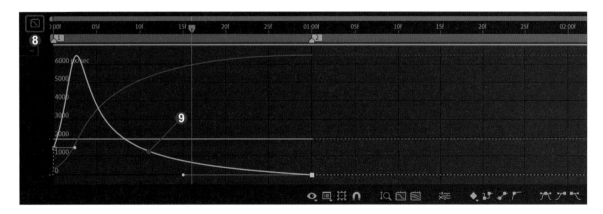

8. 기준점 이해

오브젝트의 이동, 회전, 크기 조정 등 모든 변형(Transform)은 기준점을 기준으로 이루어집니다. 기준점에 따라 오브젝트의 동작 방식이 크게 달라지므로 애니메이션 제작을 위해서는 반드시 알아둬야 하는 개념입니다.

예제 파일	예제 파일/Chapter 03 키 프레임 살펴보기.aep

(1) 회전

❶ [실습_기준점 이해] 컴포지션 타임라인 활성화

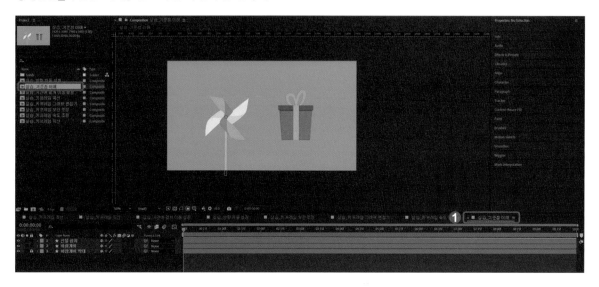

❷ 2번 [바람개비] 레이어를 선택 후 R 입력 > 회전(Rotation) 속성값 표시
❸ 인디케이터를 [0:00:00:00]으로 이동
❹ 회전(Rotation)의 초시계를 클릭하여 [0:00:00:00]에 키 프레임 생성

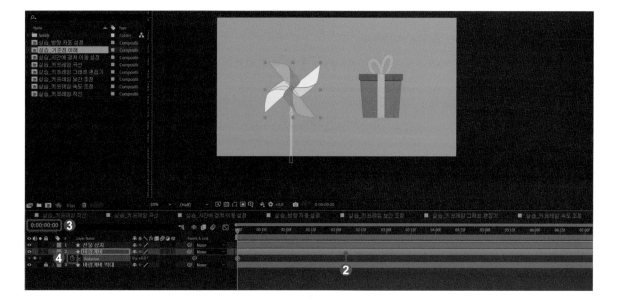

❺ 인디케이터를 [0:00:03:00]으로 이동. ❻ 회전(Rotation) 수치 "2×0.0" 입력

❼ 기준점을 기준으로 회전하는 바람개비 오
  브젝트 확인

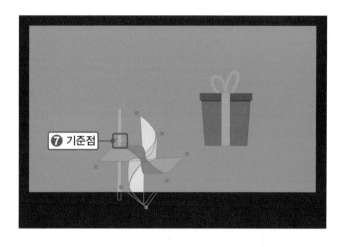

❽ 인디케이터를 [0:00:00:00]으로 이동
❾ [기준점 도구] 선택
❿ 기준점을 바람개비 가운데로 이동>프리
  뷰 진행>바람개비가 정상적으로 회전하
  는 것을 확인

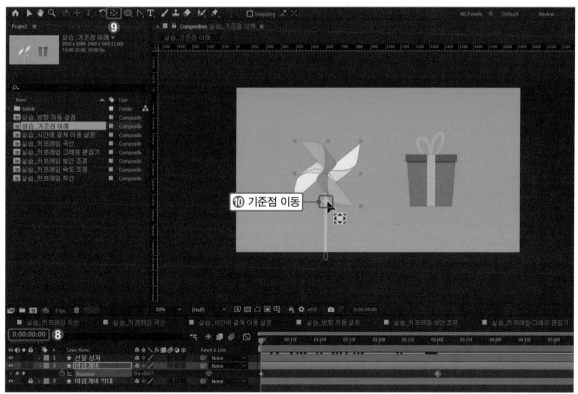

Tip
기준점 이동 시 Ctrl 과 함께 이동하면 스냅 기능을 활용할 수 있습니다.

(2) 비율

❶ 1번 [선물 상자] 레이어를 선택 후 S 입력 > 비율(Scale) 속성 표시

❷ 인디케이터를 [0:00:00:00]으로 이동. ❸ 비율(Scale) 초시계를 클릭하여 [0:00:00:00]에 키 프레임 생성

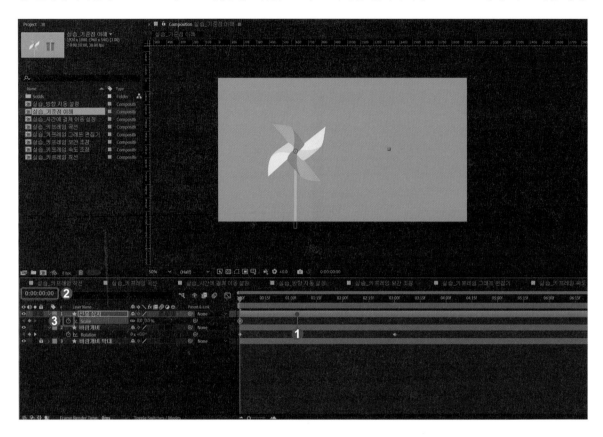

❹ 인디케이터를 5프레임 단위로 이동 후 비율(Scale) 수치를 다음과 같이 입력

ⓐ [0:00:00:00] Scale : 0, 0

ⓑ [0:00:00:05] Scale : 120, 120

ⓒ [0:00:00:10] Scale : 95, 95

ⓓ [0:00:00:15] Scale : 105, 105

ⓔ [0:00:00:20] Scale : 100, 100

단축키

1프레임 오른쪽으로 이동 : Page Down

❺ 기준점 도구 선택

❻ [선물 상자] 레이어의 기준점을 아래로 이동>프리뷰 진행>선물상자의 크기가 기준점 기준으로 커지는 것을 확인

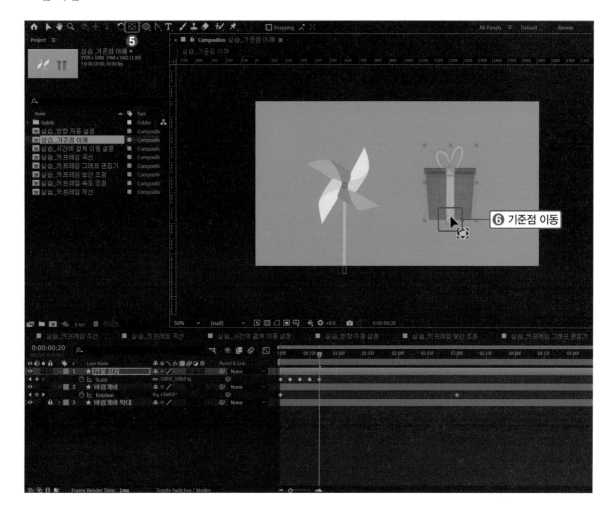

SECTION 04

다양한 기능 익히기

이번 시간에는 애프터 이펙트에서 필수적으로 많이 사용되는 다양한 기능에 대해 배워보겠습니다.

1. 마스크(Mask) 기초 익히기

마스크는 레이어의 일부를 가리거나 특정 부분을 강조하고자 할 때 사용됩니다. 이를 통해 비디오, 이미지, 텍스트 등 레이어의 특정 영역을 효과적으로 제어할 수 있습니다.

예제 파일	예제 파일/Chapter 03 다양한 기능 익히기.aep

유튜브 동영상 강의

1. 마스크(Mask) 기초 익히기~
3. 3D 기초 익히기

❶ [실습_마스크 기초 익히기] 컴포지션 타임라인 활성화

❷ 1번 레이어 선택. ❸ 도구바에서 [사각형 도구]를 길게 눌러 하위 메뉴 활성화. ❹ [타원 도구] 선택

❺ Shift 를 누른 상태로 컴포지션 패널에서 인물 위주로 드래그하여 영역 설정

❻ 레이어에 새로운 마스크(Mask) 항목이 생성되는 것을 확인

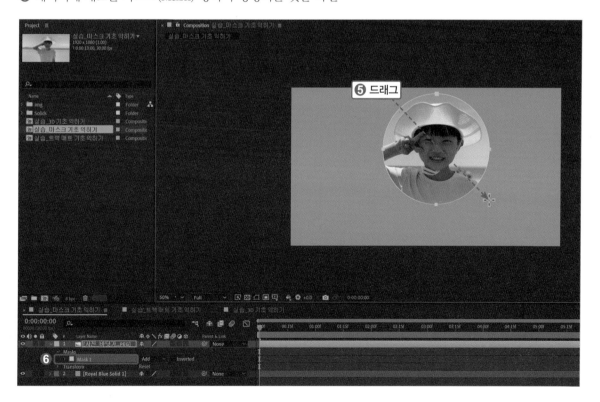

❼ Ctrl + Alt + Home 으로 마스크 기준점을 가운데로 설정 > Ctrl + Home 으로 컴포지션 가운데로 위치 설정

❽ 마스크 토글 버튼 클릭 > 세부속성을 활성화 > 마스크 페더(Mask Feather) 수치를 "100" 입력

❾ 마스크 확장(Mask Expansion) 수치를 "50" 입력

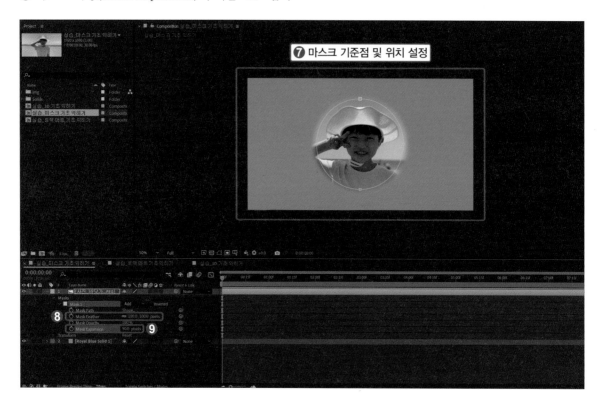

<hr>

Tip

• **마스크 패스(Mask Path)** : 마스크의 경로를 정의합니다.

• **마스크 페더(Mask Feather)** : 마스크 가장자리를 부드럽게 만듭니다.

• **마스크 불투명도(Mask Opacity)** : 마스크로 선택된 영역의 투명도를 설정합니다.

• **마스크 확장(Mask Expansion)** : 마스크 경계를 확장하거나 축소합니다.

❿ [Mask 1] 선택 > Ctrl + D 로 [Mask 2] 복제. ⓫ Ctrl + T 로 마스크 자유 변형 상태로 변경

⓬ [Mask 2]를 우측으로 이동시킨 후 Enter 를 눌러 입력. ⓭ [Mask 2]의 더하기(Add) 버튼 클릭

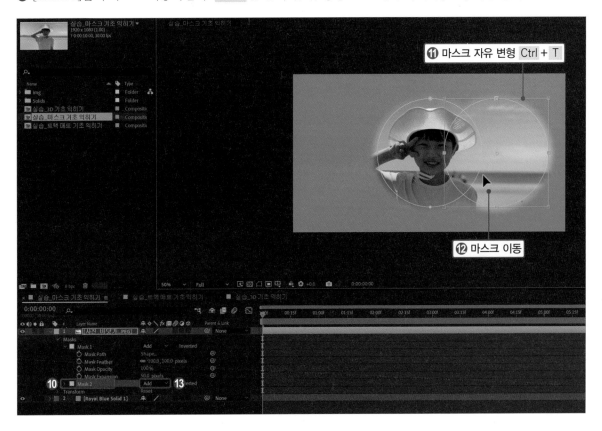

⓮ 빼기(Subtract) 선택. ⓯ 마스크가 겹치는 부분이 가려진 것을 확인

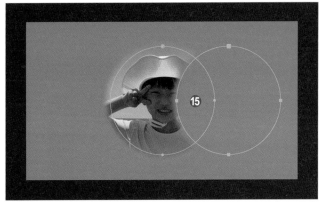

> **Tip**
>
> • **없음(None)** : 마스크를 비활성화합니다.
>
> • **더하기(Add)** : 마스크로 선택된 영역을 추가합니다.   • **빼기(Subtract)** : 마스크로 선택된 영역을 제거합니다.
>
> • **교차(Intersect)** : 여러 마스크 간에 겹치는 부분만 표시합니다.
>
> • **밝게(Lighten)** : 마스크 간의 밝은 영역을 결합합니다.   • **어둡게(Darken)** : 마스크 간의 어두운 영역을 결합합니다.
>
> • **차이(Difference)** : 마스크 간의 차이점을 표시합니다.

2. 트랙 매트(Track Matte) 기초 익히기

트랙 매트는 하나의 레이어를 다른 레이어의 마스크로 사용하는 기능입니다.

예제 파일	예제 파일/Chapter 03 다양한 기능 익히기.aep

❶ [실습_트랙매트 기초 익히기] 컴포지션 타임라인 활성화
❷ 전송 컨트롤 창 버튼을 클릭. ❸ 1번 레이어의 [트랙 매트(Track Matte)] 클릭>레이어 선택 창 활성화

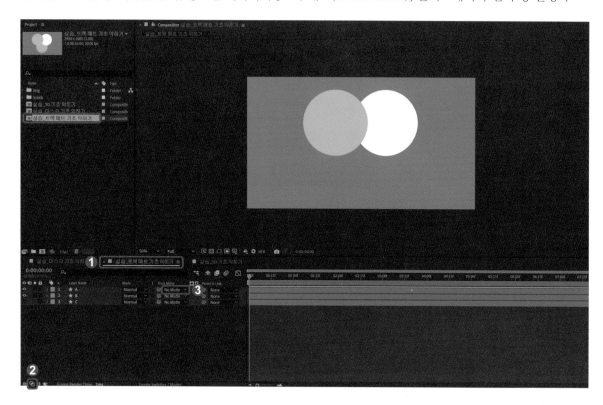

❹ [3.C] 레이어 선택. ❺ 3번 레이어와 교차되는 부분만 컴포지션 패널에 표시되는 것을 확인

❻ 2번 레이어의  [부모 도구(Parent&Link)]를 3번 레이어로 드래그

❼ 2번 레이어 역시 3번 레이어와 교차되는 부분만 표시되는 것을 확인

❽ 2번 레이어의 [매트 반전] 클릭

❾ 3번 레이어와 교차되는 부분을 제외한 나머지 영역이 컴포지션 패널에 표시되는 것을 확인

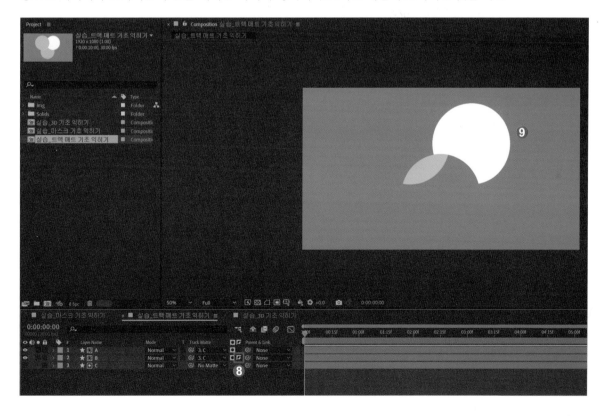

3. 3D 기초 익히기

애프터 이펙트는 2D 전용 그래픽 프로그램이지만 다양한 3D 기반의 콘텐츠도 제작할 수 있습니다. 기본적인 3D 변환 기즈모 및 카메라 도구를 이용하는 방법에 대해 배워보겠습니다.

예제 파일	예제 파일/Chapter 03 다양한 기능 익히기.aep

(1) 3D 레이어 변환

❶ [실습_3D기초 익히기] 컴포지션 타임라인 활성화
❷ 1번 레이어 토글 버튼 클릭하여 변형(Transform) 속성을 확장하고 기본적으로 X, Y 두 개의 좌푯값을 가지고 있는 것을 확인

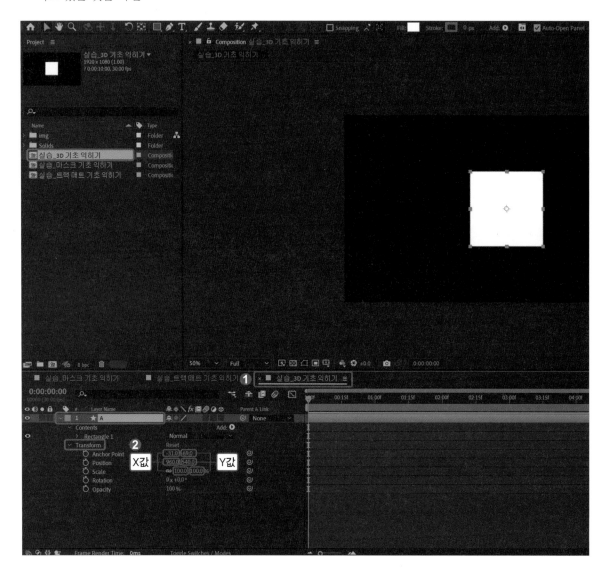

❸ 3D 레이어 활성화하여 기존의 속성에 Z좌표가 추가되고 새로운 속성이 생성되는 것을 확인

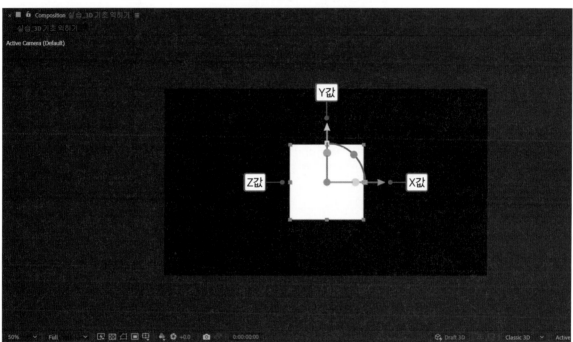

(2) 3D공간에서 레이어 조작

❶ 도구바에서 ▶ [선택도구(Selection Tool)], ⚘ [로컬 축 모드(Orbit Around Cursor Tool)], ▶ [일반(Universal)]을 활성화

❷ 컴포지션 패널에서 A오브젝트의 X축(빨간색 화살표)을 오른쪽으로 드래그

※ 초록색 Y축과 보라색 Z축도 동일한 방법으로 위치를 변경할 수 있습니다.

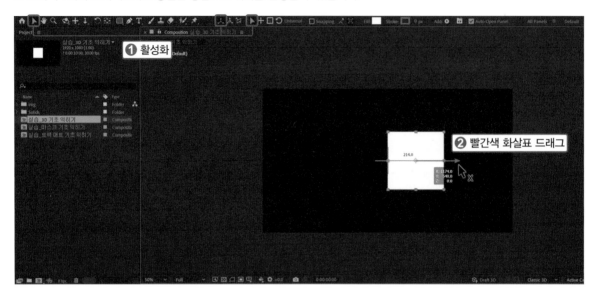

❸ 되돌리기 단축키 `Ctrl` + `Z` 로 원래 위치로 되돌리기 > `Shift` 를 누른 상태로 초록색 동그라미가 표시된 Y축을 드래그 > 30° 회전하는 것을 확인

※ `Shift` 를 누른 상태로 드래그하면 5° 단위로 변경됩니다.

❹ 방향(Orientation) 속성의 Y값이 30°로 변경되는 것을 확인

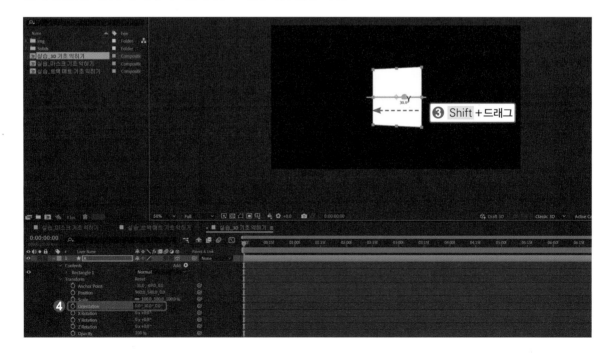

(3) 액시스 모드(Axis Mode) 알아보기

❶ 현재 액시스 모드는 ⚔ [로컬 축 모드(Local Axis Mode)]로 설정되어 있는 것을 확인

❷ 오브젝트의 로컬 축 모드(Local Axis Mode)에서 Y값이 30°로 설정되어 있으며, 조절 기즈모 또한 Y축 기준으로 30° 회전되어 있는 것을 확인

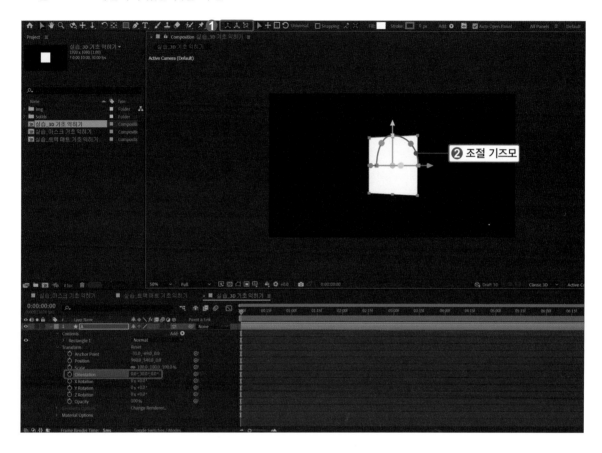

┌─────┐
│ Tip │   액시스 모드(Axis Mode)
└─────┘

- **로컬 축 모드(Local Axis Mode)** : 객체 기준으로 이동, 회전, 크기를 조정합니다.
- **월드 축 모드(World Axis Mode)** : 월드 좌표를 기준으로 조작합니다.
- **축 모드(View Axis Mode)** : 카메라 뷰 방향을 기준으로 조작합니다.

❸ 빨간색 X회전축 드래그>방향(Orientation)의 모든 값이 변경되는 것을 확인

※ 이미 Y회전축이 변형된 상태에서 다른 방향으로 이동하므로 모든 값이 변경됩니다.

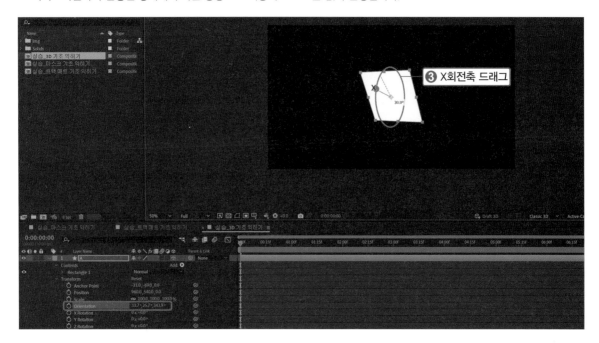

❹ Ctrl + Z 로 되돌린 후 액시스 모드를 월드 축 모드로 변경. ❺ X회전축을 변경

❻ 방향(Orientation) 속성에서 X값만 변경되는 것을 확인

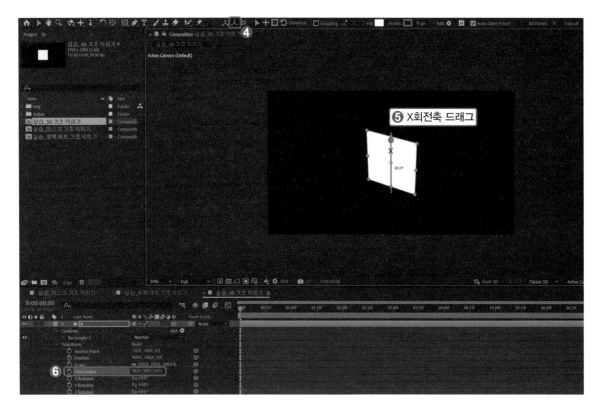

(4) 3D 카메라 도구 알아보기

컴포지션에 3D 레이어가 있는 경우에는 카메라 레이어가 없어도 카메라 도구를 통해 공간을 확인할 수 있습니다.

❶ [카메라 회전 도구] 선택. ❷ 컴포지션 패널에서 드래그하여 카메라 뷰 조절 가능

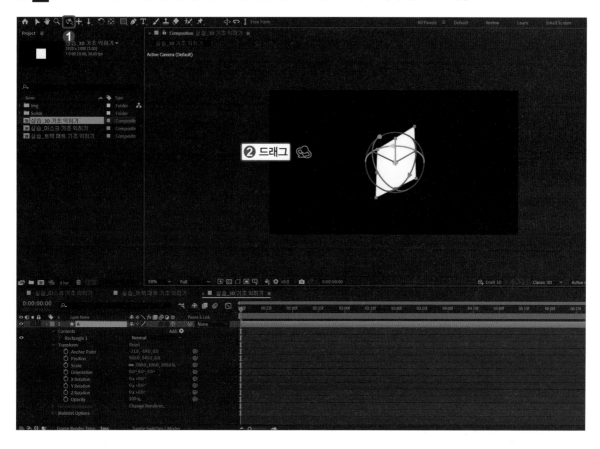

> **Tip** | 카메라 회전 도구 하위 메뉴
>
> - **로컬 축 모드(Orbit Around Cursor Tool)** : 선택한 3D 개체의 중심 또는 커서 기준으로 회전시킵니다.
> - **장면 주위 궤도 툴(Orbit Around Scene Tool)** : 전체 장면의 중심을 기준으로 회전시킵니다.
> - **카메라 POI 주위 궤도(Orbit Around Camera POI)** : 카메라의 POI를 기준으로 회전시킵니다.

❸ ➕ [카메라 이동 도구] 선택. ❹ 컴포지션 패널에서 드래그하여 카메라를 수평·수직으로 이동 가능

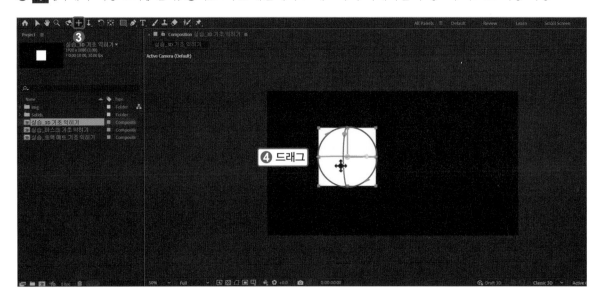

> **Tip** 카메라 이동 도구
>
> · ➕ **커서 아래로 이동 툴(Pan Under Cursor Tool)** : 현재 커서 위치를 기준으로 장면 전체를 이동합니다.
> · ➕ **팬 카메라 POI 툴(Pan Camera POI Tool)** : POI 중심으로 카메라를 이동합니다.

❺ ⬇ [카메라 돌비 도구] 선택. ❻ 컴포지션 패널에서 드래그하여 카메라를 앞뒤로 이동 가능

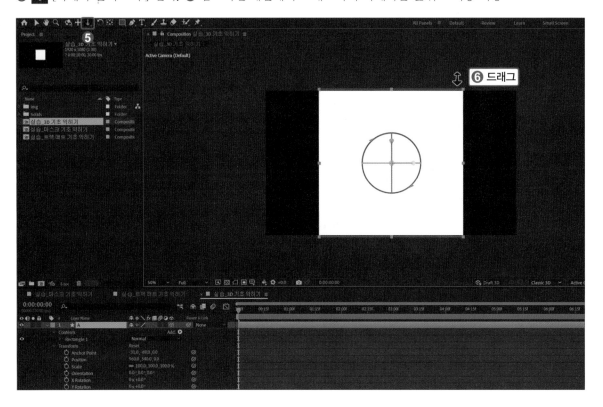

카메라 돌비 도구

- 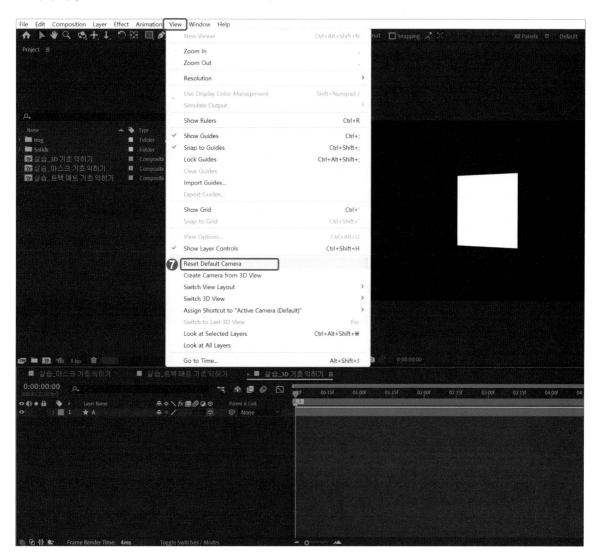 **커서를 향해 돌리 툴(Dolly Towards Cursor Tool)** : 현재 커서 위치를 향해 카메라를 앞뒤로 이동시킵니다.
- **커서를 돌리 툴(Dolly to Cursor Tool)** : 카메라가 커서 위치까지 직접 이동합니다.
- **카메라 POI로 돌리 툴(Dolly to Camera POI Tool)** : 카메라가 POI까지 이동합니다.

❼ 메뉴바 > [보기(View)] > [기본값 카메라 재설정(Reset Default Camera)] 선택 > 카메라 값을 원래대로 되돌리기 가능

4. 3D 렌더러(3D Render)를 활용한 오브젝트 만들기

애프터 이펙트에서는 3D 작업을 위해 렌더러(Renderer)를 선택할 수 있습니다. 각 렌더러는 특정 기능과 성능에 최적화되어 있으며, 작업의 요구 사항에 따라 적합한 렌더러를 선택해야 합니다.

예제 파일	예제 파일 / Chapter 03 3D 렌더러(3D Render)를 활용한 오브젝트 만들기.aep

유튜브 동영상 강의

3D 렌더러를 활용한
오브젝트 만들기

(1) 클래식 3D 렌더러 활용

❶ 1번, 2번 레이어의 3D 레이어 활성화
❷ 컴포지션 패널 하단 [뷰 레이아웃 선택(Select view layout)] 클릭
❸ [2뷰(2 Views)] 선택

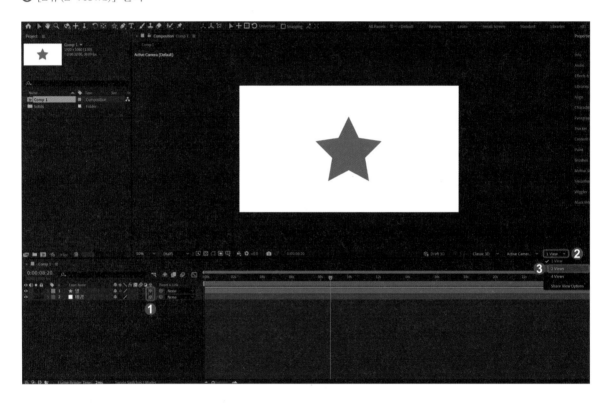

❹ 컴포지션 패널에서 왼쪽 화면 클릭하여 활성화

❺ 카메라 설정에서 [사용자 정의 보기(Custom View 1)] 선택

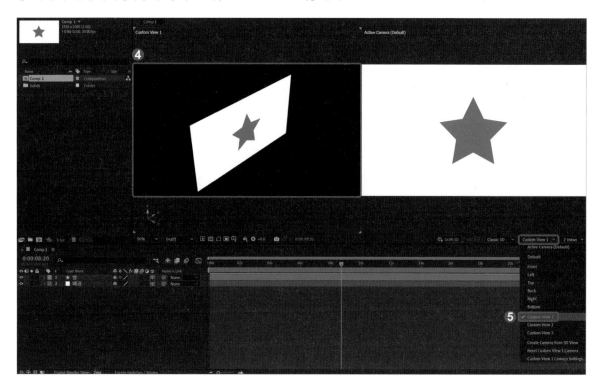

❻ 컴포지션 패널에서 오른쪽 화면 클릭하여 활성화

❼ 카메라 설정을 [활성 카메라{Active Camera(Default)}]로 선택

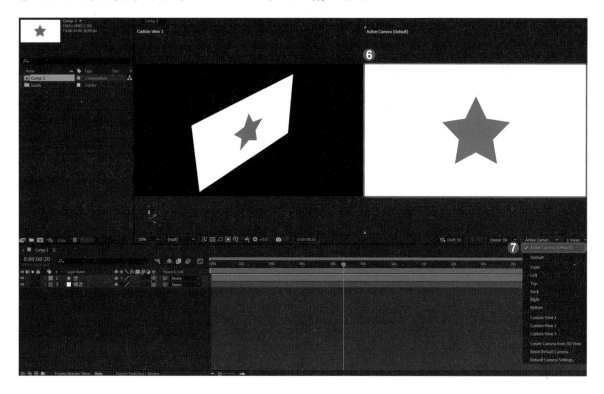

❽ 배경 레이어의 토글 버튼 클릭 > 세부항목 확장
❾ 변형(Transform)의 위치(Position) Z축 값에 "1000.0"을 입력

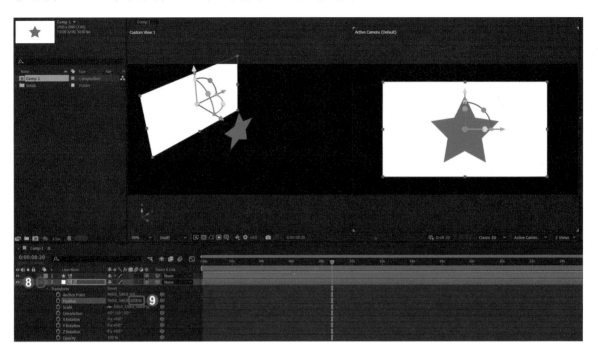

❿ 패널 빈 공간에서 마우스 우클릭
⓫ 우클릭 메뉴창에서 [새로 만들기(New)] > [조명(Light)] 클릭하여 조명 설정 창 활성화

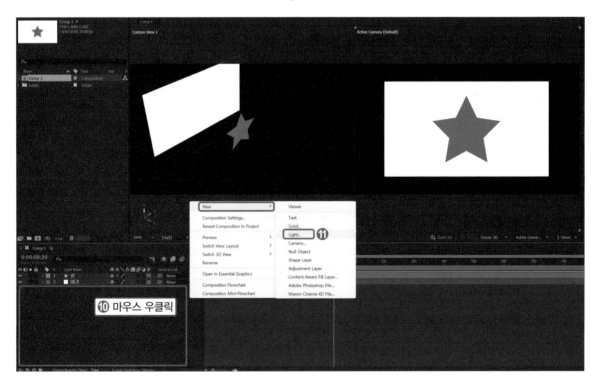

⓬ 조명 유형(Light Type)에서 [집중 조명(Point)] 선택

⓭ 그림자 표시(Casts Shadows) 활성화

⓮ 그림자 농도(Shadow Darkness)에 수치를 "50%" 입력

⓯ [확인(OK)] 버튼 클릭

⓰ 별 레이어의 토글 버튼 클릭 > 세부항목 확장

⓱ 질감 옵션(Meterial Options)의 토글 버튼 클릭 > 그림자 표시(Casts Shadows)를 [On]으로 설정

⓲ 조명에 의해 별 오브젝트의 그림자가 배경에 비치는 것을 확인

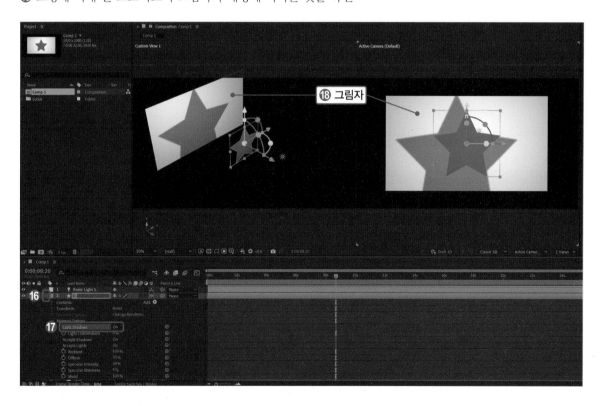

- **이름(Name)** : 조명의 이름을 지정합니다.
- **조명 유형(Light Type)** : 조명의 성격과 방향을 결정합니다.
  - 평행광(Parallel) : 직선으로 빛이 나아가며, 그림자가 평행하게 형성됩니다.
  - 집중 조명(Spot) : 특정 지점에 집중되는 빛을 생성합니다.
  - 포인트(Point) : 모든 방향으로 빛이 방사되는 조명으로 전구와 같은 효과를 표현합니다.
  - 주변광(Ambient) : 방향성 없는 조명으로 부드러운 빛을 추가합니다.
- **색상(Color)** : 조명의 색상을 지정합니다.
- **강도(Intensity)** : 조명의 밝기를 조정합니다.
- **광원뿔 각도(Cone Angle)** : 빛이 비추는 영역의 각도를 설정합니다.
- **광원뿔 페더(Cone Feather)** : 조명의 가장자리 부드러움을 조절합니다.
- **밝기 감소(Falloff)** : 조명 강도가 거리에 따라 감소하는 방식을 설정합니다.
  - 매끄럽게(Smooth) : 부드럽게 밝기가 감소합니다.
  - 반전 사각형 고정됨(Inverse Square Clamped) : 물리적으로 정확한 밝기 감소를 표현합니다.
- **반경(Radius)** : 조명 영역의 반경을 설정합니다.
- **밝기 감소 거리(Falloff Distance)** : 밝기가 감소하기 시작하는 거리와 범위를 조정합니다.
- **그림자 표시(Casts Shadows)** : 그림자 생성 여부를 결정합니다.
- **그림자 농도(Shadow Darkness)** : 그림자 불투명도를 결정합니다.
- **그림자 확산(Shadow Diffusion)** : 그림자 가장자리 부드러움을 결정합니다.

(2) Cinema 4D 렌더러 활용

❶ 단축키 Ctrl + K 로 컴포지션 설정창(Composition Setting) 활성화

❷ 3D 렌더러(3D Renderer) 탭 선택

❸ 렌더러(Renderer)에서 [Cinema 4D] 선택

❹ [확인(OK)] 버튼 클릭

※ 렌더러(Renderer)에서 Cinema 4D 렌더러로 변경 시 컴퓨터 사양에 따라 다소 시간이 소요됩니다.

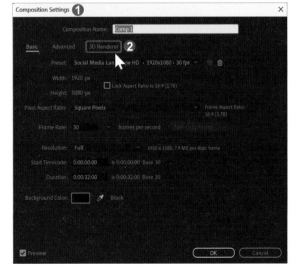
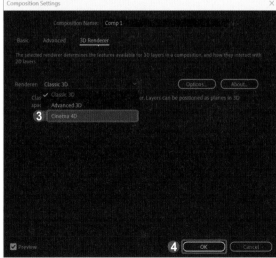

❺ 배경 레이어의 세부항목 확장>클래식 3D 렌더러에서는 비활성화되어 있던 도형 옵션(Geometry Option)이 활성화된 것을 확인

❻ 도형 옵션(Geometry Option) 수치를 다음과 같이 변경

ⓐ 곡률(Curvature) : 100%. ⓑ 선분(Segments) : 20

※ 곡률에 따라 오브젝트의 휘어짐 정도가 정해지고 선분의 수치가 높을수록 휘어짐이 자연스럽게 표현됩니다.

❼ 별 레이어의 토글 버튼 클릭>세부항목 확장

❽ 도형 옵션(Geometry Options) 토글 버튼 클릭>수치를 다음과 같이 변경

ⓐ 경사 스타일(Bevel Style) : [각도(Angular)]　　ⓑ 경사 깊이(Bevel Depth) : 10

ⓒ 구멍 경사 깊이(Hole Bevel Depth) : 100.0%　　ⓓ 돌출 깊이(Extrusion Depth) : 200.0

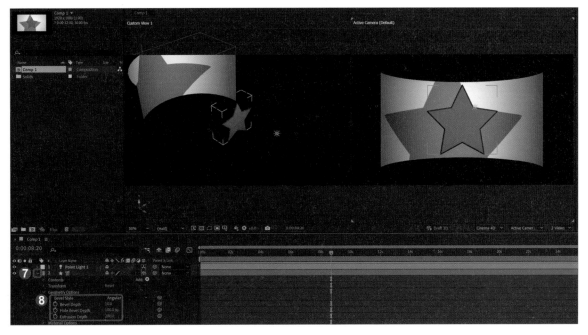

❾ 조명 레이어 선택 후 이동시켜 빛의 방향을 바꿔보면 별 오브젝트의 두께 확인 가능

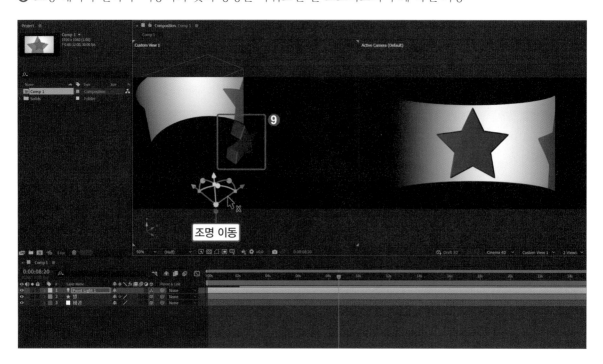

(3) 빠른 렌더러(Renderer) 설정

❶ 컴포지션 패널 하단 [3D 렌더러(3D Renderer)] 클릭

※ 3가지의 렌더러를 빠르게 변경할 수 있습니다.

(4) 렌더러 퀄리티 조정

❶ [렌더러 옵션(Renderer Options)] 선택

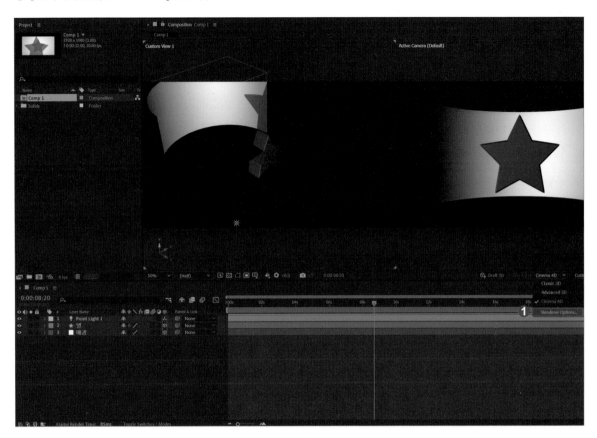

❷ 초안(Draft)으로 갈수록 렌더링 속도는 빨라지고 이미지
품질은 낮아지며, 극단(Extreme)으로 갈수록 렌더링 속
도는 느려지지만 이미지 품질은 향상되는 것을 확인

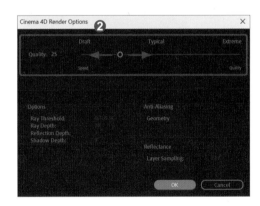

5. 오디오 레이어 편집

애프터 이펙트에서 간단한 오디오 편집 방법을 익혀보겠습니다. 키 프레임을 활용하여 음량을 조절하고, 오디오의 시작과 끝을 부드럽게 연결하는 방법을 실습해 봅시다.

예제 파일	예제 파일/Chapter 03 오디오 레이어 편집.aep

유튜브 동영상 강의

5. 오디오 레이어 편집~6. 오디오를 활용한 파형 효과 만들기

(1) 키 프레임을 이용한 음량 조정

❶ [음량 조정] 컴포지션 활성화

❷ [음원1] 오디오 레이어의 ▶ 토글 버튼을 Ctrl 을 누른 상태로 클릭 > 세부항목 확장

> **Tip**
> Ctrl 을 누른 상태로 토글 버튼을 클릭할 경우 해당 레이어의 세부항목을 모두 펼칠 수 있습니다.

❸ 타임코드 클릭 > 재생헤드를 [0:00:00:00]으로 이동

❹ Audio Levels의 초시계 클릭 > [0:00:00:00]에 키 프레임 생성. ❺ Audio Levels의 수치 "−60dB" 입력

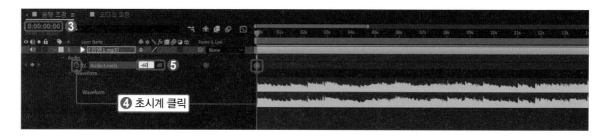

❻ 타임코드 클릭 후 "＋1.0" 입력＞재생헤드를 [0:00:01:00]으로 이동

❼ Audio Levels 수치 "0dB" 입력＞자동으로 [0:00:01:00]에 새로운 키 프레임 생성

※ 오디오 미리보기 단축키인 숫자 키패드 ·으로 오디오 재생 시 서서히 소리가 커지는 것을 확인할 수 있습니다.

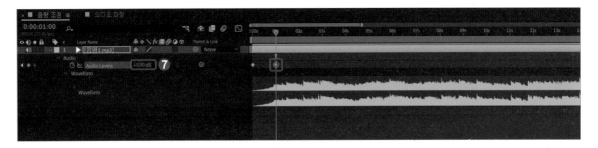

❽ 타임코드를 이용하여 재생헤드를 [0:00:16:00]으로 이동

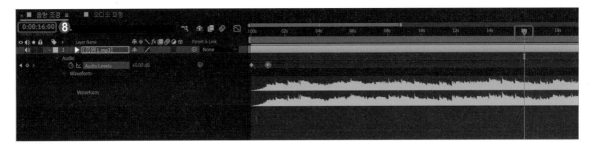

❾ 마우스로 오디오 레이어 끝점을 [0:00:16:00]까지 드래그하여 길이를 조절

Tip

Shift를 누른 상태로 드래그하면 재생헤드에 스냅시킬 수 있습니다.

단축키

현재 시간으로 레이어 종료 지점 자르기 : Alt +]

⑩ 재생헤드를 [0:00:15:00]으로 이동

⑪ 키 프레임 생성 버튼 클릭>[0:00:15:00]에 새로운 키 프레임 생성

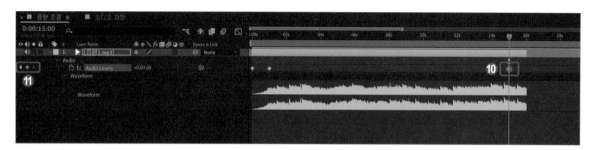

단축키

• 1프레임 왼쪽으로 이동 : Page Up
• 10프레임 왼쪽으로 이동 : Shift + Page Up
• 1프레임 오른쪽으로 이동 : Page Down
• 10프레임 오른쪽으로 이동 : Shift + Page Down

⑫ 재생헤드를 [0:00:16:00]으로 이동

⑬ Audio Levels에 "−60dB" 수치 입력>자동으로 키 프레임 생성

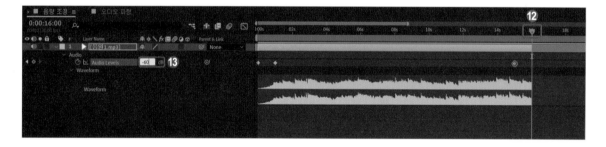

⑭ 키 프레임을 이용하여 오디오 시작점과 끝점에 페이드 인/페이드 아웃 효과 적용

⑭ 오디오 볼륨에 페이드 인/페이드 아웃 효과 적용

6. 오디오를 활용한 파형 효과 만들기

이번 시간에는 오디오를 활용하여 파형이 시각적으로 표현되는 효과를 만들어보겠습니다. 오디오 레이어의 파형을 시각화하면 음악이나 내레이션에 맞춰 동적인 그래픽을 만들 수 있습니다.

예제 파일	예제 파일/Chapter 03 오디오 레이어 편집.aep

(1) 오디오 파형 효과 만들기

❶ [오디오 파형] 컴포지션 활성화

❷ Ctrl 을 누른 상태로 [내레이션 샘플] 오디오 레이어의 토글 버튼 클릭>세부항목 확장

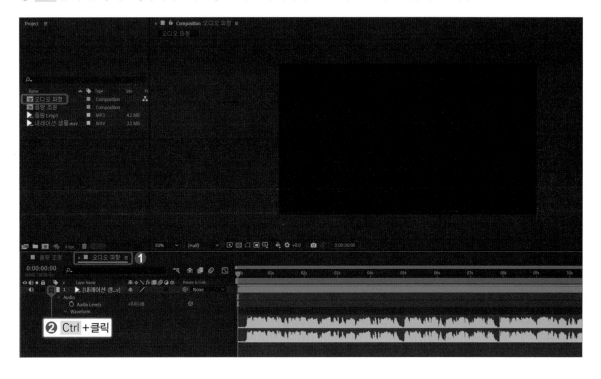

❸ 빈 공간에서 마우스 우클릭. ❹ 우클릭 메뉴창>[새로 만들기(New)]>[단색(Solid)] 클릭

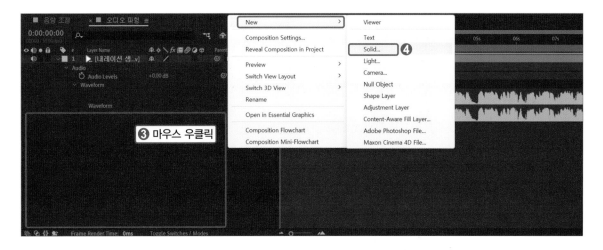

❺ 단색 설정(Solid Settings) 창에서 [최대 컴포지션 크기
(Make Comp Size)] 클릭

※ 최대 컴포지션 크기(Make Comp Size)를 클릭하면 새로운 단색의
폭과 높이가 현재 컴포지션 크기에 맞춰집니다.

❻ [확인(OK)] 버튼 클릭

❼ 새로 생성된 단색 레이어 선택

❽ 효과 및 사전 설정(Effects&Presets) 패널 검색창에 'Audio' 입력 > 오디오 파형(Audio Waveform) 효과를
더블 클릭하여 효과 적용

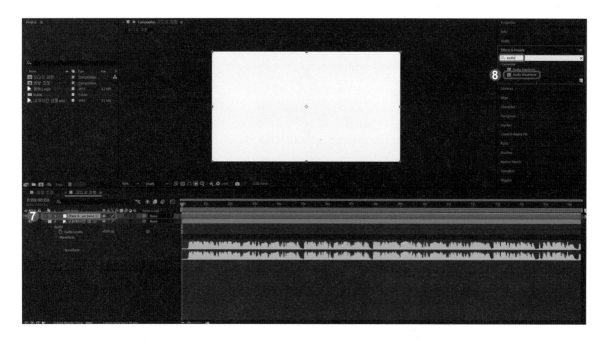

단축키

효과 및 사전 설정 패널 표시/숨기기 : Ctrl + 5

❾ 효과 컨트롤(Effect Controls) 패널 활성화

❿ 오디오 파형(Audio Waveform) 효과의 오디오 레이어(Audio Layer) 항목을 [2. 내레이션 샘플.wav]로 선택

※ 재생헤드를 재생하면 [2. 내레이션 샘플.wav] 오디오의 파형에 따라 웨이브의 움직임이 생성되는 것을 확인할 수 있습니다.

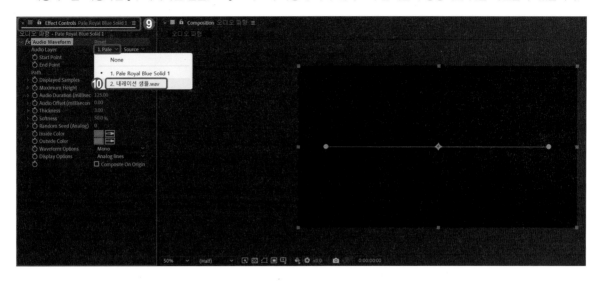

⓫ 수치값을 다음과 같이 수정

※ 다양한 수치를 조절하여 다양하게 연출할 수 있습니다.

ⓐ Displayed Samples : 100   ⓑ Maximum Height : 400.0

ⓒ Audio Duration : 100.00   ⓓ Audio Offset : 0.00

ⓔ Thickness : 3.0   ⓕ Softness : 50.0%

ⓖ Random Seed : 0   ⓗ Waveform Options : Mono

ⓘ Display Options : Digital

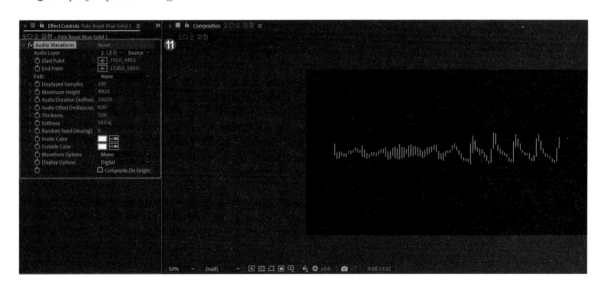

CHAPTER 04

완성된 프로젝트를 다양한 형식과 해상도로 내보내는 과정은
시청자에게 최적화된 영상을 전달하기 위한 핵심 작업입니다.
이번 챕터에서는 애프터 이펙트의 렌더링 옵션과 설정 방법에
대해 배워보도록 하겠습니다.

영상 내보내기

SECTION 01

렌더링

1. 렌더링하기

예제 파일	예제 파일 / Chapter 04 렌더링 하기.aep

유튜브 동영상 강의

렌더링하기

(1) 렌더링 대기열 추가

❶ [실습_렌더링] 컴포지션의 타임라인 활성화

❷ 타임라인에서 작업 영역 시작점과 끝점을 드래그하여 렌더링 영역 설정

단축키

• 작업 영역 시작점 설정 : B

• 작업 영역 끝점 설정 : N

❸ 메뉴바>[컴포지션(Composition)]>[렌더링 대기열
추가(Add to Render Queue)] 클릭

대기열 추가 : Ctrl + M

❹ 타임라인 패널에 렌더링 대기열(Render Queue) 창 활성화
❺ [실습_렌더링] 컴포지션 이름으로 렌더링 대기열이 추가되는 것을 확인

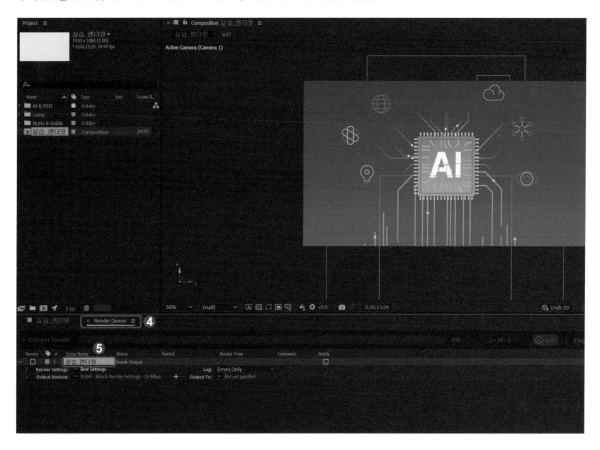

(2) 출력 모듈 설정(Render Settings)

❶ ⌄ 빠른 설정을 클릭>프리셋 선택 혹은 생성 가능

❷ [Best Settings] 클릭>렌더링 설정(Render Settings) 창 활성화

❸ 특별한 상황이 아니고서는 기본 상태 유지

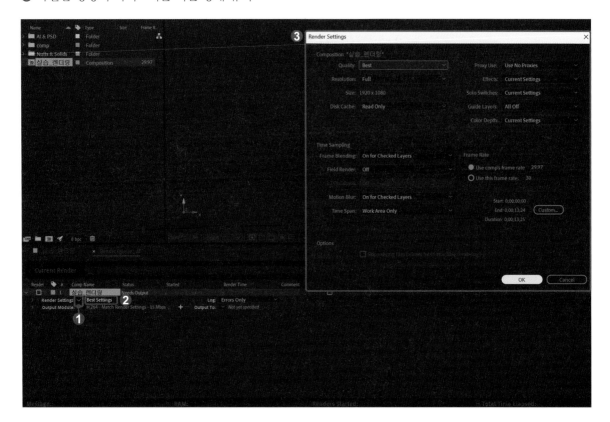

Tip 렌더링 설정(Render Settings)

- **품질(Quality)** : 렌더링 품질을 설정합니다.
- **해상도(Resolution)** : 렌더링할 해상도를 지정합니다.
- **디스크 캐시(Disk Cache)** : 렌더링 중 디스크 캐시 사용 여부를 결정합니다.
- **프록시 사용(Proxy Use)** : 프록시 사용을 설정합니다.
- **효과(Effects)** : 렌더링 시 효과 포함 여부를 설정합니다.
- **단독 스위치(Solo Switches)** : 단독(Solo)으로 설정된 레이어만 렌더링할지 여부를 결정합니다.
- **안내선 레이어(Guide Layers)** : 렌더링에 안내선 레이어 포함 여부를 결정합니다.
- **색상 심도(Color Depth)** : 출력 영상의 색상 심도를 지정합니다.
- **프레임 혼합(Frame Blending)** : 키 프레임 간의 프레임을 부드럽게 보간합니다.
- **필드 렌더링(Field Render)** : 인터레이서 영상의 필드 렌더링을 설정합니다.
- **3 : 2 풀다운(3 : 2 Pulldown)** : 필름과 비디오 프레임 속도를 동기화합니다.
- **동작 흐림(Motion Blur)** : 애니메이션이나 움직임에 모션 블러 효과를 추가합니다.
- **시간 범위(Time Span)** : 렌더링할 시간 범위를 설정합니다.
- **프레임 속도(Frame Rate)** : 렌더링된 영상의 프레임 속도를 지정합니다.
- **기존 파일 건너뛰기(다중 시스템 렌더링 허용)[Skip existing files(allows multi-machine rendering)]** : 이미 렌더링된 파일을 건너뛰고, 다중 컴퓨터를 활용한 렌더링을 지원합니다.

(3) 출력 모듈 설정(Output Module Settings)

❶ 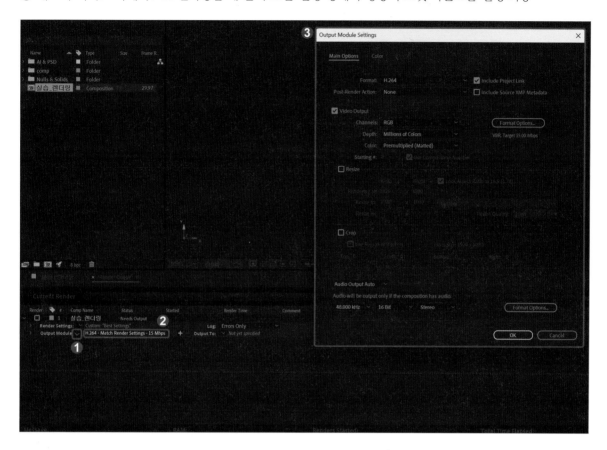 빠른 설정 클릭>프리셋 선택 혹은 생성 가능
❷ 포맷 이름 클릭>출력 모듈 설정(Output Module Settings) 창 생성
❸ 애프터 이펙트 자체적으로 렌더링할 때 출력 모듈 설정 창에서 영상의 포맷 사운드를 설정 가능

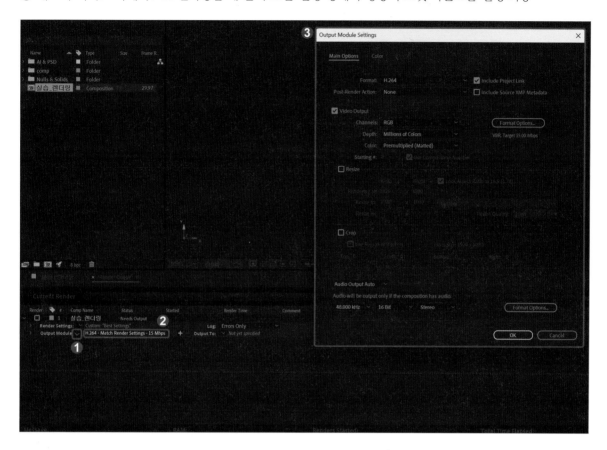

Tip 출력 모듈 설정(Out Module Settings)

- **형식(Format)** : 출력 파일의 포맷을 선택합니다.
- **렌더링 후 작업(Post-Render Action)** : 렌더링이 완료된 후 수행할 작업을 지정합니다.
- **프로젝트 링크 포함(Include Project Link)** : 렌더링된 출력 파일에 애프터 이펙트 프로젝트 링크를 포함합니다.
- **소스 XMP 메타데이터 포함(Include Source XMP Metadata)** : 렌더링된 파일에 소스 메타데이터를 포함합니다.
- **비디오 출력(Video Output)** : 비디오 출력 여부를 설정합니다.
- **채널(Channels)** : 출력 비디오의 색상 채널을 설정합니다.
- **심도(Depth)** : 출력 영상의 비트 심도를 설정합니다.
- **색상(Color)** : 색상 관리 옵션을 설정합니다.
- **크기 조정(Resize)** : 출력 영상의 크기를 조정합니다.
- **자르기(Crop)** : 영상의 불필요한 가장자리를 자릅니다.
- **관심 영역 사용(Use Region of Interest)** : 관심 영역으로 지정된 영역만 출력합니다.
- **오디오 출력 자동(Audio Output Auto)** : 오디오 출력을 자동으로 설정합니다.

❹ [렌더링(Render)] 버튼 클릭 > 렌더링 진행

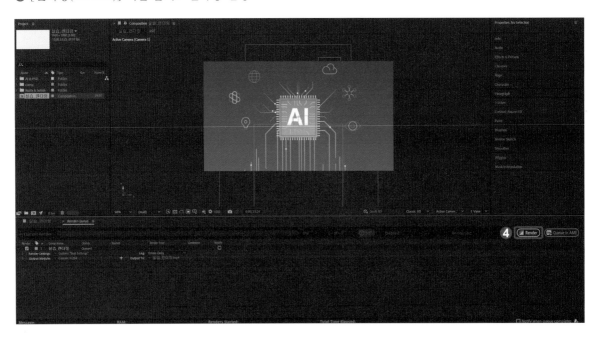

(4) Adobe Media Encoder 대기열 추가

❶ 메뉴바 > [컴포지션(Composition)] > [Adobe Media Encoder 대기열에 추가(Add to Adobe Media Encoder Queue)] 클릭

단축키

Adobe Media Encoder 대기열 추가 : Ctrl + Alt + M

❷ [실습_렌더링] 컴포지션 이름으로 미디어 인코더 대기열에 등록된 것을 확인

❸ 형식, 사전 설정을 클릭>세부적으로 설정

❹ 출력 파일을 선택>경로 설정

❺ 대기열 시작 버튼을 클릭>렌더링 시작

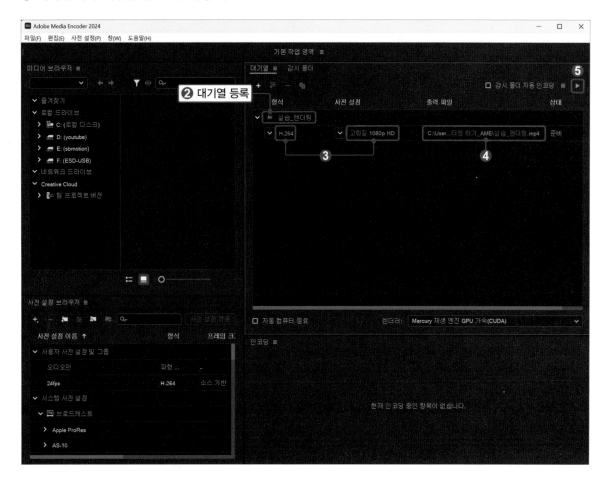

TIP 미리 알아두면 좋은 애프터 이펙트

실무에서 자주 사용되는 애프터 이펙트의 다양한 팁들에 대해 소개하겠습니다.

▌여러 사진으로 포토 슬라이드 만들기

애프터 이펙트에서는 여러 장의 사진을 간단한 슬라이드 형태로 배치할 수 있습니다. 이를 위해 시퀀스 레이어(Sequence Layers) 기능을 활용하는 방법을 알아보겠습니다.

예제 파일	예제 파일/Chapter 애프터 이펙트 팁.aep

유튜브 동영상 강의

애프터 이펙트 팁

(1) 시퀀스 레이어(Sequence Layers)

❶ [포토 슬라이드] 컴포지션 활성화

❷ Ctrl + A 로 레이어 전체 선택

❸ 타임코드 클릭 후 "+5.0" 입력>재생헤드를 [0:00:05:00]으로 이동

❹ 현재 시간 레이어 종료 지점 설정 단축키 Alt +] 로 전체 레이어 끝점 조절

❺ 선택된 레이어 위에서 마우스 우클릭

❻ [키 프레임 도우미(Keyframe Assistant)]>[시퀀스 레이어(Sequence Layers)] 선택

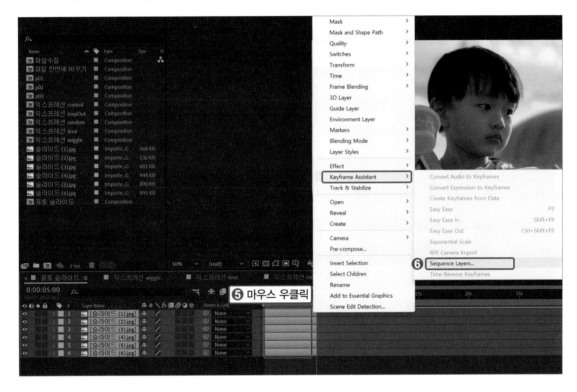

❼ 시퀀스 레이어(Sequence Layers) 대화상자 창이 열리면 [확인(OK)] 버튼 클릭

❽ 각 레이어들이 5초 길이를 유지한 채 5초 단위로 배열된 것을 확인

❾ 레이어 선택 순서에 따라서 하단 이미지와 같이 1번 레이어가 상단에 있고 6번 레이어가 하단에 위치
하게 되는 것을 확인

(2) 레이어 선택 순서에 따른 레이어 위치 변경

❶ Ctrl + Z 로 하단 이미지와 같은 상태로 되돌리기>6번 레이어 선택

❷ Shift 를 누른 상태로 1번 레이어를 클릭하여 전체 레이어 선택

❸ 선택된 레이어 위에서 마우스 우클릭

❹ [키 프레임 도우미(Keyframe Assistant)]>[시퀀스 레이어(Sequence Layers)] 선택

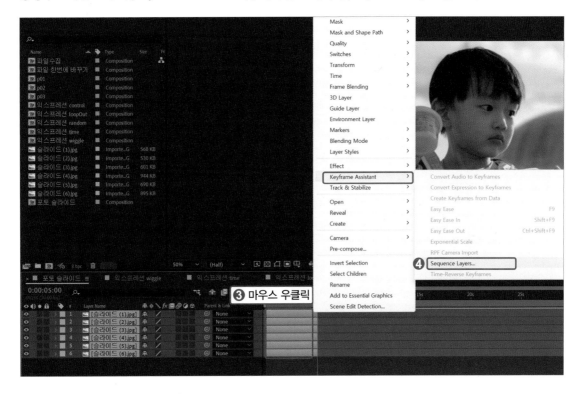

❺ 시퀀스 레이어(Sequence Layers) 대화상자 창이 열리면
[확인(OK)] 버튼 클릭

❻ 화면과 같이 레이어의 순서가 바뀌게 적용된 것을 확인

(3) 겹치기(Overlap) 기능 사용

❶ Ctrl + Z 로 하단 이미지와 같은 상태로 되돌리기>모든 레이어 선택 후 마우스 우클릭

❷ [키 프레임 도우미(Keyframe Assistant)]>[시퀀스 레이어(Sequence Layers)] 선택

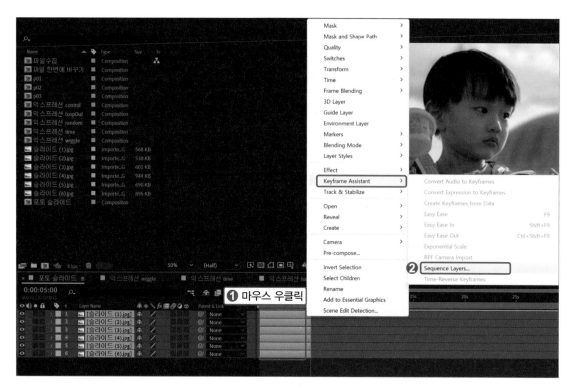

❸ [겹치기(Overlap)] 활성화

❹ 지속시간(Duration)에 [0:00:01:00] 입력

❺ 전환(Transition) 항목>[앞쪽 레이어 디졸브(Dissolve Front Layer)] 선택

❻ [확인(OK)] 버튼 클릭

- 앞쪽 레이어 디졸브(Dissolve Front Layer) : 겹치는 레이어 시작점에 정해진 길이만큼의 키 프레임을 생성합니다.
- 앞쪽 및 뒷쪽 레이어 크로스 디졸브(Cross Dissolve Front and Back Layers) : 겹치는 레이어 시작점과 끝점에 정해진 길이만큼의 키 프레임을 생성합니다.

❼ 레이어 길이는 기존과 동일하게 5초로 배치되었지만 레이어 간 겹치는 부분에 불투명도(Opacity) 키프레임이 1초 길이로 들어가 있는 것을 확인

┃ 익스프레션(Expression) 활용

애프터 이펙트의 익스프레션은 자바스크립트 기반의 코드를 사용해 레이어 속성을 자동화하거나 동적 효과를 추가하는 기능입니다. 쉽게 말해 단순 반복 작업을 줄이고, 복잡한 애니메이션을 효과적으로 구현할 수 있게 도와줍니다. 이번 시간에는 실무에서 가장 많이 사용되는 몇 가지 익스프레션 소개와 사용방법에 대해 소개하겠습니다.

(1) wiggle

❶ [익스프레션 wiggle] 컴포지션 활성화

❷ 1번 레이어의 토글 버튼 클릭 > 세부항목 확장 > 변형(Transform) > 위치(Position) 항목까지 활성화

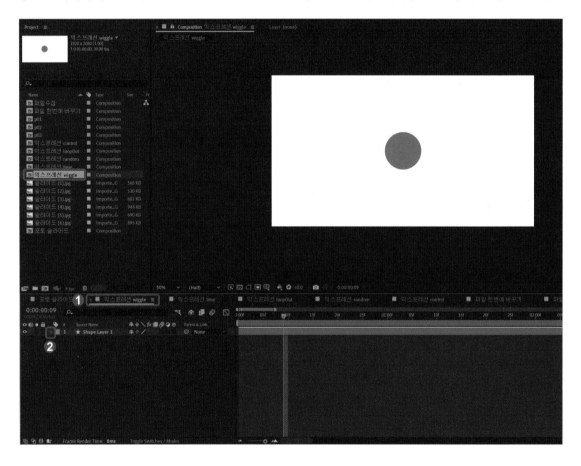

Tip wiggle은 특정 속성을 무작위로 흔들리게 합니다. 빈도와 진폭을 설정하여 자연스럽고 랜덤한 움직임을 간단히 구현할 수 있습니다.

❸ Alt 를 누른 상태로 초시계를 마우스 클릭>위치(Position)의 익스프레션 활성화

❹ 위치(Position)의 익스프레션 기능이 활성화>수치 입력 부분이 빨간색으로 변경되며 우측에 익스프레션 입력창이 활성화되는 것을 확인

❺ 익스프레션 입력창에 wiggle(5,100) 입력>숫자 키패드 Enter 입력

❻ wiggle의 앞 숫자(초당 움직이는 횟수), 뒷 숫자(최대 움직이는 범위 값) 확인>재생헤드를 움직여 오브젝트의 위치 X값과 Y값이 불규칙적으로 변경되는 것을 확인

Tip
- 일반 Enter : 타임라인에서 레이어 이름 변경 또는 텍스트 레이어 줄바꿈 기능으로 사용합니다.
- 숫자 키패드 Enter : 값 입력을 확정합니다.

❼ ▨ 표현식 사용(Enable Expression)
클릭 > 익스프레션 활성화 및 비활성화
가능

❽ Alt 를 누른 상태로 초시계 버튼 클릭
> 익스프레션 제거

(2) 차원분리(Separate Dimensions)

❶ Ctrl + Z 로 처음 상태로 되돌리기 > 위치(Position)
에서 마우스 우클릭

❷ [차원분리(Separate Dimensions)] 클릭

Tip 차원분리를 통해 특정 위치값에만 익스프레션을
입력할 수 있습니다.

❸ 위치 값이 X값과 Y값으로 분리되는 것을 확인. ❹ Alt 를 누른 상태로 X 위치값 초시계 버튼 클릭
❺ 익스프레션 창 활성화>wiggle(5, 100) 입력 후 숫자 키패드 Enter 입력>해당 오브젝트가 X값만 불규칙하게 변경되는 것을 확인

(3) time

❶ [익스프레션 time] 컴포지션 활성화. ❷ 1번 레이어의 토글 버튼 클릭>세부항목 확장

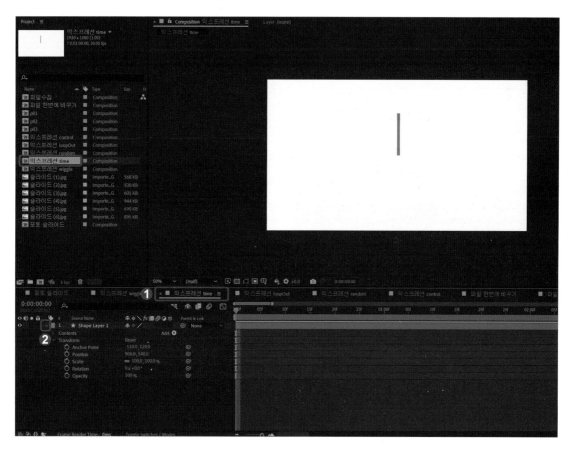

> **Tip** time은 해당 컴포지션의 시간에 비례해 특정 속성을 점진적으로 변화하는 애니메이션을 구현할 수 있습니다.

❸ Alt 를 누른 상태로 회전(Rotation) 속성 초시계 버튼 클릭

❹ 익스프레션 창 활성화>time*100 입력 후 숫자 키패드 Enter 입력

※ 뒤에 오는 숫자는 초당 변화되는 수치입니다. 재생헤드를 움직이면 점진적으로 회전하는 오브젝트를 확인할 수 있습니다.

❺ 재생헤드를 [0:00:01:00]으로 이동. ❻ 회전 값이 1초에 100도 변경된 것을 확인

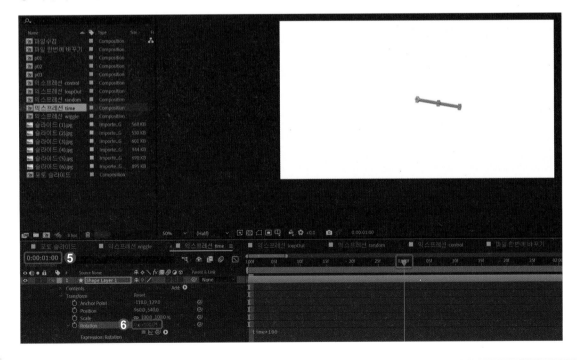

(4) loopOut("continue")

❶ [익스프레션 loopOut] 컴포지션 활성화

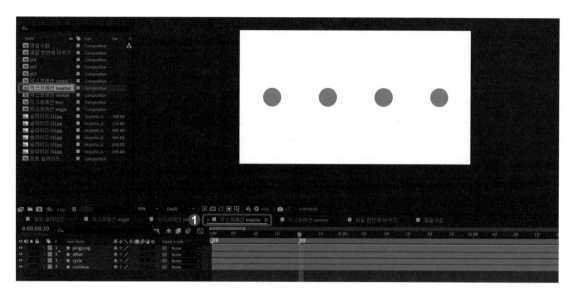

Tip loopOut("continue")은 키 프레임의 변화 속도를 유지하며 값을 연장시킵니다.

❷ 4번 continue 레이어 선택. ❸ 단축키 S 를 눌러 비율(Scale) 속성 목록 활성화

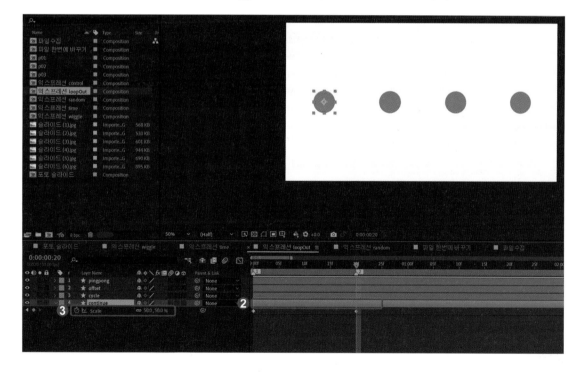

❹ Alt 를 누른 상태로 비율(Scale) 속성의 초시계를 클릭>익스프레션 창 활성화

❺ 익스프레션 창에 "loop" 입력>자동완성 창 활성화>자동완성 창에서 loopOut( ) 선택

❻ ( ) 안에 " 입력>자동완성 창 활성화

❼ 자동완성 창에서 continue 선택

❽ 익스프레션 입력이 완성되면 숫자 키
패드 Enter 로 값 입력 확정

❾ 화면과 같이 기존 변화의 속도를 유지
하며 비율(Scale) 값이 연장되는 것을
확인

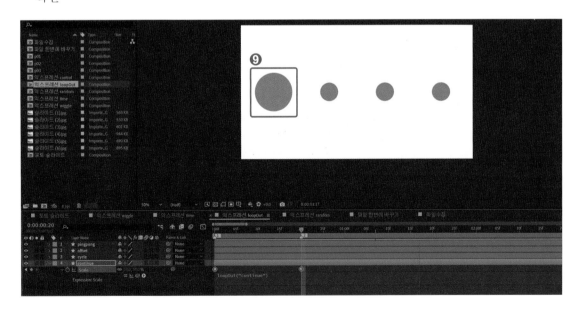

(5) loopOut("cycle")

❶ 3번 cycle 레이어 선택 > S 를 눌러 비율(Scale) 속성 활성화
❷ Alt 를 누른 상태로 비율(Scale) 속성의 초시계 클릭 > 익스프레션 활성화
❸ 익스프레션 창에 loopOut("cycle") 입력

※ 키 프레임이 처음부터 반복되는 것을 확인할 수 있습니다.

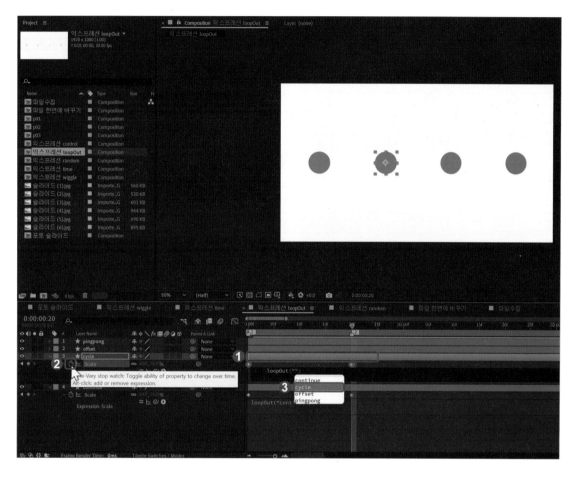

Tip | loopOut("cycle")은 키 프레임을 처음부터 반복시킵니다.

(6) loopOut("offset")

❶ 2번 offset 레이어 선택 > S 눌러 비율(Scale) 속성 활성화

❷ Alt 를 누른 상태로 비율(Scale) 속성의 초시계 클릭 > 익스프레션 활성화

❸ 익스프레션 창에 loopOut("offset")를 입력

※ 키 프레임 값이 반복될 때마다 점진적으로 확대되는 것을 확인할 수 있습니다.

Tip loopOut("offset")은 키 프레임이 반복될수록 값이 점진적으로 증가 또는 감소합니다.

(7) loopOut("pingpong")

❶ 1번 pingpong 레이어 선택 > S 눌러 비율(Scale) 속성 활성화

❷ Alt 를 누른 상태로 비율(Scale) 속성의 초시계 클릭 > 익스프레션 활성화

❸ 익스프레션 창에 loopOut("pingpong") 입력

※ 키 프레임이 앞뒤로 자연스럽게 반복되는 것을 확인할 수 있습니다.

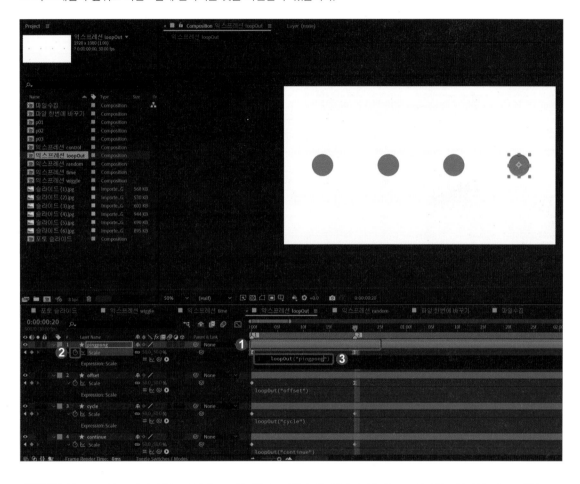

> **Tip** loopOut("pingpong")은 키 프레임 앞뒤를 자연스럽게 반복합니다.

(8) Random

❶ [익스프레션 random] 컴포지션 활성화

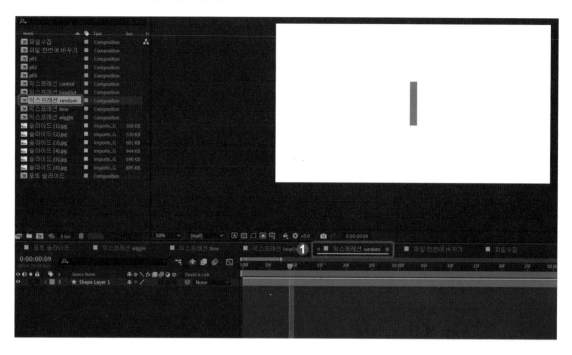

❷ 1번 레이어 선택. ❸ R 을 눌러 회전(Rotation) 속성 활성화

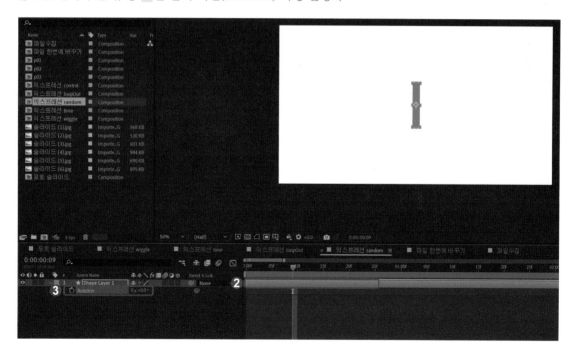

❹ Alt 를 누른 상태로 회전값 초시계 클릭 > 익스프레션 창 활성화

❺ 익스프레션 창에 "random(0, 100)" 입력

※ 첫 번째 수치는 최솟값 두 번째 수치는 최댓값 범위 내에서 랜덤하게 수치가 변경됩니다.

❻ Alt 를 누른 상태에서 위치(Position) 초시계 클릭 > 익스프레션 창 활성화

❼ "random([600, 800], [700, 900])" 입력

※ 미리보기 실행 시 해당 오브젝트는 [600, 800](최솟값)~[700, 900](최댓값) 사이에서 랜덤하게 좌표가 변경됩니다.

> **Tip** X값과 Y값이 존재하는 위치(Position), 비율(Scale) 속성의 경우에는 좌표값을 최솟값, 최댓값으로 입력해야 합니다.

(9) Control 활용

❶ [익스프레션 control] 컴포지션 활성화

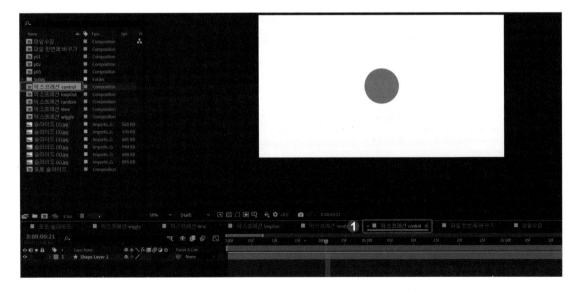

❷ 빈 공간에서 마우스 우클릭

❸ 우클릭 메뉴창>[새로 만들기(New)]
　>[Null 개체(Null Object)] 클릭

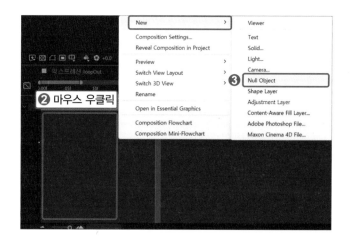

❹ 새로 생성된 Null 1 레이어 선택>일반 `Enter`
　입력>레이어의 이름을 'Control'로 변경

※ 이름이 우측 이미지와 같을 필요는 없습니다.

❺ 1번 레이어 선택. ❻ 효과 및 사전 설정(Effects&Presets)에서 'control' 검색

※ 한글판은 '컨트롤'로 검색합니다.

❼ 슬라이드 컨트롤(Slider Control) 더블 클릭>1번 레이어에 효과 적용

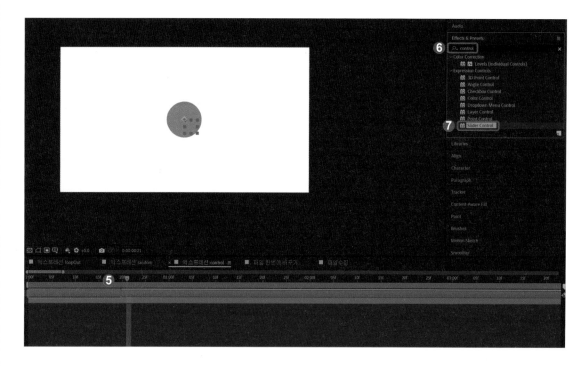

❽ F3 을 눌러 효과 컨트롤(Effect Controls) 활성화

❾ 효과 컨트롤 패널에서 지점 컨트롤(Slider Control) 선택 > Ctrl + D 로 이펙트 복제

❿ 지점 컨트롤(Slider Control) 선택 > 일반 Enter 입력 > 각각 'Fre', 'Amp'로 이름 변경

※ 이름이 예시와 같을 필요는 없습니다.

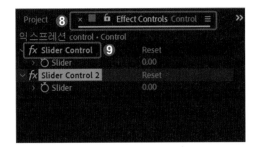 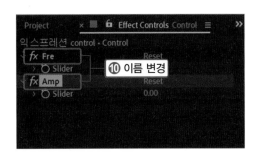

⓫ 타임라인 패널에서 1번 레이어 선택 > E 를 눌러 적용된 효과만 활성화

⓬ 토글 버튼 클릭 > 세부항목 확장 > Slider 수치 활성화

⓭ 2번 레이어 선택 후 P 를 눌러 포지션 값 활성화 > Alt 를 누른 상태에서 초시계 클릭하여 익스프레션 창 활성화

⓮ 익스프레션 입력 창에 'wiggle'까지만 입력

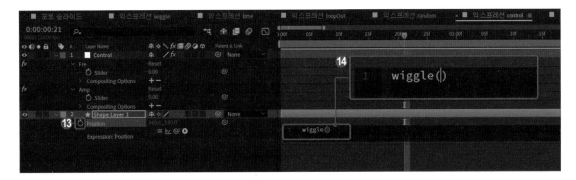

⓯ 입력 커서가 활성화된 상태에서 를 1번 레이어의 Fre 효과의 Slider 수치로 드래그

⓰ 하단 이미지와 같이 wiggle 수식의 빈도 부분에 Slider를 연결 수식이 들어간 것을 확인

⓱ 진폭 수식을 넣기 위해 **,** 입력

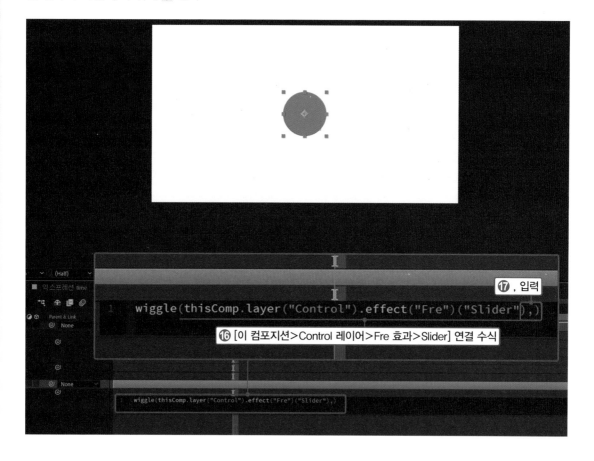

⓲ 커서가 활성화된 상태에서 동일한 방법으로 Amp 효과의 Slider 수치로 드래그>숫자 키패드 Enter 를 눌러 수식 입력 완료

⓳ 1번 Control 레이어의 Fre 효과의 Slider 값과 Amp 효과의 Slider 값에 수치 입력>2번 오브젝트에 wiggle 효과가 적용되는 것을 확인

Tip 익스프레션(Expression)을 Control 효과와 함께 사용하면 간단한 수치 수정이 가능하며 Contrl의 키 프레임을 활용하여 다양한 변화를 줄 수 있습니다.

자주 쓰는 단축키 모음 ZIP

▌기본

- 모두 선택 : Ctrl + A
- 모두 선택 해제 : F2 or Ctrl + Shift + A
- 레이어 또는 폴더 등의 이름 변경 : Enter (일반 키보드)
- 레이어나 효과 등 복제 : Ctrl + D
- 창 닫기 : Ctrl + W
- 작업 종료 : Ctrl + Q
- 실행 취소 : Ctrl + Z
- 최종 작업 다시 실행 : Ctrl + Shift + Z
- 모든 메모리 제거 : Ctrl + Alt + / (숫자 키패드)

▌프로젝트

- 새로운 프로젝트 만들기 : Ctrl + Alt + N
- 프로젝트 열기 : Ctrl + O
- 프로젝트(Project) 패널에서 검색 기능 사용 : Ctrl + F
- 프로젝트(Project) 패널에서 새로운 폴더 만들기 : Ctrl + Alt + Shift + N
- 하나의 파일 또는 이미지 시퀀스 가져오기 : Ctrl + I
- 선택한 레이어 소스 교체 : Alt + [프로젝트 패널에 있는 푸티지 항목을 선택한 레이어로 드래그]
- 선택한 레이어를 선택한 푸티지 항목으로 교체 : Ctrl + Alt + / (기본 키보드)
- 선택한 푸티지 항목 바꾸기 : Ctrl + H

▌저장, 내보내기 및 렌더링

- 프로젝트 저장 : Ctrl + S
- 프로젝트 다른 이름으로 저장 : Ctrl + Shift + S
- 선택 컴포지션 Adobe Media Encoder 인코딩 대기열에 추가 : Ctrl + Alt + M
- 렌더링 대기열 추가 : Ctrl + M

▌패널, 뷰어, 작업 영역 및 창

- 프로젝트(Project) 패널 열기 또는 닫기 : Ctrl + 0
- 도구(Tool) 패널 열기 또는 닫기 : Ctrl + 1
- 정보(Info) 패널 열기 또는 닫기 : Ctrl + 2
- 미리보기(Preview) 패널 열기 또는 닫기 : Ctrl + 3
- 오디오(Audio) 패널 열기 또는 닫기 : Ctrl + 4
- 효과 및 사전 설정(Effects&Presets) 패널 열기 또는 닫기 : Ctrl + 5
- 문자(Character) 패널 열기 또는 닫기 : Ctrl + 6
- 단락(Paragraph) 패널 열기 또는 닫기 : Ctrl + 7
- 선택한 레이어의 효과 컨트롤(Effects Controls) 패널 열기 또는 닫기 : F3
- 마우스 포인터 아래의 패널 최대화 또는 복원 : `
- 현재 컴포지션(Composition)의 패널과 타임라인 (Timeline) 패널 간의 활성화 전환 : \

▌컴포지션 및 작업 영역

- 새 컴포지션 만들기 : Ctrl + N
- 선택한 컴포지션의 컴포지션 설정 대화상자 열기 : Ctrl + K
- 작업 영역의 시작 또는 종료 부분을 현재 시간으로 지정 : B or N
- 활성 컴포지션의 컴포지션 미니 흐름도 열기 : Tab

▌ 툴 활성화

- 선택 도구 활성화 : `V`
- 손 도구 활성화(스페이스바 또는 마우스 가운데 단추를 누르기) : `H`
- 확대 도구 활성화 : `Z`
- (확대 도구가 활성화 시) 축소 도구 활성화 : `Alt`
- 회전 도구 활성화 : `W`
- 로토 브러쉬 도구 활성화 : `Alt` + `W`
- 중심점 도구 활성화 : `Y`
- 모양 도구 활성화 및 순환(사각형, 둥근 사각형, 타원, 다각형, 별) : `Q`
- 문자 도구 활성화 및 순환(가로 문자 도구, 세로 문자 도구) : `Ctrl` + `T`
- 팬 및 마스크 페더 활성화(도구 간 순환) : `G`
- 브러시, 복제 도장, 지우개 도구 활성화 및 순환 : `Ctrl` + `B`
- 퍼펫 도구 활성화 및 순환(퍼펫 위치, 퍼펫 스타치, 퍼펫 구부리기, 퍼펫 고급, 퍼펫 겹치기) : `Ctrl` + `P`

▌ 시간 탐색

- 작업 영역의 시작 또는 종료 부분으로 재생헤드 이동 : `Shift` + `Home` / `Shift` + `End`
- 타임라인에 표시되는 이전 또는 다음 항목으로 이동 : `J` or `K`
- 컴포지션 시작 부분으로 이동 : `Home` or `Ctrl` + `Alt` + `←`
- 컴포지션 종료 부분으로 이동 : `End` or `Ctrl` + `Alt` + `→`
- 재생헤드 1프레임 오른쪽으로 이동 : `PageDown` or `Ctrl` + `→`
- 재생헤드 10프레임 오른쪽으로 이동 : `PageDown` or `Ctrl` + `Shift` + `→`
- 재생헤드 1프레임 왼쪽으로 이동 : `PageUp` or `Ctrl` + `←`
- 재생헤드 10프레임 왼쪽으로 이동 : `PageUp` or `Ctrl` + `Shift` + `←`
- 선택된 레이어 시작 지점으로 이동 : `I`
- 선택도니 레이어 종료 지점으로 이동 : `O`
- 타임라인(Timeline) 패널에서 타임 롤러를 재생헤드 위치로 스크롤 : `D`

▌ 미리보기

- 미리보기 시작 또는 중지 : `Space bar`
- 현재 화면 스냅 사진 저장 : `Shift` + `F5` , `Shift` + `F6` , `Shift` + `F7`
- 저장된 스냅사진 표시 : `F5` , `F6` , `F7`

▌ 보기

- 컴포지션(Composition) 패널에서 화면 확대 : `.`
- 컴포지션(Composition) 패널에서 화면 축소 : `,`
- 컴포지션(Composition) 패널에서 화면을 100%로 맞춤 : `/`
- 컴포지션(Composition) 패널에서 화면을 크기에 맞춤 : `Shift` + `/` (기본 키보드)
- 타임라인(Timeline) 패널 시간 확대 : `=`
- 타임라인(Timeline) 패널 시간 축소 : `-`
- 타임라인(Timeline) 패널 1프레임 최대로 크게 보기 (순환) : `:`
- 컴포지션(Composition) 패널에서 미리보기 렌더링 방지 : `Caps Lock`
- 제목/작업 보호 안내선(safe zones) 표시 및 숨기기 : `'`
- 그리드 표시 및 숨기기 : `Ctrl` + `'`
- 비례 격자 표시 및 숨기기 : `Alt` + `'`
- 눈금자 표시 및 숨기기 : `Ctrl` + `R`
- 가이드라인 표시 및 숨기기 : `Ctrl` + `:`
- 레이어 컨트롤 표시 및 숨기기 : `Ctrl` + `Shift` + `H`

▎레이어

- 새로운 단색 레이어(Solid Layer) 추가 : Ctrl + Y
- 새 Null 개체 추가 : Ctrl + Alt + Shift + Y
- 새 조정 레이어(Adjustment Layer) 추가 : Ctrl + Alt + Y
- 타임라인(Timeline) 패널에서 하위 레이어 선택 : 레이어 선택 후 Ctrl + ↓
- 타임라인(Timeline) 패널에서 상위 레이어 선택 : 레이어 선택 후 Ctrl + ↑
- 모든 레이어 선택 해제 : Ctrl + Shift + A
- 선택한 레이어를 타임라인(Timeline) 패널 목록 가장 위로 표시 : X
- 상위 및 링크(Parent&Link) 표시/숨기기 : Shift + F4
- 스위치/모드 열(Toggle Switches) 전환 : F4
- 선택한 단색(Solide Layer), 조명(Light), 카메라(Camera), Null, 조정 레이어(Adjustment Layer)의 설정 대화상자 열기 : Ctrl + Shift + Y
- 선택된 레이어 분할 : Ctrl + Shift + D
- 선택된 레이어 시작 지점 또는 끝 지점이 현재 재생헤드 위치로 이동 : [or]
- 선택된 레이어 시작 지점 또는 끝 지점 현재 재생헤드 시간으로 자르기 : Alt + [or Alt +]

▎레이어 속성 수정

- 선택한 레이어를 중앙에 배치 : Ctrl + Home
- 선택한 레이어 기준점 가운데로 설정 : Ctrl + Alt + Home
- 선택한 레이어 1프레임 앞이나 뒤로 이동 : Alt + PageUp or Alt + PageDown
- 선택한 레이어 10프레임 앞이나 뒤로 이동 : Alt + Shift + PageUp or Alt + Shift + PageDown

▎키 프레임 및 그래프 편집기

- 그래프 에디터 창 전환 및 돌아오기 : Shift + F3
- 화면에 표시되는 모든 키 프레임 및 속성 선택 : Ctrl + Alt + A
- 모든 키 프레임, 속성 및 속성 그룹 선택 해제 : Ctrl + Alt + Shift + A or Shift + F2
- 선택된 키 프레임 앞·뒤로 1프레임 이동 : Alt + → or Alt + ←
- 선택된 키 프레임 앞·뒤로 10프레임 이동 : Alt + Shift + → or Alt + Shift + ←
- 선택된 키 프레임 Easy Ease 적용하기 : F9
- 선택된 키 프레임 Easy Ease In 적용하기 : Shift + F9
- 선택된 키 프레임 Easy Ease Out 적용하기 : Ctrl + Shift + F9

▌ 타임라인 패널에 속성 및 그룹 표시 확인

- 기준점(Anchor Point) 옵션만 표시 : `A`
- 마스크 페더(Mask Feather) 옵션만 표시 : `F`
- 마스크 모양(Mask Path) 옵션만 표시 : `M`
- 마스크(Mask) 속성 그룹만 표시 : `MM`
- 불투명도(Opacity) 옵션만 표시 : `T`
- 위치(Position) 옵션만 표시 : `P`
- 회전(Rotation)과 방향 속성(Orientation) 옵션만 표시 : `R`
- 비율(Scale) 옵션만 표시 : `S`
- 효과(Effects) 옵션만 펼치기 : `E`
- 도형/질감(Geometry/Material) 옵션만 표시-3D 레이어 활성화 시 : `AA`
- 표현식(Expressions) 옵션만 표시-표현식 존재 시 : `EE`
- 기본값에서 변형되거나 키 프레임 적용된 옵션만 표시 : `UU`
- 파형(Audio Waveform) 옵션만 표시 : `LL`
- 키 프레임 또는 표현식(Expressions) 옵션 표시 : `U`

▌ 3D 레이어

- 3D 보기를 A로 전환(앞쪽) : `F10`
- 3D 보기를 B로 전환(사용자 정의) : `F11`
- 3D 보기를 C로 전환(활성 카메라) : `F12`
- 카메라 회전 도구로 전환 : `1`
- 카메라 이동 도구로 전환 : `2`
- 돌리 도구로 전환 : `3`
- 3D 위치 기즈모 전환 : `4`
- 3D 배율 기즈모 전환 : `5`
- 3D 회전 기즈모 전환 : `6`
- 새 조명(Light) 레이어 생성 : `Ctrl` + `Alt` + `Shift` + `L`
- 새 카메라(Camera) 레이어 생성 : `Ctrl` + `Alt` + `Shift` + `C`

▌ 셰이프 레이어

- 선택한 모양 그룹화 : `Ctrl` + `G`
- 셰이프 레이어의 패스(Path) 속성 선택 시 마스크 자유 변형 모드 활성화 : `Ctrl` + `T`

찾아보기